DAS SONNENORAKEL

meta_morphosis II

Das Sonnenorakel, Cyril Moog
Erstauflage 13.02.2013

ISBN 978-3-941806-09-2

Erschienen in Edition Sonne
Konzeption: Hermann Rogl www.hermann-rogl.de
Umschlag: Axel Hebenstreit www.sonnenvogel.com
Titelbild: Minghao Xu www.voidvisuals.com
Layout: Davida Kola

www.seh-sam.de | info@seh-sam.de

DAS SONNENORAKEL

Cyril Moog

Seh-Sam Verlag | Edition Sonne

Auf dem Weg in die 5. Dimension

Ende des 21. Jahrhunderts: Die *Atlantische Gemeinschaft,* ein Staatenbund zu der die USA, Kanada und die Europäische Union gehören, wird von der Transatlantischen Kommission mit Sitz in New York außerparlamentarisch und autoritär geführt. Die westliche Staatengemeinschaft ist somit fest in der Hand der Asuras, ursprünglich Wesen aus einer anderen Realitätsebene, die seit Jahrtausenden auf der Erde inkarnieren und das Ziel verfolgen, die gesamte Menschheit in einem globalen Überwachungsstaat zu versklaven. Im Osten steht ihnen die Assosiation of Asian Nations im Wege, angeführt von der übermächtigen Volksrepublik China.

Unterdessen schreitet die Schwingungserhöhung der Erde voran. Die Zeit ist nun gekommen, die lemurisch-atlantische Kristall-Technologie neu zu entdecken, eine Technologie, die das Zusammenleben der Menschheit revolutionieren und die Energieprobleme lösen könnte. Zu diesem Zweck schickt das Galaktische Kommando von einer interdimensionalen Raumstation aus einen Eingeweihten auf die Erde, den „Kristallbringer", der sich nach Ägypten teleportiert.

Dort jedoch erwarten ihn bereits die Asuras und entführen ihn. Ihr Ziel: Mittels der Kristalle ein verheerendes Attentat auszuüben, um somit ihre Kontrolle über die exterritorialen „Arabergebiete" zurückzuerobern, in denen Meditationskreise ein feinstoffliches Portal errichten, durch das die Erde in die höhere Dimension aufsteigen soll. So begeben sich die Horai, Wächter des Galaktischen Kommandos, auf eine gefahrvolle Suche nach dem Kristallbringer, bevor es zu spät ist. Dabei wird ihr Unterbewusstsein immer mehr gelockert: Zusehends holen sie verlorene Seelenanteile zurück und erinnern sich an ihr Leben im alten Ägypten.

Immer mehr Erinnerungen tauchen aus dem Meer der Vergangenheit auf, Erinnerungen an Pharao Echn-Aton und Nofretete, an das Sonnenorakel und die Einweihungen in „Achet-Aton", der Sonnenstadt, die dem Zentrum, der Quelle allen Seins gewidmet war: Aton. Gegenwart, Zukunft und Vergangenheit fließen ineinander über, während die Erde sich immer weiter auf die 5. Dimension zubewegt...

Inhalt

Prolog

Die Wasser des Lebens

Achet-Aton, Hauptstadt von Unter- und Oberägypten, XVIII. Dynastie. Kurz vor Sonnenaufgang. Der „Horizont von Aton" lag am Ostufer des Nils präzise in der geographischen Mitte des Landes. Echn-Aton saß auf der Terrasse seines königlichen Palastes auf einem hochlehnigen Stuhl in Richtung Osten. Seine Augen waren geschlossen. Er war barfuss, trug ein einfaches weißes Gewand und keinerlei Bedeckung auf seinem nach hinten verlängerten Kopf. Die Stirn war hoch, die Nase fein und leicht gebogen, die geschminkten Augen lang gezogen.

Als sich der Horizont lichtete und bald die ersten Sonnenstrahlen das Gesicht des Pharaos sanft berührten, glitt ein Lächeln über seine sinnlichen Lippen und er öffnete seine schönen Augen voller Geist, Gefühl und Ausstrahlung. Die Sonne wärmte sogleich auch sein Herz und erfüllte es mit strahlender Freude. Er streckte ihr langsam die Arme entgegen und sagte leise: „Oh geliebter Aton. Ich grüße dich, geliebte Quelle allen Seins. Ich sende dir all meine Dankbarkeit, all meine Liebe…"

Während die Sonne weiter aufstieg, betrat ein junger Mann die Terrasse und näherte sich. Er trug einen sorgfältig gefalteten Schurz und war am Oberkörper frei. Er sah Echn-Aton sehr ähnlich: eine gerade Nase, volle Lippen und auch er hatte einen verlängerten, kahlen Hinterkopf. Als er sich schweigend neben den Pharao stellte und zärtlich seine Hand auf dessen Schulter legte, sagte der Pharao weiter in die Sonne blickend: „Ich grüße dich, geliebter Mahu. Ein neuer Tag beginnt."

„Möge auch dieser Tag voller Segen sein für dich, oh mein Pharao", sagte Mahu melancholisch und stützte sich auf der Balustrade auf.

Echn-Aton stand auf und stellte sich die Ellenbogen aufstützend neben den jungen Mann. Sie blickten sich in die Augen und

Echn-Aton sah, dass sein Gefährte Tränen in den Augen hatte. „Was bedrückt dich, mein Freund?"

„Ich hatte einen sehr aufwühlenden Traum", antwortete er.

„Möchtest du ihn mir erzählen?"

Die Sonnenscheibe stieg immer weiter auf und Mahu begann zu erzählen: „Das Meer breitete sich vor mir aus, über den ganzen funkelnden Sternenhimmel spannte sich, mit weit offenen Armen, ein göttliches Wesen, atemberaubend, erhaben. Mein Herz schlug höher, während ich aufs Meer hinaus blickte. „Wie es in sich ruht...", flüsterte ich in mir versinkend. Ein unendliches Energiekontinuum der Liebe und Glückseligkeit, keine einzige Wellenbewegung, und so ruhte auch ich im Allerheiligsten meiner Mitte, fühlte mich eins, fühlte mich zutiefst verbunden."

Echn-Aton wurde immer hellhöriger, während beide in die aufgehende Sonne blickten.

„Im Ur-Vertrauen schwamm ich durch diese Dunkelheit", fuhr Mahu fort, „und tauchte immer tiefer hinab, tiefer und tiefer, wo etwas in einem magischen Lichte leuchtete. Mich packte eine unbändige Neugierde auf dieses Licht. Als ich am Grund ankam, sah ich, dass es eine hell aufleuchtende Perle war voller Schönheit und Anmut... Ich nahm sie in meine Hand, ergriff den Schatz und tauchte innerlich jubelnd wieder hinauf!

Als ich aus dem Meer stieg, schien die Sonne in ihrer ganzen Pracht. Und es wehte nun Wind durch mein Haar, wo zuvor keiner gewesen war. Licht, Wärme und Wind. Ich drehte mich um und erblickte, wie das Meer zusehends in Wallung geriet: der Geist Gottes, das Kind und der Sohn der göttlichen Welt schwebte über den Wassern!

Die Perle war mit mir aus dem Meer getaucht. Sie hatte sich verwandelt und wehte nun als Licht und Wind ununterschieden über die Unendlichkeit des Meeres. Der Wind prägte den Fluten ein Energiemuster auf, durch das Wellen entstanden, ineinander übergingen und wieder vergingen. Nach wie vor war alles miteinander verbunden, alles war nach wie vor eins. Ich war eine Welle unter Wellen und das Wellenmeer existierte nur durch all diese Wellen, ohne Zentrum, liebend ineinander verwoben...

Da ging eine große Unruhe durch das ganze Meer. Riesige graudunkle Wolken zogen auf und verdeckten den strahlend blauen Himmel. Eine Veränderung stand nun kurz bevor. Da tauchte aus dem Meer ganz langsam ein neues Gebilde auf...

Zunächst war nur ein Kreuz zu erkennen, dann eine Sichel, über die sich das Kreuz spannte. Als sich das Symbol ganz offenbart hatte, begann es mit seiner Sichel tiefe Furchen in den Wind zu schneiden. Immer mehr Furchen wurden gezogen, wobei viereckige Strukturen entstanden, die alle miteinander verbunden waren. Innere Strukturgesetze wurden dem Licht eingeprägt. Und es war dies viereckig strukturierte Licht, das sich bis auf den Grund ins Meer senkte...

Schon nach einem klammen Herzschlag stand ich in einem weißen, neutralen Raum ohne Wände. Um mich herum spielte sich ein bemerkenswerter Vorgang ab: Ich sah, wie jede Welle des Meeres in einen Krug geschüttet wurde! Immer neue Wasserkrüge, die, Stück für Stück, das gesamte vom Licht erfüllte Meer in sich aufnahmen...

Da wurde ich selbst aufgegriffen und in einen der Krüge geschüttet! Ich schrie auf, doch selbst mein Schrei verstummte, als ich tiefer in den Krug hineingezogen wurde. Ich verspürte blanken Terror . . . Hunderte, Tausende von Masken tanzten vor mir auf und ab. Ich verstand die Welt nicht mehr. Meine Einheit wurde zerschmettert und ein inwendiger Krieg brach in mir aus. Wie Osiris wurde ich zerstückelt in eine Vielzahl von Bestandteilen und zerstreut über die Lande. Ich spürte Widerspruch und Schmerz und Trauer, Ohnmacht, Leid, Kummer, Wut und Hass. Und ein durchdringendes Gefühl der Schuld. Denn war ich es nicht selbst gewesen, der freiwillig das göttliche Königreich verlassen hatte?

Als alles in einer stabilen Ordnung zur Ruhe kam, blitzten noch letzte Erinnerungen an eine Perle im Meer auf. Ich sehnte mich nach ihr und ging tagelang, bis ich auf eine große Wand stieß, die endlos in den Himmel ragte. Ich lehnte mich ganz nah an sie, um hindurchzuschauen. *Was ist das da drüben?* fragte ich mich. *Ist das nicht... eine Art von Krug? Wie ein Wasserkrug?*

Da fiel ich in eine tiefe Ohnmacht. Und als ich daraus wieder erwachte, sah ich keinen Wasserkrug mehr, keine Wand mehr. Alles breitete sich dreidimensional vor mir aus, in seiner ganzen Unendlichkeit. Ich konnte mich an die Perle nicht mehr erinnern. Ich konnte mich nicht erinnern... Ich konnte mich nicht erinnern, wo ich einst hergekommen war, wie ich die Dinge aus mir heraus erschaffen hatte, wie ich mit allem, was ist, verbunden gewesen war. Ja, ich konnte mich nicht einmal mehr an meinen Namen erinnern! Das ALLES, WAS IST wurde verschleiert. Eine große Unsicherheit überkam mich in meinem Selbstwert, weil ich das Bewusstsein meiner eigenen Göttlichkeit verlor. Und der Schleier blieb für Äonen...

Nach und nach bildete sich um mich eine „Mauer des Unwert-Seins". Und aus dieser Ur-Wunde, aus dieser ursprünglichen Wunde der Trennung, dem Vergessen der eigenen Göttlichkeit, entstanden immer neue Wunden. Von Leben zu Leben versanken die schmerzhaften Erinnerungen an diese Wunden in die Tiefen meiner selbst und der Kelch der Empfänglichkeit wurde versiegelt.

Eines Tages aber umspülte Wasser meine Füße und ich sah, dass es Tränen waren – die Tränen der Isis..."

Auch Echn-Aton hatte nun Tränen in den Augen und sagte: „Es war Aton, der dir diesen Traum geschickt hat. Diese Tränen sind die Wasser deiner Seele, die nun empfänglich geworden ist. Empfänglich, um das erhabene Licht seiner Göttlichkeit zu empfangen, von „ihm", der das männliche und das weibliche Prinzip in sich vereint."

„Empfänglich für die Strahlen der Sonne?", fragte Mahu.

Echn-Aton musste lächeln und antwortete: „Das bist du doch schon lange, du Sonnenkind. Empfänglich für jene Kraft, die durch die Sonne wirkt. Für die Liebe und das Licht, die mit dem einfachen Auge nicht wahrnehmbar sind. Mahu, nun öffnest du endlich dein Herz für das, was du wirklich bist."

„Was ich wirklich bin?“

„Für dein wahres Sein! Als goldener Strahl der einen immer weiter aus sich quellenden einen Sonne. Nicht dieses Wunder, das gerade vor uns aufgeht. Sie ist nur sein lebendiges Symbol, durch das der EINE diese Welt am Leben erhält. Ich meine den lichten Ursprung, der nun als Funke in dir erwacht, auf dass du einst zu IHM, zu IHR zurückkehren mögest – in ein unendliches Meer der Liebe, das durch alles hindurch fließt. Der Ozean des Göttlichen, dessen Teil du bist.“

Mahu legte seine Hände aufs Herz, blickte Echn-Aton mit Feuer und Tränen in den Augen an und flüsterte: „Oh, ich danke dir! Ich bin dir so dankbar...“

„Danke dir selbst, geliebter Mahu. Danke dem göttlichen Funken in dir selbst. Die Menschen haben vergessen, woher sie stammen. Sie leben an der Peripherie ihres eigenen Seins und wissen nicht, dass sie selbst Wesen des Zentrums sind. Alles hier auf Erden stammt aus der Sonne. Alles, was uns umgibt, ja selbst unsere eigenen Körper sind aus diesem Sonnenlicht gemacht. Nur da wir uns von der Sonne entfernt haben, ist alles erkaltet und bekam schließlich diese feste Form, sodass wir nun denken, voneinander getrennt zu sein. Deshalb sind wir alle hier, mein Freund. Deshalb sind wir gekommen, damit die Menschheit einst zu ihm, zu ihr zurückkehrt. Wenn wir in Achet-Aton nur einen Tag, nur einen einzigen Tag der vollkommenen Freude, der Einheit und Glückseligkeit erleben dürfen, wenn wir nur einen Tag lang die Schatten vertreiben können, dann wird die Menschheit einst zurück kehren können. Dies ist der Grund für unser Kommen.“

Die Sonne zeigte sich nun in ihrer ganzen Pracht über dem Horizont. „Über den Kult der Sonnenscheibe versuchen wir, die Menschen zurück in ihre Mitte zu führen. Für sie ist dies der einfachste Weg, sich zu erinnern. Doch für euch Neophyten, die ihr bereit seid, tiefer in die Mysterien einzudringen, gibt es das Sonnenorakel und die anderen Einweihungen. Wir haben alle Einweihungen, die zuvor über ganz Ägypten entlang des Nils in den verschiedenen Tempeln verstreut waren, hier in Achet-Aton vereint. Entlang des Nils, der die

Wirbelsäule der Erde ist, gibt es 14 Haupttempel, von denen zwei doppelt vorhanden sind. Dies entspricht einerseits den 14 Stücken des Osiris, nachdem er von Seth zerstückelt wurde und andererseits den ursprünglich 12 Lotusblumen des Menschen, bevor er nach dem Untergang von Atlantis auf 7 Lotusblumen beschränkt wurde.

Nun sind all diese Tempel entlang des Nils miteinander verbunden. Gemeinsam sind sie wie eine Stufenleiter der Einweihung, wo auf jeder Stufe schwerpunktmäßig eine der Lotusblumen aktiviert und ausgebildet wurde. Die Einzuweihenden konnten jede weitere Stufe nur dann erklimmen, wenn sie die jeweilige Einweihung bestanden hatten. Und auf jeder Stufe holen wir sozusagen eines der verlorenen Seelenanteile des Osiris zurück. Haben wir aber alle diese Stücke wieder in uns vereint und somit alle unsere Wunden, die uns über die verschiedenen Inkarnationen widerfahren sind, in Liebe aufgelöst und geheilt, dann öffnet sich uns der innere Kelch der Empfänglichkeit. Die innere Weiblichkeit, Isis, wird somit empfänglich für die Befruchtung durch Osiris, auf dass der Horus in der Seele des Menschen geboren werden kann.

Im Laufe der Einweihungen stellt der Schüler in sich, nach und nach, das innere Gleichgewicht der Elemente wieder her. Er verbindet sich mit Erde und Wasser, Luft und Feuer, bis dass sie ihm zusehends als magische Werkzeuge zur Verfügung stehen. So wird der Mensch wieder ganz und kann wahrlich beginnen, Schöpfer seines eigenen Lebens zu werden.

So haben wir also in Achet-Aton alle Stufen der Einweihung vereinigt, da wir in der Auseinandersetzung mit den Kräften der Tradition sämtliche Tempel in Ägypten haben schließen lassen. Nur den Tempelschlaf praktizieren wir nicht mehr, der ganz besonders im Tempel des Osiris praktiziert wurde."

„Warum nicht?", wollte Mahu wissen.

„Weil er dem Menschen das Bewusstsein verlieren lässt. Der Tempelschlaf versetzt die Menschen in Trance, um sie in die Welt des Göttlichen zu führen. Wir gehen jedoch einer ganz neuen Zeit entgegen.

Es kommt die Zeit, da sich der Mensch innerlich verändern wird. Zunächst wird er zwar immer tiefer sinken und sich von der Quelle entfernen. Doch wird sich eines Tages der Geist der Sonne selbst unter die Menschen begeben und wird als Mensch unter Menschen weilen. Und er wird sich in diese Welt ergießen und sich in den Herzen der Menschen niederlassen, um jede und jeden von innen her zu verwandeln. In sich werden sie dann, nach so langer Zeit, den göttlichen Funken erkennen. Und dieser Funke wird ein großes loderndes Feuer in ihnen entfachen und alle Dunkelheit vertreiben. Oh Mahu, welch eine Zeit wird dies sein!

Das heute bereits verdunkelte Bewusstsein der Menschen wird einst immer mehr erstrahlen, sodass wir als Einzelwesen zurück kehren ins Licht, bei vollem Bewusstsein unserer selbst! Deshalb wurde uns das Sonnenorakel gegeben, das bereits in einer vor langer Zeit untergegangenen Kultur existierte. Durch das Sonnenorakel holen wir unsere verlorenen Seelenanteile bei klarem Bewusstsein zurück und werden zurück ins Zentrum unserer selbst geführt.

Dabei darfst du aber nicht vergessen, dass das Sonnenorakel in dir ist, in deinem Herzen. Während sich das Orakel im Allerheiligsten unseres großen Tempels befindet, ist es doch nur das Medium, an dem sich unsere Eingebungen entzünden. Ihren Ursprung haben sie jedoch im eigenen Herzen. Hier ist die leuchtende Quelle, aus der unser Sonnenwesen zu uns spricht."

Ein Moment der Stille legte sich über sie und sie blickten weiter in die aufgehende Sonne. Schließlich rieb sich Mahu das Gesicht und fragte mit Besorgnis in der Stimme: „Aber was ist mit den alten Amun-Priestern? Es heißt, dass sie nur darauf warten, Achet-Aton zu zerstören und dich vom Thron zu stürzen."

„Mein Freund", sagte Echn-Aton, „dass ich auf dem Thron sitze, ist nur ein äußeres Bild dafür, dass meine Seele ihren Thron bestiegen hat, dass sie nach Hause gekommen ist, und keine Macht dieser Welt vermag dies zu ändern."

Mahu schossen Tränen in die Augen.

Echn-Aton blickte ihn voller freundschaftlicher Liebe und Mitgefühl an.

„Aber ich habe eine solche Angst“, sagte Mahu, „eine solche Angst, dass Euch etwas geschehen könnte…“

Echn-Aton nahm ihn behutsam in seine Arme und tröstete ihn. Nach einer Weile blickte ihm Mahu in die strahlenden, fast entrückten Augen.

„Mahu, du Bruder meiner Seele“, sagte der Pharao, „es umgibt uns beide ein großes Geheimnis, das ich dir nun verraten möchte. Du und ich sind eins. Nur scheinbar sind wir getrennt. Auf der Seelenebene sind wir Aspekte eines Wesens, einer Seele. Wenn sich eines Tages unsere Wege trennen, so werden wir doch immer eins bleiben und ich werde immer bei dir sein. So wird unsere Trennung auch nur Schein sein. Du wirst durch viele Inkarnationen gehen, doch einst, wenn die Menschheit, in tausenden von Jahren wieder aufsteigt ins Licht – so werde ich zu dir zurück kehren und wir werden wieder verschmelzen in einem einzigen Körper. Dies verspreche ich dir.“

Da kam plötzlich von hinten die kleine Beket-Aton gerannt, Echn-Atons Lieblingstochter und sprang ihm um den Hals. „Ich kann ihre Gedanken lesen!“, rief sie. Echn-Aton blickte einen kurzen Moment auf die Lotusblüte, die in ihrer Seitenlocke steckte. Und sie selbst atmete seinen Duft ein aus Lotus- und Papyrusessenzen.

„Wirklich?“, fragte Echn-Aton breit über das ganze Gesicht lächelnd.

„Wenn sie es will, kann ich ihre Gedanken lesen!“

„Wessen Gedanken?“

„Ihre!“ Beket-Aton zeigte auf eine schöne junge Frau, die gerade die Terrasse betrat. Ihr Gesicht trug leicht asiatische Züge und war fein geschminkt. Sie war braun gebrannt und hatte ebenfalls einen längeren Hinterkopf. Um den Hals trug sie eine goldene Kette, an deren Ende eine Sonne hing. Die Strahlen der aufgehenden Sonne blitzten auf dem Amulett auf und schienen von der Mitte aus die goldenen Strahlenarme zu fließen.

Sie lächelte und ihre Augen strahlten vor Freude. Sie kam bis kurz vor Echn-Aton und kniete sich mit gesenktem Kopf vor ihn. Doch Echn-Aton ließ sie sofort wieder aufstehen und fragte: „Tarée, stimmt es?“

„Ja! Es ist wahr!“, antwortete sie aufgeregt und klapperte mit ihren Armreifen. An den nackten Füßen trug sie kleine Glöckchen. „Auch ich kann ihre Gedanken lesen. Es ist noch viel stärker als mit Merit-Aton, deiner Schwester, „sagte Tarée liebevoll zu dem Mädchen. „Und jeden Tag wird es stärker.“

„Es ist genau wie bei Mahu und mir“, sagte Echn-Aton. „Wir fühlen, was der andere fühlt und können erfahren, was er denkt. Ist es auch so bei euch?“

„Jetzt, da Ihr es sagt…“, überlegte Tarée.

Da sprang die kleine Beket-Aton auf den Boden und umarmte leidenschaftlich Tarée. „Ich liebe dich!“, rief sie aus. „Du darfst nie wieder von mir gehen!“

„Aber kleiner Amethyst, du musst wissen, wir sind nie wirklich voneinander getrennt... Es ist überwältigend...“, sagte Tarée. „Ich fühle wirklich, was sie gerade fühlt. Als sei ich in ihrem Körper! Als seien wir eins. Als sei kein Unterschied zwischen uns. Die Liebe zwischen uns ist so stark...“

„Ihr seid eins, Tarée!“, sagte Echn-Aton aufgeregt. „Welch eine Entdeckung... Beket-Aton und du... Es kann so weit gehen, dass du durch ihre Augen die Welt sehen kannst. Unmittelbar.“

„Das ist wunderbar...“, sagte Tarée und hakte sich bei Mahu ein.

„Wir alle sind aus den Ur-Schöpferquellen von Aton für dieses Leben gerufen worden“, sagte Echn-Aton, „und wir sind vorgesehen worden, nach unseren Leben von Lemurien und Atlantis, hier auf die Erde zu kommen, um der Erde und der Menschheit dabei zu helfen, in das Licht der göttlichen Sonne zurückzukehren. Diese Mission, diese Vision, pulsiert bis in unser Blut hinein. In dem Wissen, dass es in entfernten Zeiten möglich sein wird, diese Qualität des Aton auf dem Planeten zu manifestieren und zu etablieren.“

Echn-Aton hob Beket-Aton in seine Arme und sprach weiter: „Wir leben im selben Schwingungsfeld. Ich weiß, wer ihr seid und ihr, wer ich bin. Wir leben in der Ur-Melodie von Aton, oder Aton am nächsten. Wir wissen und fühlen uns eins mit Aton. Wir sind so sehr eins, dass wir jeden Gedanken, jedes Gefühl, jede Trauer, jeden Schmerz, jede Freude, jede Hymne im anderen erleben und empfangen wie in uns selbst. Es durchdringt uns bis in den Lichtkörper hinein. Mahu und ich haben ein ineinander gehendes Bewusstsein. Wir sind ein seelisches Wesen in zwei Körpern. Und so ist es auch zwischen dir, Tarée, und Beket-Aton. Dies wird uns allen nur immer bewusster werden. Aton ist immer eins. Also kann es nur eins sein. Nur der Anteil in uns, der denkt, nicht Aton zu sein, bildet dann noch einen zweiten Teil. Und je mehr das entschwindet über unser bewusstes Erfahren, desto mehr werden wir erkennen.

Also verzagt nicht, sondern bleibt bei euch und erinnert euch an das, was ihr seid. Ein Strahl der Sonne. Eine Welle des einen Meeres. Ein Funke des einen göttlichen Feuers."

Kapitel I

Der Kristallbringer

Etwa 3.400 Jahre später. Im Licht der weißen Sonne drehte sich eine Raumstation auf einer Umlaufbahn um den Mond. Man konnte sie von der Erde aus nicht erkennen – für die Menschen und ihre Apparaturen war die Station einfach unsichtbar, da sie sich in einer kosmischen Energieschneise aufhielt – in einer parallelen Dimension.

Ihre Materie bestand aus der „Energie dazwischen“, eine subtile Kraft, die es Raumschiffen erlaubte, eine Entfernung von Millionen von Lichtjahren in kürzester Zeit zu überbrücken: praktisch simultan. Die Raumschiffe, die selbst aus dieser Energie bestanden, ließen sich in gewaltige energetische Spiralstrudel hinein ziehen; sie brachen das Raum-Zeit-Kontinuum auf, beschleunigten jenseits der Lichtgeschwindigkeit und ließen sich am gewünschten Reiseziel einfach wieder ausstoßen. Durch die enorme Rotation faltete sich der Raum und wurde parallel, in sich verschlungen...

In einem der Quartiere: Ein Mann, vom Aussehen her um die 40, saß im Schneidersitz auf dem Boden. Es war Ziodenes, den sie auch den „Kristallbringer“ nannten. Er hatte eine ungewöhnlich hohe Stirn und seine smaragdgrünen Augen schienen durch Wände hindurch sehen zu können. Sie waren geöffnet und doch war er nach innen gekehrt und weit, weit weg…

Seine Hautfarbe war recht dunkel und seine sehr langen Haare hatte er zu einem Zopf gebunden. Er trug ein bläulich schimmerndes Gewand und an seiner linken Hand einen großen Smaragdring.

Obwohl er sich auf einer Raumstation befand, war es so, als sei er in einem unberührten Walde: die Gerüche, Geräusche, ein kleiner Wasserfall, duftende Lilien, Pinien, ja sogar Tiere schienen tatsächlich anwesend zu sein. In der Nähe stand auch ein kleiner, klassisch anmutender Tempel mit weißen Säulen, um die sich Efeu schlängelte.

Direkt vor ihm aber lagen in einem Halbkreis die unterschiedlichsten Edelsteine und Kristalle, Abbilder einer vergeistigten Materie.

Während kleine geflügelte Wesen schimmernd um seinen Kopf flogen und kleine Funken von ihren Flügeln sprühten, war Ziodenes völlig in sich versunken... Plötzlich öffnete sich vor ihm eine Raumfalte: Ein energetischer Spiralstrudel entstand, golden pulsierend, in dem sich, zunächst ganz schemenhaft, ein weiterer Kristall materialisierte, der nach und nach immer deutlicher wurde, bis er klar zu sehen war. Bald flaute die Energie auch schon wieder ab und verschwand in sich verwirbelnd.

Ziodenes lächelte, vor ihm lag nun ein weiterer Kristall, sanft leuchtend. Der Kristallbringer hielt ihm die Hand entgegen, als wärme er sich an einem Feuer. Dann schwebte ihm der Kristall entgegen und senkte sich ihm in die Hand. Ziodenes schloss die Faust, er schloss auch die Augen, und hielt sich den Kristall ans Herz.

Ägypten, weiße Wüste, Abend. Rachel, eine junge Frau mit kurzen roten Haaren, fuhr auf einem Motorradähnlichen Gefährt mit lautlosem Ionen-Antrieb: einem Hoverbike. Sie glitt damit über dem Boden schwebend dahin und hinterließ nichts weiter als eine kleine Staubwolke. Es war noch heiß, auch wenn die Sonne schon langsam unterging, um bald von der blauen Himmelsgöttin verschlungen zu werden – auf einem Weg durch die Unterwelt...

Einzelne, große weiße Wolken warfen ihre langen Schatten auf den flachen Wüstenboden, der überdeckt war mit unzähligen schwarzen Steinchen und Gesteinsbrocken. In der Ferne: Gebirgsketten, Berge wie Pyramiden. Einzelne trockene Gräser und verdorrte Gebüsche zierten einsam die Weite. Stille... Nur der Wind und ein langer dunkler Ton, der feinstofflich erklang.

Auf ihrer Fahrt konzentrierte sich die junge Frau, die einen hellen hydrostatischen Anzug über ihrem durchtrainierten Körper trug, auf einen kleinen holografischen Film, der vor ihrem linken Auge innen in der Brille erschien: Es war dieselbe Landschaft, nur aus der

Vogelperspektive. „Flieg nun in Richtung Osten!“, befahl sie über Funk.

Weit oben glitt majestätisch ein Falke durch den rötlich gefärbten Himmel und änderte nun seine Flugrichtung. An seinem rechten Fuß war eine kleine Kamera befestigt, die mit dem mondförmigen Headset Rachels verbunden war.

Nach einer Weile hielt sie an und fragte in ihr Mikrofon: „Romain, kannst du mich hören?“

„Mais bien sûr“, antwortete ihr Vater etwas trocken. Er stand an einer kleinen Hütte mit Strohdach. Ein drahtiger Typ um die 1,78 Meter mit grauem Stoppelhaarschnitt. „Die 144 sind auf dem Weg. Morgen früh soll es los gehen. Wie sieht‘s bei dir aus?“

„Ich habe die ganze Gegend gecheckt. Die Sensoren funktionieren alle einwandfrei. Das Radar ebenso. Hier kommt keiner unbemerkt rein.“ Rachel bemerkte in der Nähe ein totes Pferd, biss sich auf die Lippen, wandte ihren Blick wieder ab und sagte: „Ein unglaublicher Tag, nicht wahr...?“

„Ja, Rachel. Wenn es klappt, wird der morgige Tag in die Geschichte eingehen.“

„Meinst du?“, fragte sie ernst. „Als was?“

„Als der Tag des Kristallbringers.“

Die Pariser Défence, Innenministerium, in einer großen Trainingshalle. Elektra, eine aus China stammende Kriegerin mit einem langen pechschwarzen Zopf, hatte die Augen verbunden und konzentrierte sich auf die vier Männer, die sie umzingelt hatten. Sie sah aus, als sei sie um die 30, dabei war sie über 80 Jahre alt! Wie so einigen anderen in dieser Zeit der voranschreitenden Schwingungserhöhung war es ihr gelungen, ihren Alterungsprozess drastisch zu verlangsamen. Ihre Sinne waren äußerst geschärft, ihre Bewegungen außergewöhnlich anmutig, katzenhaft, in ihrem eng anliegenden schwarzen Anzug.

Vorsichtig umkreisten sie die vier, fast identisch aussehenden Männer. Tatsächlich waren sie Klone: 1,85 Meter groß, hellblaue Augen, muskulös mit blondem Stoppelhaarschnitt. Als sich einer von ihnen, Jack, gerade hinter ihr befand, machte er einen schnellen Schritt nach vorn und versuchte, Elektra in die Kniekehle zu treten. Im letzten Moment hob sie das anvisierte Bein, sprang, sich um die eigene Achse drehend, in die Luft, erwischte ihn mit voller Wucht am Kopf und schleuderte ihn zu Boden.

Der Zweite, Mike, konnte den rechten Arm Elektras packen und zog ihn mit sich nach rechts zur Seite, um ihre Deckung zu öffnen, worauf ein dritter, Tom, augenblicklich wie ein Gorilla mit Kettenfaustschlägen auf sie einzuschlagen begann. Bevor er sie jedoch erwischen konnte, rollte sie sich nach hinten ab, befreite sich aus Mikes Haltegriff und stand wieder auf! Als erneut die Faust Toms auf sie zuschnellte, griff sie nach ihr und schleuderte ihn seinem Bruder Mike entgegen. So knallten beide auf den Boden.

Die beiden anderen, Jack und Peter, schlugen und traten nach ihr, ohne sie jedoch treffen zu können. Elektra bewegte sich übernatürlich schnell, wehrte die Angriffe ab oder tauchte unter ihnen hindurch. Plötzlich sprang sie hoch und trat Peter seitlich ins Gesicht, um ihn niederzustrecken.

Da gelang es Mike, sie hinterrücks zu packen! Doch bevor es die anderen ausnutzen konnten, trat sie ihm mit dem geraden Bein, das bis an ihre eigene Schulter hinauf schnellte, ins Gesicht und brach ihm die Nase. Er schrie auf und hielt sich die Hand vor sein Gesicht. Dann schlug sie Jack mit voller Wucht zwischen die Beine und streckte auch ihn zu Boden.

Für den Bruchteil einer Sekunde konzentrierte sie sich auf ihren rechten Arm, sodass sich um ihn eine violette Energie bildete, die zu einer Art feinstofflichem, etwa 30 cm langem Schwert wurde. Als nun wiederum Tom auf sie zu lief, sprang sie in die Luft und rammte ihm, ohne ihn auch nur mit der Faust zu berühren, ihr Psy-Schwert in die Stirn. Er war sofort bewusstlos, verdrehte seine Augen und sackte in sich zusammen wie ein einstürzendes Hochhaus. Die anderen gaben daraufhin auf.

Da öffnete sich eine Türe gegenüber, durch die ein Mann mit außergewöhnlich hellblauen Augen, süffisant in die Hände klatschend, herein kam: Paul Kohn, über 100 Jahre alt und doch vom Aussehen her als wäre er 40, mit leichten grauen Schläfen, vollkommen durchtrainiert. „Du kannst dein Psy-Schwert wirklich immer schneller generieren", sagte er lächelnd.

Elektra zog die Augenbinde ab und lächelte selbstzufrieden. In ihren Augen blitzte unverhohlen das Gefühl ihrer Überlegenheit auf. „Wahrscheinlich liegt es an der verdammten Schwingungserhöhung", bemerkte sie und betrachtete die Energie um ihren Arm. „Alles schwingt immer höher..."

„Anscheinend hat es auch etwas Gutes", sagte ihr Vorgesetzter und rieb sich das spitze Kinn.

„Und das aus deinem Munde!", rief sie erstaunt. „Die Schwingungserhöhung entzieht uns die Lebensgrundlage! Wenn die Erde durch dieses Scheißportal geht..."

„Ist für uns alles hier vorbei", sprach er ihren Gedanken aus, während die drei Kämpfer ihren immer noch bewusstlosen Bruder aus der Trainingshalle schleppten. „Die Schwingung wird dann so hoch sein", fuhr er fort, „dass wir hier gar nicht mehr existieren können. Aber das wissen wir schon lange, nicht wahr? Deshalb müssen wir unbedingt die Meditationskreise stoppen!", sagte er und ballte die Faust. „Nehmen wir sie hoch, wird es auch kein Portal mehr geben, durch das die Erde hindurch wandern könnte. Sind deine… Fundamentalisten bereit?"

„Dschafar i*bn Muhammad hat die Gruppe fest in der Hand",* antwortete sie. *„Die gehen tatsächlich davon aus, für den Heiligen Krieg zu kämpfen."* Sie musste lachen.

„Und zu sterben", sagte Paul trocken, den Kopf zur Seite kippend. *„Dabei liefern sie uns mit dem bevorstehenden Attentat die besten Argumente, um die Arabergebiete überall in Europa wieder unter Kontrolle zu bringen."* Paul nahm eine Nuss aus der Tasche seines Anoraks und warf sie sich im hohen Bogen in den Mund. *„Dann setzen wir dem ganzen Treiben endlich ein Ende!"*

Frankfurt am Main, abends. Fleur fuhr in ihrem über dem Boden dahin gleitenden Wagen durch starken Regen. Sie hatte schulterlange, schwarze Haaren mit einzelnen grauen Strähnen und sah aus, als sei sie Mitte 30; dabei hatte sie vor wenigen Tagen erst ihren 70. Geburtstag gefeiert! Das Lenkrad umklammernd, blickte sie melancholisch hinaus auf die Frankfurter Skyline. Inzwischen lebten hier viereinhalb Millionen Menschen.

Als sie gerade über eine der Brücken fuhr, schaltete die Ampel auf Rot. Am Straßenrand standen zwei Polizisten in schwarzer Montur und musterten sie schweigend, als würden sie den ganzen Tag nichts anderes tun. Die beiden waren außerordentlich groß und sahen sehr robust aus. Man hatte sie von vorneherein für diesen Job gezüchtet. Der Regen floss geradezu an ihren Regenmänteln herab.

Wieder Klone!, blitzte es in ihr auf; ein Schauer lief ihr über den Rücken, wie eine kleine schwarze Spinne. Als sie weiter fuhr, sah sie eine Gruppe von etwa 30 Frauen mit Regenschirmen, alle gleich, fast identisch, alle blond. Fleur fuhr immer weiter in Richtung Bornheim, einem Viertel im Osten der Stadt. Vor ihrem inneren Auge sah sie einen Kreis von Menschen, die im Schneidersitz meditierten. *Wird der Dimensionssprung denn tatsächlich eines Tages kommen?* fragte sie sich. Sie fühlte sich müde, allein, verunsichert. *Oder sind wir alle nur Träumer? Verrückte? Fanatiker?*

Offenbach bei Frankfurt am Main, in einer Bar. Der Raum war modern eingerichtet, einfache klare Linien, viel Glas. Es war recht dunkel mit kleinen Nischen, auf denen man sich auf dunkelbraune Ledercouchen zurückziehen konnte. Und obwohl es draußen regnete, waren nicht sehr viele Gäste da.

Die drei Kellner waren auch schon wieder Klone, die man kaum voneinander unterscheiden konnte. Einer von ihnen stand hinter der Bar, trocknete ein Glas ab und sah apathisch in einen Spiegel gegenüber. Im Hintergrund lief gerade elektronische Musik mit arabischen Gesängen.

In einer der hinteren Nischen saßen zwei Männer in recht eleganten Anzügen: „Ich halte es einfach nicht mehr aus!“, sagte einer der beiden fast flüsternd, voller Hass, ein etwa 30jähriger Farbiger, muskulös, etwa 1.90 Meter groß, der sich Rachid nannte; dabei stammte er aus Harlem. „Mohammed hat die Anwesenheit der Ungläubigen in Mekka strickt untersagt! Das muss einfach ein Ende nehmen!“, sagte er, seinen alkoholfreien Cocktail umklammernd und blickte verbittert hinaus in die verregnete Nacht. Dann sah er auf einen großen silbernen Ring, den er an der rechten Hand trug und sagte: „Ich spüre es wie einen brennenden Schmerz in meinen inneren Organen, wie ein brennendes Feuer in meinen Eingeweiden! Verflucht seien die Amerikaner und ihre Lakaien! Sie sind verantwortlich für all die toten und vertriebenen Muslime und all die Schändungen unserer Heiligtümer. Und immer noch sind diese Teufel in Saudi Arabien! Gott bestrafe sie!“

„Gott bestrafe sie“, wiederholte der Ältere der beiden leise, als säße er im Beichtstuhl, ein Italiener namens Giacomo, Mitte 40 mit feinen Gesichtszügen. „Die USA messen nach unterschiedlichen Maßstäben!“ Er zündete sich eine Zigarette an. „Sie besetzen die Länder des Islam und beuten ihre Bodenschätze aus. Sie hetzen ihre Agenten auf uns und wollen uns beherrschen. Wenn wir aber aufstehen und für unsere Rechte kämpfen, so beschimpfen sie uns als Terroristen!“

„Ja“, bestätigte der Amerikaner. „Es reicht ja schon, wenn man sieht, wie sie immer noch die armen Kinder in Palästina verurteilen. Nur weil sie Steine werfen! Steine! Nur Steine gegen israelische Panzer! In was für einer verdammten Welt leben wir eigentlich? Sogar diese Kinder nennen sie „Terroristen“! Doch wenn israelische Piloten UNO-Flüchtlingslager im Libanon bombardieren, die voller Frauen und Kinder sind, dann verhindern die USA im Sicherheitsrat, dass Israel vor der UNO verurteilt wird. Ist das Gerechtigkeit? Eine Roadmap to hell, sag ich dir!“

„Die UNO!“, schimpfte der Italiener und verkniff sein Gesicht. „Die sogenannten Vereinten Nationen! Eine gottlose internationale Einrichtung, der man weder angehören sollte noch auf deren

Schiedsspruch man sich stützen darf. Denn sie lehnen das offenbarte Gesetz einfach ab in ihrer menschlichen Arroganz! Sie gehorchen dem Willen der größten Verbrecher dieser Welt, die die Leitung der Vereinten Nationen beherrschen. Der Sicherheitsrat, dass ich nicht lache! Eine Organisation der Kreuzzügler und Zionisten, die Palästina an die Juden übergeben hat!"

„Giacomo! Ich bin so froh, dass wir uns in diesem Vorhaben begegnen durften!"

„Ja, mein Bruder", sagte der Italiener und berührte freundschaftlich den Arm Rachids. „Das Schicksal meinst es gut mit uns…"

„Aber sind das die Menschenrechte?", ergriff der Amerikaner wieder das Wort. „Die USA sind in den Fängen des Teufels! Ich kenne sie nur zu gut. Der Teufel hat sie ganz und gar verführt, sodass sie in den Abgrund der Materie gefallen sind. Die Materie aber ist ganz und gar dämonisch, teuflisch." Er trank noch einen Schluck seines Orangensaftes und immer wütender werdend: „Wohin wir auch immer schauen: Es sind die USA und ihre Lakaien im Westen wie in der arabischen Welt! Sie sind die eigentlichen Meister des Terrorismus, sage ich dir. Wer hat denn die Atombombe geworfen? Wer hat sie damals absichtlich auf unschuldige Zivilisten geworfen? Ist DAS kein Terrorismus?"

Der Italiener zog an seiner Zigarette und fügte bitter lächelnd hinzu: „Als hätten diese Bomben nur militärische Ziele getroffen..."

„Diese Bomben", sagte Rachid weiterhin wütend mit seinen großen Händen in der Luft gestikulierend, „sind auf Zivilisten geworfen worden! Auf Kinder, Frauen, Greise!"

„Bruder..." Der Italiener legte beschwichtigend seine Hand auf die Schulter des anderen. „Wir alle wissen", betonte er leise und doch auch erregt sprechend, „dass die gesamte islamische Welt seit dem Ersten Weltkrieg unter dem Banner der Kreuzfahrer steht. Die Tschetschenen wurden vom russischen Bären angegriffen, der sich dem orthodoxen Christentum verschrieben hat. Dann folgte der Völkermord in Bosnien unter den Augen der gesamten Welt, mitten in Europa! Wie, frage ich dich, sollen die armen Mütter in Palästina ertragen, was ihnen angetan wird? Dass ihre Kinder vor ihren Augen getötet werden? Mit der Unterstützung der USA, mit Flugzeugen und Panzern der USA? Blut, abgerissene Gliedmaßen, massakrierte Frauen und Kinder. Überall wurden Häuser zerstört, Hochhäuser stürzten ein und begruben die Menschen unter sich. Diese Gedanken wüten in meinem Kopf. Sie wecken in mir das brennende Verlangen, diese Ungerechtigkeit zu bekämpfen und die Unterdrücker zu bestrafen!"

„Ja, Bruder!", daraufhin der Amerikaner kalt: „Deshalb sind wir zusammengekommen. Warum sollten Angst, gewaltsamer Tod, Zerstörung, Vertreibung allein unser Los sein? Das Herz der Moslems ist voller Hass gegen die USA, diesem materialistische Sündenpfuhl, in dem das Verbotene erlaubt ist wie die Hurerei, den Geldverleih gegen Zinsen, den Wein und Glücksspiele.

Sie sind von Gott abgefallen und haben sich der irdischen Welt verschrieben. Sie sind so stolz auf ihre Demokratie. Dabei beruht sie auf einer Vergöttlichung des Volkes! Die Souveränität aber kommt allein von Gott! Sie jedoch machen aus dem Volk ein und dasselbe wie Gott, möge er sie dafür strafen! Sie machen den Menschen zu Gott, diese Ketzer! So ist auch das gesamte Volk verantwortlich dafür, was ihre Regierung im Namen der Freiheit tut! Hat doch das amerikanische Volk seine Regierung aus freien Stücken gewählt, und diese Wahl basiert auf der Zustimmung zu ihrer Politik! Deshalb können die amerikanischen Bürger gar nicht unschuldig sein. So bin auch ich voller Hass gegen dieses Land, in dem ich geboren wurde. Sie haben einfach kein Herz. Wer tausende von Kindern tötet, hat kein Herz. Mekka wird ihnen eine Antwort schicken. Eine Antwort frei von Worten, klar und deutlich, wie sie es lieben. Und die Antwort wird die Ungläubigen sprachlos machen. Gott der Allmächtige gab uns die Erlaubnis und die Möglichkeit, Rache zu nehmen. Also haben wir auch das Recht zurück zu schlagen, wenn man uns angreift. "

„Ja", sagte der Italiener. „Und auch in Saudi Arabien wird es nun sehr bald losgehen. Das saudische Regime muss nun endlich aufgehalten werden. Ihre Ölreserven neigen sich sowieso unerbittlich dem

Ende zu. Es wird ein Leichtes sein, die amerikanische Armee aus Saudi Arabien zu vertreiben. Ein für alle Mal!"

„Sehr bald kommt Efendi Dschafar ibn Muhammad zu uns", sagte der jüngere Mann entschlossen und trank noch einen Schluck. „Möge sich der Himmel bald für uns öffnen, Giacomo!"

„Und für viele tausende unserer Brüder", bestätigte der Italiener.

Paris. Als Elektra aus der Dusche kam, erwartete Paul sie bereits in der Damenumkleide. Die Chinesin hatte sich das Badetuch um die Hüften gebunden. Sie lächelte ihn etwas spöttisch an, lehnte sich zur Seite und wrang ihre langen schwarzen Haare aus. „Deine Sehnsucht ist groß", sagte sie. „Das ist schön."

Er kam zu ihr, nahm sie an den Hüften in den Arm und blickte ihr unvermittelt in die Augen.

Sie schmiegte sich an ihn, fühlte seine muskulösen Arme und fragte: *„Glaubst du wirklich, dass wir die Entwicklung noch aufhalten können?"*

„Die Schwingungserhöhung?", fragte er überrascht zurück.

„Ich glaube, dass sowieso alles für uns verloren ist", sagte sie und presste sich verzweifelt an ihn, als würde sie über einem Abgrund stehen.

Da packte er sie an den Armen, drückte sie erbost von sich und sagte: *„Was ist los mit dir? Wenn du nicht daran glaubst, kannst du dich auch hinlegen und sterben!"*

„Küss mich", flüsterte sie und näherte sich ihm wieder.

Paul aber blickte sie nur kalt an. *„Zieh dich lieber an. In einer halben Stunde treffen wir uns im Meetingraum. Einer unserer Physiker wird über HAARP berichten."*

„Ich habe es nicht vergessen", sagte sie und wandte sich von ihm ab. *„Wenn ich mich jetzt umziehen dürfte…"*

Paul warf sich eine Nuss in den Mund und verließ wütend den Raum.

Frankfurt, Bornheim. Fleur öffnete ihre Wohnungstür und hängte ihre Lederjacke an einen Haken an der Wand. Ihre langen Haare glitten schwarz an ihr herab. Sie ging in die Küche, öffnete telekinetisch mit einer Handbewegung den Kühlschrank und trank einen großen Schluck aus einer Wasserflasche. Dann drehte sie sich vom Kühlschrank wieder weg, der sich wie von Geisterhand automatisch hinter ihr schloss und ging zum Fenster, um hinaus zu schauen. In der Ferne sah sie die leuchtenden Hochhäuser Frankfurts. Es regnete immer noch in Strömen, als sei es das Ende der Welt…

Nach einer Weile ertönte ein melodischer Klang. Fleur tippte zwei Mal auf die Scheibe vor sich, sodass ein bildschirmgroßes Fenster erschien, durch das sie eine Freundin vor sich erblickte. „Hallo Mila", sagte Fleur lächelnd und blickte in die leuchtend blauen Augen der Afrikanerin, die ihre Dreadlocks zum Teil rot-weiß gefärbt hatte.

„Du hast es doch nicht vergessen, oder?", fragte Mila.

„Ach… Doch, das habe ich... Komm rauf!"

Kurz darauf ging Fleur zu ihrer Wohnungstür und öffnete sie. Mila umarmte sie kurz und kam herein. „So vergesslich kenne ich dich ja gar nicht", sagte sie ironisch lächelnd.

„Vielleicht bin ich einfach nur müde", sagte Fleur, schloss die Türe wieder und schaltete telekinetisch auf ihrer Fensterscheibe die Fernsehübertragung an. „Ich habe es einfach satt!", fügte sie hinzu und ließ sich gegenüber der Scheibe auf eine große lederne Couch fallen.

Im Fernsehen sagte ein Journalist gerade: „Ich höre gerade, dass der alte und neue Präsident auf dem Weg ist. In wenigen Augenblicken wird Richard Chamberlain eine Rede zu seiner Wiederwahl an die Europäische Union halten."

Kurz darauf sah man den Präsidenten der Europäischen Union. Er war Mitte 50, Engländer, trug einen blauen Anzug und hatte einen schelmischen Gesichtsausdruck. Er rieb sich kurz die Nase, dann begann er: „Liebe Mitbürgerinnen und Mitbürger. Ich möchte mich zuallererst bei denen bedanken, die mich unterstützt haben, vor allem bei den Wählerinnen und Wählern, die uns weitere vier Jahre ihr Vertrauen schenken und dafür ihre Stimme abgegeben haben. Ich möchte mich auch deshalb ganz besonders bedanken, weil es für unsere Partei das beste Ergebnis ist, das sie seit ihrer Gründung erreicht hat. Aber ich möchte den Menschen in der Europäischen Union auch sagen, dass ich der Präsident aller Europäer sein möchte, damit es uns allen besser geht, ganz besonders in dieser schweren Zeit.

So wartet nun auch wieder sehr viel Arbeit auf uns. Wir wollen nicht vergessen, dass es noch sehr viele Probleme zu lösen gibt, denen wir uns innerhalb der Atlantischen Gemeinschaft widmen wollen. Nicht zuletzt bekümmert uns zutiefst die Entwicklung in unseren exterritorialen Gebieten, insbesondere die Araber- und Türkengebiete, die immer unkontrollierbarer das friedliche Zusammenleben in der transatlantischen Staatengemeinschaft und weit darüber hinaus gefährden. Seien es die Vorstädte von Paris, London oder Rom, in New York oder Montreal, seien es ganze Städte wie Offenbach bei Frankfurt am Main – in all diesen Gebieten grassiert die Gewalt, Kriminalität, Drogen- und Waffenhandel. Und was noch schlimmer ist: Aus diesen Gebieten, in denen sich der Fundamentalismus wie in Afghanistan oder Somalia ausgebreitet hat, haben wir mitten unter uns immer mehr Terrorzellen. So geht aus den exterritorialen Gebieten, vor allem aber den Araber- und Türkengebieten, eine immer größere Gefahr aus, der wir uns nun auf nachdrückliche Art und Weise widmen werden.

Wir können von Glück reden, dass die Atlantische Gemeinschaft vor nun über 15 Jahren, als auch damals die Republikaner mehrheitlich die Regierung gestellt hat, welche die Einwanderung immer mehr gedrosselt hat, um groß angelegte Programme zur gezielten Vervielfältigung des Europäischen Menschen zu starten. Wie sie alle wissen, sind diese ersten neuen Menschen nun erwachsen und tragen maßgeblich zum Erfolg und Fortschritt unserer Gesellschaften bei.

So müssen wir immer wieder feststellen, welch unglaublichen Segen uns die Genforschung beschert. Sie ist zu einem politischen Instrument zur Reduzierung der Überfremdung in Europa, den USA und

Kanada geworden! Auch dem Problem der Überalterung unserer Gesellschaft konnte damit erfolgreich entgegen gesteuert werden. Ein Programm, für das uns viele Nationen beneiden und das wir mit noch größeren Anstrengungen ausbauen wollen. Der „neue Mensch" ist am kommen.

Eine weitere Gefahr, die immer mehr in den Fokus gerückt ist, ist die Meerschweinchengrippe. Soviel kann ich Ihnen jetzt schon sagen, unsere Regierung wird in den kommenden Wochen Impfstoffe für alle Bürger der Europäischen Union bereitstellen. Sobald der Impfstoff da ist, werden sich alle Bürger impfen lassen müssen. Ja, müssen!

Es ist unsere heilige Pflicht, die Bevölkerung vor diesem heimtükkischen Virus zu schützen. So bitte ich, um Ihrer aller Verständnis wenn wir es nicht jedem Einzelnen überlassen können, ob er sich impfen lassen will oder nicht. Das ist nun Aufgabe der Regierung. Unsere Verantwortung, unser Job.

Aber lassen Sie es mich noch mal an dieser Stelle sagen: Wir wollen die große Volkspartei der Mitte sein. Für Ältere, für Junge, für Arbeitnehmer genauso wie für Unternehmer, für alle, denen das Schicksal und die Zukunft Europas am Herzen liegt. Für Sicherheit und Wachstum! Herzlichen Dank und alles Gute!"

Richard Chamberlain lächelte noch einmal herzlich mit seinen unnatürlich weißen Zähnen in die Kamera. Dann schaltete Fleur die Übertragung telekinetisch ab. „Siehst du", sagte sie, die Hände über dem Kopf zusammenschlagend, „Impfungen, Züchtungen, Xenophobie, Rassismus!"

Mila stand auf, streckte sich und ging zum Fenster um hinaus zu schauen. Der Regen hörte seit Tagen einfach nicht mehr auf, während der inzwischen stark elektronisch geregelte Verkehr zähflüssig dahin floss.

„Es fällt mir nicht immer leicht." Fleur rieb sich nachdenklich die Stirn.

„Was meinst du?", fragte ihre Freundin.

„Daran zu glauben, dass wir uns tatsächlich in eine Ebene der Liebe und Menschlichkeit hinein bewegen."

„Es verändern sich doch auch Dinge zum Guten", sagte Mila und lächelte. „Auch Menschen..."

„Einst waren wir Feinde", bestätigte Fleur nachdenklich. „Nun Freundinnen... Was hältst du von den Impfungen? Du weißt doch, wie sie denken."

„Ja", bestätigte Mila. „Ich war eine von ihnen. Asura. Und bin es noch immer..."

„Wie kannst du das sagen?!", erwiderte Fleur. „Du hast dich verändert. Du hast dich erinnert an deinen göttlichen Kern!" Auch Fleur stand nun auf und ging zu den Fenstern, um hinaus zu schauen.

Mila stellte sich neben sie: „Was die Impfungen angeht, so könnte es ja sein, dass sie wirklich die Mehrschweinchengrippe damit bekämpfen können."

„Vielleicht ist es auch nur ein Trick?" Fleur und massierte sich den Nacken. „Wer weiß, was sie wirklich planen? Vielleicht ist es nur eine groß angelegte PR-Kampagne der Pharmaindustrie. Vielleicht haben sie auch das Virus selbst in die Welt gesetzt?"

„Oder es dient dazu, die Europäer und Amerikaner großflächig zu sterilisieren. Nicht wahr? Das ist es doch, was du denkst", fragte Mila.

„Sieht nicht alles danach aus, als wollten sie ihren Plan, die Menschheit zu versklaven, auf diese Weise umsetzen? Es werden immer mehr Klonfamilien. Und die verhalten sich seltsam. Und so gefühllos. Auch willenlos... Sie sind alle so gleich!"

„Kein Wunder", sagte Mila lachend. „Es sind doch eineiige Geschwister!"

„Aber gleich 100? Außerdem ist es nicht das was ich meine.

Ich spüre bei ihnen... eine Art von..."

„Was denn?"

„Als hätten sie keinen Freiheitsimpuls."

„Ist denn so etwas überhaupt möglich?", fragte Mila.

„Mit Sicherheit."

„Auch durch Genzüchtung?"

„Ja, Mila. Das glaube ich. Und ich glaube, dass sie die Menschheit nach und nach durch diese Klone ersetzen wollen. Perfekte Sklaven für ihren Überwachungsstaat. Wie naiv wir doch damals waren, nachdem wir es vor 30 Jahren tatsächlich geschafft haben, in der Europäischen Union an die Macht zu kommen", sagte Fleur traurig. „Es war uns tatsächlich gelungen, gegen den Widerstand der Bilderberger, für den Geist der Freiheit einzustehen. Doch nach wenigen Jahren, nachdem unsere Mitglieder ermordet oder verleumdet worden waren, übernahmen die Asuras wieder das Kommando und führten ihre Pläne fort. Dann wurden Nordamerika und die Europäische Union vereinigt in dieses Staatenmonster namens Atlantische Gemeinschaft, das von der Atlantischen Kommission ohne jegliche parlamentarische Kontrolle regiert wird. Die Großbanken, die Staaten, die wenigen Weltkonzerne – alle in der Hand der Asuras. Es ist zum Verzweifeln."

„Und was ist mit dem Kristallbringer?", fragte die Afrikanerin.

„Ziodenes... Er soll sich in den nächsten Tagen aus dem Raumschiff unter den 144 in der Weißen Wüste in Ägypten materialisieren."

„Es ist lange her, dass du mit Romain zusammen gearbeitet hast."

„Ja", bestätigte Fleur. „Nach den Ereignissen von vor 30 Jahren, als wir damals Präsidentin Renan retten konnten und sich die Schnelle Eingreiftruppe, von den Asuras befehligt, wie durch ein Wunder, zurückgezogen hatte, waren wir Horai, die den Putschversuch überlebt haben, moralisch am Boden. Mein Gott, wir hatten getötet! Viele von uns, ganz besonders Romain, konnten damit nur ganz schwer umgehen! Bis heute, 30 Jahre später..."

„Es war Notwehr", sagte Mila und blickte auf ihre weiß lackierten Fingernägel. „Es wird Zeit, dass ihr das endlich überwindet!"

„Und doch mussten wir Menschen töten..."

„Es waren Asuras", sagte Mila.

„Auch ihr seid Wesen aus der einen Quelle und habt ein Recht zu leben. Kein Mensch hat das Recht andere zu töten."

„Es sei denn, es ist Notwehr", wiederholte Mila.

„Auf jeden Fall sieht es so aus, als seien wir dazu gezwungen worden um die Präsidentin zu schützen. Danach ist Romain mit Grace nach Ägypten gezogen, wo die beiden geheiratet haben. Romain nutzt seitdem seine heilerischen Fähigkeiten, um den Menschen dort zu helfen.

„Und Grace ist wahnsinnig geworden, nicht wahr?", fragte Mila.

„Das ist so bitter", sagte Fleur und schüttelte den Kopf. „Nachdem ihr Baby auf die Welt gekommen war, stiegen immer wieder die Szenen unseres Kampfes im Hochhaus in ihr auf. Sie konnte es einfach nicht verarbeiten, sodass ihr Geist sich immer mehr in eine andere Realität zurückzog."

„Und die Tochter?", wollte Mila wissen. „Rachel heißt sie doch, oder?"

Fleur nickte: „Ich habe sie nie kennen gelernt. Aber sie soll ihrer Mutter sehr ähnlich sein. Rote Haare, und immer mit dem Kopf durch die Wand. Zurzeit, meinte Romain, ist sie in der Weißen Wüste und unterstützt ihn bei der Sicherheit und Organisation des dortigen Meditationskreises."

Wovon du nie hast sprechen wollen, dachte Mila insgeheim, *ist, dass du damals auch den Mann verloren hast, den du sosehr liebtest…*

„Als wir hörten", fuhr Fleur unterdessen fort, „dass sich der Kristallbringer die Weiße Wüste in Ägypten als Landungsbrücke ausgesucht hat, kontaktierte mich Romain und bot mir an, Ziodenes Ankunft live über Satellitenübertragung beizuwohnen. Bis dahin hatten wir all die Jahre sehr wenig voneinander erfahren. Getrennte Wege..." Fleur hielt den Atem an, fasste sich an die Schläfe und sagte: „Ah, Ogyen meldet sich gerade..."

„Gut", sagte Mila. „Ich gehe."

„Hast du keinen Regenschirm?", fragte Fleur.

Mila musste lachen und drückte einen Knopf auf ihrer Gürtelschnalle. Augenblicklich bildete sich um sie ein kaum wahrnehmbarer Schein, wobei auch ein sehr leichtes Summen zu hören war.

Erstaunt machte Fleur einen Schritt auf sie zu und streckte ihre Hand vor. „Was ist das?", fragte sie und befühlte das äußerlich stabile Energiefeld.

„Ein energetischer Regenschirm", sagte Mila lachend. „Ich habe ihn vor einer Woche entwickelt. Pass auf!" Dann ging sie zur Fensterfront und tippte mit dem Zeigefinger an eine Stelle rechts. Die Fenster öffneten sich, Wind und Kälte herein lassend.

Mila streckte ihren Arm hinaus und Fleur sah mit Überraschung, wie der Regen ungefähr in einem Abstand von 20 cm zum Arm vom Energiefeld abprallte. „Du hast dich wieder einmal selbst übertroffen", sagte Fleur lachend. „Kannst du mir so ein Gerät anfertigen?"

„Stets zu Diensten", sagte Mila breit lächelnd, verbeugte sich kurz und ging zur Tür hinaus.

Das französische Innenministerium in Paris. Paul, Elektra und einige ihrer Mitarbeiter, Tyr, der blinde Hödur, Hao und einige andere standen im verdunkelten Raum um einen Tisch, über dem eine holografische Projektion einer großen Anlage mit Antennen zu sehen war.

„Meine Damen und Herren", sagte ein Wissenschaftler, ein Amerikaner mit etwas längeren grauen Haaren, „HAARP ist die Abkürzung für das ‚High-frequency Active Auroral Research Program' Offiziell wird die Anlage betrieben von der US Navy und der Air Force. Sie befindet sich in Alaska, Gakona, ca. 230 Meilen südlich von Fairbanks. Es ist der größte Ionosphärenheizer der Welt."

„Was zum Teufel ist das?", flüsterte einer der Männer.

„Es ist das modernste, leistungsfähigste und flexibelste elektromagnetische Waffensystem der Welt. Wie sie sehen, besteht es aus Antennen. Das Herzstück der Anlage ist das IRI, das Ionospheric Research Instrument. Es besteht aus 666 zehn Kilometer langen Antennen. Genau genommen sind es 333 gewaltige Antennentürme, die aus jeweils zwei Paaren sogenannter Kreuzdipolantennen bestehen."

Während er sprach, war das holografische Bild der Anlage in Bewegung. Mal fuhr es eine der Antennen hoch, mal zoomte es hinein in technische Details, mal schwebte der Blick durch die Anlage mit ihren turmhohen Antennen. „Diese Antennen", sagte der Wissenschaftler, „senden höherfrequente Strahlungen in die Ionosphäre, die auf diese Weise aufgeladen wird. Das ist die Schicht der Atmosphäre, die ab einer Höhe von 80 Kilometern beginnt. Hier nun entstehen ELF-Wellen, das sind lange Wellen mit extrem niedrigen Frequenzen, die zur Erde zurückgestrahlt werden. Damit kann man Erdbeben auslösen, den Erdpol verschieben, das Wetter beeinflussen oder eine ganze Stadt in den Wahnsinn treiben."

„Und das Ziel?", wollte eine der Frauen wissen.

„Das Ziel", sagte Paul, „ist Israel."

Der Wissenschaftler nickte und fuhr nicht ohne Stolz fort, als würde er von einem seiner Kinder sprechen: „Die Stadt wird mit dem sogenannten Todesstrahl mehr oder weniger vernichtet, mit einem fokussierten, elektrisch geladenen Strahl, einem Strahlenstrom, dünner als ein Haar, doch inzwischen leistungsstärker als eine Wasserstoffbombe."

Die Anwesenden tuschelten aufgeregt miteinander, während nun holografisch zu sehen war, wie von den Antennen Strahlen ausgingen, die sich zu einem einzigen gepulsten Strahl bündelten, der weiter in die Höhe schoss.

„Die Anlage wird mit einer Ausgangsleistung von 500 Milliarden Watt gefahren. HAARP ist der stärkste von inzwischen 13 Ionosphärenheizern. Die Anlage kann punktgenau, konzentriert und gebündelt ihren Strahl in die Ionosphäre schicken. Doch sie erhitzt dabei nicht nur eine bestimmte Fläche, sondern zerschneidet sie im wahrsten Sinne des Wortes heraus. Diese Fläche kann in einem nächsten Schritt angehoben und gekippt werden! Wie ein riesiger überdimensionaler Schild. Mit dieser Waffe können unfassbar große Gebiete zerstört oder binnen Minuten neutralisiert werden. "

„Entstehen denn dabei keine Löcher in der Atmosphäre?", fragte Paul beeindruckt.

Der Wissenschaftler räusperte sich: „HAARP zerteilt den äußersten Filter der Erde."

„Dann entsteht doch ein Loch, oder?", hakte Paul nach.

„Es entsteht ein Loch. In der Tat. Es schließt sich dann aber auch schnell wieder."

„Wann?"

„Nun, das hängt ganz von dem Loch ab. Die Todesstrahlen können jeden Punkt der Welt erreichen, sie können an jedem Punkt der Welt Erdbeben erzeugen. Sie sind in der Lage, Gebäude, Mauern und Brücken einstürzen zu lassen!"

„Wie?", fragte Elektra.

„Indem es eine Schwingung erzeugt. Indem es durch kleinste, gleichmäßige Impulse die Objekte immer mehr zum Vibrieren bringt, bis sie kollabieren."

„Elektra konnte über einen Mittelsmann eine größere Gruppe fanatischer Islamisten versammeln", sagte Paul und zeigte auf sie. Elektra nickte, trat langsam einen Schritt vor und sagte: „Unser Mann ist ein Asura, ein Saudi und führt Terrorgruppen in den Kampf. Natürlich glauben die Islamisten, für ihre eigene Sache zu kämpfen. Dabei sind sie einfach nur Marionetten und tun, was wir wollen. Diese Gruppe wird es auf jeden Fall sein, die HAARP übernehmen soll, um einen Teil von Jerusalem weitgehend zu zerstören. Wir werden dann die offiziellen Stellen in den USA im allerletzten Moment warnen. Doch wird es zu spät sein. Uns geht es nur darum, dass die Islamisten von den Amerikanern getötet werden. Dann werden wir behaupten, dass es Terroristen gewesen seien, die in den exterritorialen Zonen Europas, den sogenannten Araber- und Türkengebieten, das Attentat geplant hätten."

„Was zum Teil sogar stimmt", sagte Paul schmunzelnd und warf sich eine Nuss in den Mund. „Unsere Verbindungsleute in den USA lassen uns frei Hand ins Land zu kommen. Die entsprechenden Stellen wissen Bescheid. Danach aber muss es aussehen, als hätten sie damit nichts zu tun. Es muss wirken wie ein diabolisch guter Plan der Islamisten. Dann haben wir endlich unseren Vorwand, um in den Arabergebieten reinen Tisch zu machen. Wir marschieren dort ein, was die Bevölkerung nun sicherlich gutheißen wird, und integrieren die Gebiete wieder in die Atlantische Gemeinschaft. Dann haben die Horai weder in Europa noch in Nordamerika keine Möglichkeit mehr, ihre lächerlichen Meditationskreise mitsamt ihrem verdammten Potal aufrecht zu erhalten! Die neue Regierung steht voll hinter uns."

Frankfurt. Fleur ging in ein kleines Nebenzimmer, in einen Raum, den sie ihren „Tempel" nannte. Schlicht dekoriert mit einem kleinen Altar und einigen Landschaftsbildern, auf denen heilige Plätze zu sehen waren wie der halb verfallene Ta Prohm-Tempel in Kambodscha. Auf dem Foto war zu sehen, wie die mächtigen Wurzeln einer Würgefeige, in wasserartigen Stromlinien hinab fließend, die alten Tempelmauern überwucherten.

Auf einem anderen Bild war Machu Pichu zu sehen, die gut erhaltene Ruinenstadt der Inka in 2.360 Meter Höhe auf einer Bergspitze der Anden.

Fleur zündete die Räucherstäbchen an und blickte auf den goldenen auf der Seite liegenden Buddha, um den herum Rosen, Blütenblätter und ein sehr schöner weißer Kristall lagen. Dann setzte sie sich im Schneidersitz davor auf die Kissen, schloss die Augen und begann sich zu konzentrieren...

Auf der Raumstation, in einem der Quartiere. Ogyen, vom Aussehen um die 50, ein tibetischer Mönch mit Glatze, stand an einem Fenster und blickte auf die Erde. Plötzlich vernahm er innerlich einen Ruf. Er lächelte und sagte in Gedanken: *„Hallo, Fleur."*

In Fleurs Apartment. Sie saß auf dem Boden und antwortete ernst. *„Hallo, Ogyen."*

„Der Kristallbringer wird bald zu euch kommen", sagte er telepathisch. *„Er bereitet sich vor."*

„Ja… Ziodenes", antwortete sie in Gedanken. *„Unsere Leute in Ägypten erwarten ihn bereits ungeduldig."*

„Ich weiß", hörte sie Ogyens Stimme. *„Romain hat es mir berichtet. Und wie läuft's in Offenbach?"*

„Wir können von Glück sagen, dass sich viele der exterritorialen Gebiete soweit entwickelt haben, dass sich die Staatsmacht nicht mehr dorthin traut."

„Die sogenannten Arabergebiete", hörte sie seine Stimme. *„Fleur, sei bereit..."*

„Was meinst du?"

„Es ist nun an der Zeit, dass du dich erinnerst. An eine ganz besondere Zeit. Eine Zeit im alten Ägypten, wo du mit vielen unserer Weggefährten gelebt hast. Am Hofe des Pharaos Echn-Aton und seiner Gemahlin Nofretete. Euer Unterbewusstsein wird nun allmählich gelockert. Sei bereit..."

Da öffnete Fleur ihre Augen, worauf Bilder in ihren Geist schossen: Szenen einer Stadt mit funkelnd weißen Häusern, eine Stadt, in der sich die Herzen immer weiter öffneten.

Achet-Aton, etwa 1.350 vor Christus. Heute war der Tag des großen Festes, Jahrestag der Grundsteinlegung von Achet-Aton, der neuen Hauptstadt Unter- und Oberägyptens. Tarée, in ein wallendes Rosa-Rot gekleidet, lief mit ihrem kleinen Äffchen „Shuba" um den Hals, durch die Straßen der Stadt. Ihr Herz jubelte, als sie all die Menschen in solcher Freude sah. Die meisten Frauen trugen wallend weiße Gewänder, die jeweils aus einer langen Stoffbahn bestanden und unter dem Busen zusammengehalten wurden. Kunstvoll gefaltete Ärmel bedeckten die Oberarme bis zum Ellbogen. Die Männer trugen einen plissierten Schurz um die Hüfte. Der Oberkörper blieb unbedeckt. Viele hatten auch ein Hemd-artiges Obergewand an, das am Gürtel befestigt war.

Die Häuser entlang der breiten und kerzengeraden Straßen strahlten wie aus sich selbst heraus in ihrem leuchtenden Weiß. Viele der Häuser waren – zu Ehren der Schöpfungen des Einzigen Aton – geschmackvoll mit bunten Pflanzen- und Tiermustern bemalt. Üppige Gärten und kleine einladende Seen waren zur Freude der Bevölkerung in der ganzen Stadt angelegt worden, sogar ein Zoo, in dem die Tiere frei umher liefen. Links und rechts säumten kleine Stände die Straßen, die Getränke und Speisen feilboten.

Als Tarée nun auf die zentrale Prachtstraße kam, in der blau-goldene Flaggen mit der Namenskartusche Echn-Atons an Fahnenmasten in der leichten Brise flatterten, war der Umzug bereits in vollem Gange. Entlang der gesamten Straße saßen Trommler auf den flachen Dächern und begleiteten den Umzug mit schnellen Rhythmen. Angeführt von Bek, dem obersten Baumeister von Achet-Aton, folgten zunächst all die Künstler, Zeichner, Architekten, Bildhauer, Poeten und Musiker und wurden wie bei einem Karnevalsumzug von der Menge bejubelt. Anschließend kam ein von Ochsen gezogener großer Wagen, von dem aus Bier und Met an die Feiernden ausgeschenkt wurden. Ein etwas dicklicher Mann nahm einen Krug, hielt ihn der Sonne entgegen, rief: „Aton, danke! Ich trinke auf deine Herrlichkeit!“, und nahm einen großen Schluck.

Es folgten die Vertreter der anderen Stände: die Priester und Tempeldiener, die vom Oberpriester Merire angeführt wurden, dann die Beamten, die Schreiber, Ärzte, einfache Arbeiter, Bauern, Pferdeknechte, Metallgießer . . .

Danach erst kam General Haremhab auf einem Pferd, gefolgt von den Soldaten mit ihren funkelnden Waffen – vorne weg die Streitwagenabteilung „Nofretete“, deren Offiziere die Farben der Sonne trugen: weiß, gelb und orange. Schließlich kamen die Palastgarde und die vom Polizeichef Maho befehligte Polizeitruppe der Stadt. Hinter ihnen folgten Teje, die Mutter Echn-Atons und Eje, sein Berater sowie die fünf Töchter des Pharaonenpaars auf einer von weißen Pferden gezogenen Karosse.

Als sie passiert waren, löste sich die Menge aber noch nicht auf. Alle blickten erwartungsvoll in Richtung des großen Tempels. Da raste auch schon, umgeben von einer großen Staubwolke, eine von zwei kraftvollen Pferden gezogene Karosse aus Gold heran. Echn-Aton hielt die Zügel fest in der Hand und trieb sie an, während sich Nofretete, die „Große königliche Gemahlin“, mit einer Hand fest klammerte und mit der anderen Blumen in die begeisterte Menge warf.

Das Pharaonenpaar, lebendes Symbol für Aton, der Vater und Mutter zugleich ist, ritt bis zum Ende der Straße, machte ohne anzuhalten kehrt und kam wieder zurück geprescht. Als sie wieder genau in der Mitte ankamen, wo sich auch Tarée und ihr Äffchen befanden, stoppte der Pharao jäh den Wagen und wandte sich mit gehobener Stimme an die umher Stehenden: „Geliebte Bewohner von Achet-Aton. Seid gegrüßt an diesem wundervollen Tag! Ich bin nicht nur der Pharao Ägyptens und der einzige Prophet des Aton. Ich bin derjenige, der sein Auge auf die ganze Welt richtet. Nicht um sie zu erobern, sondern im Zeichen der Liebe!

Unter meiner Herrschaft wird Ägypten sich verändern, die Welt wird sich verändern. Die Erde wird sich verändern und auch der Himmel. Vor allem wird sich das Herz der Menschen wandeln; denn ich zeige ihnen, was in der Tiefe der Herzen wacht: Aton, der All-Eine, das Leben, das Licht und die Liebe. Aton, die Quelle, aus der wir alle sind, Aton, der in uns erwacht.

Die Sonnenscheibe, die ihr überall in Achet-Aton sehen könnt, und natürlich in ihrem vollen Glanz über uns am Himmel, ist nur sein Symbol, nicht seine Abbildung! Aton ist ohne Gestalt und leuchtet in unseren Herzen, die wir alle aus dieser einen Quelle heraus geflossen sind."

Echn-Aton riss die Hände zur Sonne hinauf und rief entrückt: „Oh, Aton! Da jeder Mensch ein Strahl von dir ist, laufen alle Menschen in dir zusammen. Du bist sie alle und bist alles für sie! Mach aus jedem deiner Strahlen einen Arm, mit der Hand, die den Lebenshauch spendet und erhält. Sende auch mir eine Liebkosung und erfülle meine Hoffnung, dass mein Lächeln vor dir niemals erlösche, ob du mich mit Liebe oder aber mit Feuer berührst. Geliebte Bewohner von Achet-Aton, lasst uns gemeinsam diese Sonne in uns aufgehen lassen! Möge die Liebe, Freude, Frieden eure Herzen erfüllen! Möge dies ein rauschendes Fest werden!"

Die Trommler setzten wieder ein und Echn-Aton trieb mit Nofretete durch die Menge zurück bis zum großen Tempel.

Die Menschen jubelten frenetisch und auch Tarée rief: „Aton! Aton!", als sich plötzlich zwei Hände von hinten auf ihre Augen legten. Sie nahm sie hinunter, drehte sich um und sah in die strahlenden Augen Mahus. „Ha!", rief sie aus, „selbst wenn ich erblinden würde, so sähe ich doch Aton jeden Tag in seinem Glanz!"

„Jaaa!", rief seinerseits Mahu in den allgemeinen Lärm der Trommeln und Menschen, die inzwischen durcheinander durch die Straßen zogen, „denn du siehst alles im Lichte deines geistigen Auges!"

„So wie du, geliebter Mahu!", gab sie begeistert zurück, warf ihre Arme um seinen Hals und küsste ihn leidenschaftlich auf den Mund."

Offenbach bei Frankfurt am Main, 2.070 nach Christus. Ein Mann im Kapuzenmantel lief zielstrebig durch die verdreckten Straßen einer Neubausiedlung. Unweit rief der Muezzin von einem Minarett aus zum Gebet. Die umherstehenden Wagen waren verbeult, verrostet und die Menschen verarmt. Hier und da standen kleine Grüppchen von meist arabisch oder türkisch aussehenden Männern, die nicht danach aussahen, als ob sie bürgerlichen Berufen nachgingen.

Als sich der Mann nun einer der 20-stöckigen Neubauten näherte, verstellte ihm eine Gruppe von vier Männern den Weg. „Du, bleib stehen", sagte der Anführer. Der Mann hielt an, bewegte langsam seine langgliedrigen Hände zum Kopf und zog die Kapuze aus. Die vier anderen erstarrten und wichen etwas zurück, als hätte sie eine starke Windböe getroffen.

Er war etwa 1,85 m groß, etwa 50 Jahre alt und hatte einen langen grauen Bart. Seine Augen funkelten ihnen schwarz entgegen.

„Dschafar ibn Muhammad!", rief der Anführer aus. „Bist du es wirklich?"

„Meine Brüder", sagte Dschafar mit sonorer Stimme. „Ihr kennt und erkennt mich. Behaltet Stillschweigen über meine Anwesenheit."

„Ehrenwerter, das werden wir..."

Nein, das werdet ihr nicht..., dachte Dschafar, zog seine Kapuze wieder über und ging durch die Gruppe hindurch weiter zum Eingang des Hauses. *Es sei denn...,* dachte er weiter und verschwand.

Der Anführer der Gruppe kramte ungläubig sein Handy aus der Tasche und sagte: „Ich muss es den anderen sagen. Das werden die nie glauben!"

„Was denn?", fragte einer der Männer.

„Na, dass..., dass... Ich hab's vergessen!"

Die anderen lachten. „Das Gras vorhin war wohl doch etwas stark!"

Dschafar ibn Muhammad fuhr mit dem Fahrstuhl hinauf, stieg aus und lief den Gang entlang. Die Wände waren über und über mit Graffiti beschmiert, als würde sich kein Mensch darum scheren. An einer der hinteren Türen klopfte er an. Kurz darauf hörte er dahinter einen Mann mit italienischem Akzent sagen: „Ich bin mit dem Schwert geschickt worden vor dem Tag des Gerichts, damit allein Gott angebetet wird."

Daraufhin antwortete Dschafar mit dunkler Stimme wie aus einem Grab: „Er hat meine Lanze zu meinem Broterwerb gemacht und hat jedem, der mir nicht gehorcht, Demütigung und Unglück versprochen." In Gedanken jedoch hörte er sich sprechen: *Das Schicksal zerbricht uns, als seien wir Glas. Und unsere Scherben finden niemals wieder zusammen.*

Als sich die Tür öffnete, sagte er dann weiter: „Sind aber die heiligen Monate verflossen, so erschlagt die Götzendiener, wo ihr sie findet, und packt sie und belagert sie und lauert ihnen in jedem Hinterhalt auf."

Giacomo musste lachen und erwiderte: „Derjenige verdient es ins Paradies zu gelangen, der seine Freunde zum Lachen bringt." Dann verbeugte er sich, tat einen Schritt zur Seite und sagte: „Efendi, komm herein. Wir haben dich erwartet."

Dschafar ibn Muhammad zog seine Schuhe aus und betrat die kleine Wohnung, in der er die Schuhe in ein kleines Regal neben vielen anderen stellte.

Ein Geruch von Rosenöl war in der Luft. Er zog seine Kapuze aus und blickte anerkennend auf die Fotos an der Wand, Ikonen des Dschihadismus: Osama Bin Laden, Abdullah Azzam, Ayman al-Zawahiri, Abu Mus'ab al-Zarqawi. Dann begrüßte er lächelnd mit einem Kopfnicken den US-Amerikaner Rachid, der seine Waffe wegsteckte und sich zeremoniell verbeugte. Er und Giacomo waren wie üblich gut angezogen. Im Hintergrund standen sechs weitere Männer in westlicher Kleidung. Sie stammten aus Ägypten und Saudi Arabien. Alle begrüßten ihren Anführer mit großer Freude. Anschließend setzten sie sich einander gegenüber auf den Boden. Einer der Ägypter stellte vor Dschafar eine Kanne Tee mit einem kleinen Glas und setzte sich ebenfalls.

Dschafar trank in aller Ruhe seinen Tee, während die anderen gespannt darauf warteten, dass er das Wort ergriff. Schließlich war es soweit und er begann: „Gelobt sei Gott, Seinen Beistand erflehen wir und Ihn bitten wir, uns vor dem Bösen in uns wie auch vor unseren bösen Taten zu beschützen. Wer sich von Ihm leiten lässt, wird nicht irregehen, wer aber von Ihm in die Irre geführt wird, findet nimmermehr den rechten Pfad. Ich bezeuge, dass es keinen Gott außer Gott gibt und dass Muhammed sein Knecht und Gesandter ist. Oh Herr, erst durch Dich wird alles leicht!

Liebe Brüder, mein Herz ist voller Freude und meine Seele überglücklich über euren teuren Dienst an Gott in dieser dürren Wüste, im Herzen der Finsternis, der Unwissenheit und der Gottlosigkeit. Möge Er euch dürsten lassen nach dem rechten Wort, und euch der Begegnung mit den Gesandten dieses Glaubens entgegen fiebern lassen, die euch das strahlende Licht in alle Winkel der Welt bringen werden."

Diese Worte flossen wie Honig und Balsam in die Seelen seiner Zuhörer...

„Eure glühender Eifer für den Dschihad, euer Wunsch, neues darüber zu erfahren, eure Sorge um seinen Fortgang und um das Leben seiner heldenmütigen Anführer geben mir die Kraft und lindern meinen Schmerz.

Die letzten Jahrzehnte der Geschichte der Umma waren die eines erbitterten Konfliktes, in dem sich die Kräfte der Gottlosigkeit, der Ungerechtigkeit und Arroganz auf der einen und die Gemeinschaft der Gläubigen und ihrer kämpfenden Avantgarde, auf der anderen Seite, gegenüberstanden.

Nun, meine lieben Brüder, warum kämpfen wir? Damit die Gottlosigkeit nicht obsiegt. Weil wahre Menschen selten sind, aus Furcht vor der Hölle, um die Pflicht zu erfüllen und dem Aufruf Gottes folge zu leisten. Um dem Beispiel der Altvorderen zu folgen. Um eine feste Basis für die Verbreitung des Islam zu gründen, um die Unterdrückten zu verteidigen und aus Freude am Märtyrertod." Die Männer glühten innerlich.

„Im Islam ist der Kampf rechtmäßig", sprach er weiter, „wenn er dem Zweck dient, das Wort Gottes zu verbreiten, die Menschheit vor der Gottlosigkeit zu erretten, sie aus der völligen Finsternis ins Licht zu geleiten. Das Töten und Kämpfen sind Notwendigkeiten, die uns auferlegt sind, weil wir das Banner der Einzigartigkeit Gottes tragen müssen und den Befehl erhalten haben, es auf jedem Hügel und in jeder Ebene aufzupflanzen und alle Schranken nieder zu reißen, die diese Religion davon abhalten, sich über den gesamten Erdkreis auszubreiten.

Wie können wir stillhalten angesichts des Versuchs, den Muslimen das Recht zu entziehen, sich gegen ihre Feinde zu verteidigen? Dieses Recht genießt doch jeder Mensch! Wie können wir schweigen angesichts der Demoralisierung, während die Umma doch über die wunderbare Unterstützung aufrechter Mudschaheddin verfügt?

Den Muslimen in der ganzen Welt ist bewusst geworden, dass sie die Hauptzielscheibe der Koalitionen der Juden und Kreuzfahrer sind, und dass trotz der ganzen Lügenpropaganda von Menschenrechten überall auf dem Antlitz der Erde Schläge gegen Muslime und Massaker an Muslimen möglich waren.

In dieser wütenden jüdisch-christlichen Kampagne, diesem im wahrsten Sinne des Wortes, Vernichtungskrieg gegen die islamische Nation, ist es ohne Zweifel unerlässlich, dass sich die Muslime unter Aufbietung all ihrer Kräfte darauf vorbereiten, den Feind auf militärischem, wirtschaftlichem, missionarischem und allen anderen Gebieten zurückzudrängen und zu besiegen.

Eine wachsende Streitmacht versammelt sich unter dem Banner des Dschihads gegen das Gesetz der neuen Weltordnung. Frei von der Knechtschaft gegenüber dem herrschenden westlichen Imperialismus birgt sie die Verheißung, den Kreuzzug gegen die Gebiete des Islam vernichtend zu schlagen.

Parallel zu ihrem militärischen Kreuzzug führen diese Feinde eine Kampagne der geistigen und dogmatischen Irreführung, indem sie versuchen, die Trümmer der Regime in unseren Ländern trotz deren Korruption, Ausschweifungen und ihrer Kriecherei gegenüber den internationalen Kräften der jüdisch-kreuzfahrerischen Unterdrükkung notdürftig zusammen zu halten.

Dieser Kreuzzug, der darauf abzielt, die Grenzen zwischen dem Wahren und dem Falschen zu verwischen und die Feinde mit den Verbündeten zu vermengen, zielt, im fieberhaften Versuch, der anschwellenden Woge des islamischen Kampfs zu begegnen, ebenso darauf ab, die Unterwerfung, die Abhängigkeit, die Unterordnung der Regierungen, die anderen Gesetzen gehorcht als den Gesetzen Gottes, zu verschleiern.

Hiermit bestätige ich euch, dass die USA schon damals in den Irak einmarschiert sind, um Groß-Israel vom Nil bis zum Euphrat zu errichten, weil die zionistisch-amerikanische Regierung annimmt, dass die Errichtung eines solchen Staates die Ankunft des Messias beschleunigt.

Das größte Unglück jedoch, das die Muslime getroffen hat, ist die fortdauernde Besetzung des Landes der beiden Heiligtümer, des Hauses des Islam und der Wiege des Propheten und der Quelle der göttlichen Botschaft, wo sich die heilige Kaaba befindet, zu der alle Muslime beten und zwar durch die Armeen der amerikanischen Christen und ihrer Verbündeten. Es gibt keine Kraft und Macht außer bei Gott!

„So aber der Feind auf muslimischen Boden vordringt", sprach Dschafar weiter und ballte die Faust, „muss man ihn zweifelsohne nach und nach zurückdrängen. Denn die islamischen Länder sind wie ein einziges Land. Was die Verteidigungsschlacht angeht, so stellt diese die erbitterte Form der Verteidigung gegen den Angreifer dar, der es auf unsere Ehre, Männlichkeit und Religion abgesehen hat. Nach einhelliger Meinung der wahrhaftigen Rechtsgelehrten ist sie folglich eine heilige, kollektive Pflicht, bis das gesamte Gebiet zurück erobert ist! Und nichts ist getreu dem Glauben notwendiger als dies! So bleiben alle Muslime in Sünde, solange auch nur ein einziges Land, das muslimisch gewesen ist, in den Händen der Ungläubigen bleibt, bis jedes unserer Länder vom Makel der Ungläubigen gereinigt ist. Der Höchste sagte im Schwertvers: „Und wenn die heiligen Monate abgelaufen sind, dann tötet die Götzendiener, wo immer ihr sie findet, und ergreift sie und belagert sie und lauert ihnen aus jedem Hinterhalt auf."

Mit Gottes Hilfe rufen wir jeden Muslim, der an Gott glaubt und von ihm belohnt werden möchte, dazu auf, diesem Befehl Gottes

Folge zu leisten, die Amerikaner und ihre Verbündeten, diese Ausgeburten des Satans, zu töten und ihren Besitz zu plündern. Wo auch immer er sie findet, und wann immer er kann, solange das Blut in seinen Adern fließt und er noch ein Auge hat, um zu sehen.

Trotz der andauernden Besetzung des Landes der zwei heiligen Moscheen behaupten die Amerikaner weiterhin, sie würden die Flagge der Freiheit und Menschlichkeit hochhalten. Dabei verüben sie Untaten, zu denen sich nicht einmal das wildeste Raubtier hinreißen ließe. Sie haben versucht, uns das Leben in Würde zu nehmen. Aber sie können uns nicht das Sterben in Würde nehmen. Wer nicht zum verpflichtenden Dschihad geht, begeht eine Sünde an unserer Religion. Das beste Sterben für uns ist im Schatten der Schwerter.

Ihr Eindringen auf die arabische Halbinsel war eine leichtsinnige und schlecht durchdachte Aktion, durch die sie eine Nation von weit über einer Milliarde Muslimen herausfordern. Dennoch hat sich das Land zum amerikanischen Protektorat entwickelt und die christlichen Soldaten schänden es mit ihren schmutzigen Schuhen, zum Schutze eines wankenden Thrones und zum Schutze der Erdölquellen. Sie zu terrorisieren, solange sie in unserem Land Waffen tragen, ist unsere moralische Pflicht.

Ihr Reiter Gottes! Möge Gott mir erlauben, mich immerzu bei euch aufzuhalten! Ihr seid Löwen im Dschungel und die Pferde bezeugen, dass ich euch unerbittlich und mit wahnsinnigem Mut vorantreibe, in das Feuer der Schlacht!“

„Allahu Akbar!“, riefen die Männer begeistert.

„Bald werden unsere Brüder auf der arabischen Halbinsel die Revolution entflammen“, fuhr er fort, „und anschließend ein Regime errichten, das den Prinzipien, die Muhammed uns vor so langer Zeit schon überbracht hat, gerecht wird. Möge Gottes Religion, der Frieden und das Heil über Saudi Arabien kommen! Es ist eine große Hoffnung, dass die Offenbarung, die Muhammed zuteil wurde, für die gerechte Regierung Saudi Arabiens genutzt werden kann. Es wird ein neues *al-khalifa,* ein neues Kalifat.“

„Inshallah", riefen die Männer entschlossen.

„Was unsere ganz eigene Aktion angeht, so wird sie mit Gottes Hilfe sehr bald starten. Wo genau werde ich euch noch mitteilen. Aber es ist alles vorbereitet. Dort befindet sich die Anlage, mit der wir den entscheidenden Schlag ausführen werden. Wenn du einen Haufen mit Steinen siehst," fuhr Dschafar fort, „dann frage nicht wer ihn errichtete, sondern wen du damit bewerfen kannst. Von unseren Taten, Brüder, wird man, Inshallah, schon bald in den Medien berichten!

Und als Letztes bitten wir Gott den Allmächtigen, auf unseren Kampf um die Wahrheit zu antworten und uns, Seine Anhänger zu beschützen. Wir bitten ihn, uns auf den rechten Weg zu führen und uns von unseren Sünden reinzuwaschen. Wir bitten ihn, uns die rechten Worte und Taten zu zeigen, und um Erfolg in allem, was Er liebt und was Ihm im Leben wohl gefällt, und für ein gutes Ende nach unserem Tode. Er ist unser Beschützer und verleiht uns Kraft. Lob sei Gott dem Weltenherrscher!"

Ägypten, in der Nähe der Oase Baharya. Rachel kam gerade an die kleine unscheinbare Lehmhütte ihres Vaters. Niemand hätte vermutet, dass sich darunter ein modernes Labor und eine große Wohnung befanden. Rachel steckte ihren Falken in einen Käfig unter dem Vordach aus Bast und schaltete das elektrische Licht ein. Das simple Vordach, das an einer Seite an der Hütte angebracht war, wurde auf der anderen Seite von zwei Holzbalken und vier vertikalen, verrosteten Metallrohren gehalten. Unter dem Dach, dessen einzige Funktion darin bestand, vor der Sonne zu schützen, standen ein Paar Holzstühle auf einem großen staubigen Teppich und Tonvasen an der Wand. Ringsherum waren Olivenbäume, kleine Palmen, einzelne verknöcherte Bäume, die sich in den Wüstensand krallten. Eine Eidechse huschte über die Häuserwand. Es wimmelte nur so von Fliegen, die hektisch umher schwirrten und von Schwalben gejagt wurden.

Rachel setzte sich auf einen der Stühle und entspannte sich. Da hörte sie grollend eine Windböe heran rollen wie eine große Welle. Da war ihr plötzlich, als hörte sie Stimmen, wie von einer großen

Menschenmenge; Bilder tauchten aus ihrem Unterbewusstsein auf... Unaufhaltsam zog es sie in die Erinnerung, die Erinnerung an ein vergangenes Leben vor langer Zeit, in der Sonnenstadt Achet-Aton...

Alt-Ägypten. Achet-Aton, etwa 1.350 vor Christus. Mahu und Tarée bahnten sich langsam den Weg durch die feiernde Menge in Richtung des kleinen Aton-Tempels, wobei sie von vielen Menschen umarmt wurden, von Kneipenbesitzern, Fischern und vielen anderen Freunden und Gleichgesinnten. Es war recht windig heute. Auf dem Weg begegneten sie Nefret-Ieb und Neti, zwei 14jährige Mädchen, die am Hofe aufwuchsen. Der Mode entsprechend hatten sie in den Haaren und an Halsketten große bunte Perlen, die einen schönen Kontrast zu den schlichten weißen Kleidern bildeten. Die vier begrüßten sich freudig und gingen gemeinsam weiter. Als sie das hohe Portal erreichten, stand dort zwischen den Wachposten der Schreiber des Pharao. Er rollte eine Schriftrolle auf, sah zu Tarée und Mahu, als würde er sie nicht kennen und fragte: „Eure Namen?“

„Aber Glypho! Willst du uns auf den Arm nehmen?“, fragte Neti neckisch. „Willst du dich über uns lustig machen?“

Der Schreiber lachte und sagte zu Nefret-Ieb: „Deine Adoptivmutter, die große königliche Gemahlin, würde es mir auch sicher nicht verzeihen, wenn ich euch nicht passieren ließe, nicht wahr, du Hübsche?“

Das Mädchen errötete und alle mussten lachen. Dann wandte sich Glypho an die Wachposten: „Lasst sie eintreten. Sie gehören zu den geladenen Gästen des Pharao!“, woraufhin sich das große Portal aus Gold, auf dem die Sonnenscheibe prächtig zu sehen war, öffnete und die beiden einließ. Im Hintergrund, etwa 200m hinter dem Tempel, genau in einer Linie in Richtung Westen, züngelten himmelstürmend die Flammen des großen Feuers der Stadt. Es wurde von der Hüterin des Feuers, Sat-Aton, und ihren Gehilfen mit überschwänglicher Liebe und großem Verantwortungsbewusstsein genährt und gehütet.

Auch innerhalb des Tempels war das Fest zu Ehren Atons bereits im vollen Gange. Direkt am Eingang erwartete sie die Hüterin des heiligen Wassers, das sich zentral vor dem Eingang des Allerheiligsten in einer großen Schale befand. Nephta, eine schöne Nubierin mit großen goldenen Ohrringen, begrüßte die Neuankömmlinge und hielt ihnen eine große Schale voller Wasser entgegen, das sie energetisch stark aufgeladen hatte. Die vier reinigten, erfrischten sich und gingen weiter zur Hüterin der Erde. Sie hielt ihnen ein Gefäß mit heiligem Nilschlamm hin. Sie lüftete den Deckel und strich den Neuankömmlingen etwas von diesem Nektar auf einen der Unterarme. Dann wartete die Hüterin der Luft auf sie und überreichte ihnen eine der Falken- und Pfauenfedern, die sie in ihrem Korb trug. Als vierte stand vor ihnen die Hüterin des Feuers, Sat-Aton. Sie hielt eine Kerze in den Händen, die ein wunderbares Aroma und Parfüm verbreitete. Sie strich damit über das Kronenchakra und das dritte Auge der Gäste.

Während sich einige in den Becken kühlten, saßen die meisten Gäste, über 200 leicht gekleidete Männer und Frauen, auf Kissen entlang der Tafel. Besondere Aufmerksamkeit erregte Teje, die Mutter Echn-Atons. Sie hatte eine kupfer-bronzene Haut, volle Lippen, eine äußerst erotische Ausstrahlung und Augen, die intensiv alles wahrnahmen. Neben ihr saß Eje, der Stadthalter, dem sie mit einer tiefen Zärtlichkeit die Hand streichelte.

Die Frauen trugen durchscheinende Kleider, die mit fabelhaften Knittern und Falten versehen waren sowie Arm- und Fußreifen in den verschiedensten Farben. Der Schmuck war aus Koralle, Lapislazuli, Türkis und Karneolen – Brüste und Arme häufig nackt, die Körper mit duftenden Ölen eingerieben. Viele hatten auch Perücken an. Die Männer trugen an den Halskragen befestigte Hüfttücher, die mit exaktem, Fächer-artigem Faltenwurf an den Hüften verknotet waren.

Es waren auch viele Gäste der befreundeten Nationen da, Händler und ausländische Besucher. Die Tafel verlief inmitten des Tempels auf dem Marmorboden zwischen den Becken unter freiem Himmel fast vom Eingang des Tempels bis jenem des Allerheiligsten. Auch heute tollten Hunde, Katzen und Äffchen umher.

Die Gäste sangen ausgelassen oder unterhielten sich, verköstigten sich an Bier, Met, Milch und Wein. Körbe und Schalen voller Süßigkeiten, Früchte, Gemüse, Fisch, Geflügel und Fleisch erfreuten die Sinne wie den Gaumen. Vasen mit Blumen verströmten ihren Duft. Diener achteten darauf, die Wünsche der Gäste zu erfüllen, Musiker spielten ihre Instrumente und die Palmenwedler sorgten für etwas Wind.

Tarée und Mahu setzten sich zu ihren Freunden, die sie ausgelassen begrüßten: Hania, die Lehrerin, die Hohepriesterin und wahrsagende Divia, die Sängerin Lotus, die Priester Mamitti und Nitamo, Zoha, der Dekorateur, der Arzt Majdi, der Musiker Aeoliah, der arabische Händler Tuum, Morian, der königliche Zeichner der Hieroglyphen, Nafis, der Buchhalter, die Neophytinnen Diella, Sina und Manu und viele andere.

Als Tarée sich an die Tafel neben den blonden und blauäugigen Aeoliah setzte, dem sie zärtlich übers Haar strich und seine Ohren küsste, erblickte sie auch Banthu, der die Ideen und Visionen von Echn-Aton und Bek, den pharaonischen Baumeister, in die Tat umsetzte. „Du hier?“, rief sie ihm winkend und lachend zu. „Ich dachte, du meidest die Tempelanlagen und das ganze Leben hier. Einweihungen sind ja nicht so deine Welt.“

Daraufhin hob Banthu, der ein buntes Stirnband trug, seinen Bierkelch und sagte lachend: „Heute gibt es auch keine Einweihungen. Auf Aton!“

Tarée hob ihrerseits ihren fein ornamentierten Weinkrug in die Höhe, der gerade aufgefüllt worden war und antwortete: „Auf die Liebe und das Licht. Mögest du uns noch über alle Ewigkeit hinaus solch wunderbare Bauten schenken. Daraufhin legte sich eine Kneipenbesitzerin zu seinen Füßen und lächelte ihn verführerisch an.

Als es sich gegen Abend abkühlte und die Venus am Himmel erschien, verstummten die Musiker auf Geheiß der Tempeldiener… Das Pharaonenpaar erschien mit seinen Töchtern aus dem allerheiligsten Raum der inneren Weisheit. Die Menschen jubelten ihnen zu und folgten ihnen mit faszinierten und verliebten Blicken, bis sie sich ans Ende der Tafel neben Eje und Teje setzten – Echn-Aton und Nofretete mit Blick in Richtung der Gäste, ihre Töchter an die Seite. Sie trugen große Halskragen und Arm- sowie Fußreifen aus Gold. Auf dem Kopf hatte Echn-Aton das Nemes-Kopftuch und ein Diadem mit Geier und Kobra. Auch Nofretete trug die königliche und wundervoll geschmückte Atef-Krone mit Sonnenscheibe und Uräusschlangen. Ihr Bauch, ihre Brüste und Hüften waren deutlich zu erkennen.

Diener füllten ihre Becher, woraufhin Nofretete den Arm hob. Die Menge verstummte und so sprach sie in die Runde: „Verehrte Gäste, ihr geliebten Treuen des Aton. Der eine oder andere unter euch mag sich wundern, warum wir diesen Jahrestag im Tempel des Aton und nicht im Palast feiern. Doch frage ich euch: Gibt es einen geeigneteren Ort als diesen hier, um durch Fülle, Freude, Tanz und Musik unsere Liebe zum erhabenen Aton zu feiern?"

Die Gäste klopften mit ihren Bechern aus Ton auf den Marmorboden. Nur Teje schaute sie an, als glaubte sie nicht an die Wahrhaftigkeit ihrer Worte.

„Aton", fuhr Nofretete fort, „sehnt sich nicht nach ernsten Priestern, hinter deren Masken sich nur Leere, Missmut und Machtmissbrauch verbirgt. Er liebt das Leben in vollen Zügen! Er liebt Tanz, Schönheit und Musik!"

Der Dekorateur ließ entsetzt seinen Becher auf den Boden fallen. Der Wein ergoss sich über das Bild von Lotus und Papyrus.

„So lasst uns also auf ihn unsere Becher erheben", fuhr Nofretete fort, „auf dass unser Durst gelöscht wird. Festliche Freuden im Bewusstsein der weißen inneren Sonne beglücken das Herz der Ewigkeit!"

Die Gäste tranken und jubelten. Nach einer Weile wurde es wieder still und ein blinder Musiker, Ipi, der vom Schreiber Stylo geführt wurde, setzte sich in die Nähe von Echn-Aton und Nofretete auf ein großes Kissen, um ein wundervoll zärtliches Lied zu spielen . . .

Als das Lied beendet war, stand Echn-Aton auf, ging zu ihm und hob ihn sanft am Arm hoch. „Immer werde ich deine Klänge und Melodien lieben, Ipi“, sagte er mit Tränen in den Augen und führte ihn zu seinem nahe gelegenen Sitzplatz zurück an die Tafel. Voller Liebe zu ihrem Sohn und innerlich bewegt, sah Teje zu Echn-Aton, bis er zurück an seinen eigenen Platz ging und stehend die Hände in den Himmel streckte und voller Begeisterung rief: „Oh, Aton! Alles Vieh ist befriedigt durch deine Weide, die Bäume und Kräuter ergrünen.“

Shuba, das Äffchen Tarées, kreischte vor Entzückung auf und sprang ihm in die Arme. Alle lachten begeistert, bis auf Haremhab, dem obersten Heerführer und seinen Waffenbrüdern.

Auch Echn-Aton lachte und sprach selig weiter: „Die Vögel entflattern ihren Nestern, ihre Flügel erhebend zum Lobpreis deiner Kraft! Alles Jungwild springt auf deinen Füßen, alles, was da fliegt und sich nieder lässt, es lebt, denn du bist über ihnen aufgegangen. Der du der Frauen Leib fruchtbar machst und aus Samen Menschen bereitest, der du den Sohn ernährst im Leibe seiner Mutter und ihn beruhigst, auf dass er nicht weine, du Amme im Mutterleibe! Wie unermesslich sind deine Werke! Sie sind den menschlichen Blicken verborgen, du Licht der Welt, das nicht seinesgleichen hat! Musik! Musik! Musik!“

Daraufhin setzten die Musiker wieder ein und spielten zu schnellen Trommelrhythmen. Drei in weiß gekleidete Tänzer mit bunten Reifröcken, welche die vier Elemente repräsentierten, kamen herein und begannen, sich im Kreise zu drehen. Sie drehten und drehten und schraubten sich immer weiter hoch, wie in einer Spirale, die direkt im Herzen Atons mündete. Bei den Zuschauern aber löste dies ein inneres Drehen aus. Nach und nach zogen die Tänzer einen Rock nach dem anderen aus, als streiften sie ihr altes Leben ab.

„Das Drehen“, sagte Hania zu Sina, die neben ihr saß, „ist wie ein Wirbelsturm. Nur wenn du in der Mitte bleiben kannst, bleibst du im Zentrum des Sandsturmes und siehst alles mit wundervoller Klarheit.“

Als die Tänzer auch den letzten Rock ausgezogen hatten, sich zurückzogen und die Musik nach kurzer Pause wieder einsetzte, sprangen plötzlich zehn der jungen Leute auf die Füße und begannen zu tanzen. Vier Bauchtänzerinnen, nubische Sklavinnen, erschienen und vollführten einen erotischen Bauchtanz mit sieben Schleiern. Als sie den letzten Schleier abgeworfen hatten, standen sie nackt da. Kurz darauf ging ein Ruck durch die ganze Menge: Ausnahmslos alle begannen zu tanzen, selbst die Kellner und die Palmenwedler und schrien: „Aton! Aton! Wir lieben dich! Geliebter! Geliebte!"

Echn-Aton ging voller Freude mit seiner kleinen weißen Hündin Mia mit den hellen Augen und den spitzen Ohren umher, sprach ein paar Worte hier, umarmte jemanden dort. Nach einer Weile sah er Haremhab und ging zu ihm. Ein kerniger Mann mit einer sanften und gefühlvollen Ausstrahlung .

Der General, der bereits einige Gläser Wein getrunken hatte, verbeugte sich höflich und sagte: „Ich grüße Euch. Welch ein wundervolles Fest!"

„Möge es dich Aton noch näher bringen", sagte Echn-Aton sanft. „Wie geht es dir?"

„Im Vergleich zu den Zuständen im Rest des Landes ist das Leben hier wie der Tag im Vergleich zur Nacht", antwortete der General, kniete sich für einen Moment zu Mia herunter und streichelte zärtlich ihr weißes Fell.

Echn-Aton nickte ernst und sagte: „Mein Freund, ich habe dich nach deinem eigenen Befinden gefragt. Hast du Aton in deinem Herzen gefunden?"

Haremhab stand wieder auf, blickte ihn verlegen an und antwortete: „Ich würde es mir so sehr wünschen. Ich sehne mich danach. Aber ich vertraue Euch. Ich spüre, dass es wahr ist. Doch könnt ihr mir sagen..."

„Was ist es, das du wissen möchtest?", fragte ihn Echn-Aton.

„Wer oder was ist Aton?"

Echn-Aton wurde von einem heißen Schauer durchflutet. Dann sagte er: „Was ist schon alles berichtet worden von den vielen Welten, mit denen unsere Realität verwoben ist? Die Welt des Ätherischen, die

Astralwelt, die geistige Welt, die Welt der Ideen, der Wesenheiten, der Elemente und der Götterhierarchien – bis hin zum höchsten Schöpfergott. Doch was sich dahinter verbirgt, bleibt ein Mysterium. Welche ist die Quelle, aus welcher der höchste Schöpfergott entsprungen ist? Was ist das Zentrum? Was kann ich sagen, außer dass es die Liebe selbst ist. Sein Wesen ist die Liebe. Die Liebe – ein lebendiges, bewusstes Wesen. Jene Kraft, die aus sich hervor quillt in einem kosmischen Strom. Die sich als Welt ergießt, die Polaritäten erschaffend. Unsere Welt ist voller Magnetismus, wo sich männlich und weiblich mal anziehen, mal abstoßen."

Da bemerkte Echn-Aton ein leichtes Zucken in den Augen des Generals und er sagte voller Wohlwollen: „Ich weiß, dass du und Nofretete euch sehr gerne mögt. Sie hat sich sehr über den kleinen Elefanten Raja gefreut, den du ihr mitgebracht hast. Wir sind geborgen, mein Freund, und alles ist in bester Ordnung. Die Quelle, Aton, ist beides zugleich: männlich und weiblich. Er, sie ist Alles-was-ist. Das Sein. Die Liebe. Die Einheit. Lebendig. Das Alles und das Nichts, wie die Inder sagen. Aton, die innere Sonne..."

„Ich kann die Einheit spüren", sagte Haremhab. „Vor allem in Eurer Anwesenheit. Ihr strahlt sie aus. Ich erfahre zuweilen die Einheit in mir. Vor allem aber durch Euch."

Echn-Aton legte seine Hand auf die Schulter des Generals und sagte: „Ich bin Aton. Aton manifestiert sich in allem. Alles ist Aton, denn die Mitte ist überall, selbst an der Peripherie.

Meine Seele, geliebter Haremhab, hat sich über die ganze Welt ergossen. Da wurde mir bewusst, dass ich nicht nur sein Verkünder bin oder sein Prophet. Ich bin es selbst – eingefärbt durch den Rahmen, den mir dieser Körper hier gibt.

Die Welt ist aus mir heraus geflossen. Und ich habe auch den körperlichen und geistigen Rahmen erschaffen, in dem ich mir meiner selbst, in dieser Welt, bewusst werden kann, verstehst du? Alles ist eins. Ich bin überall. Auch in diesem Körper hier, als dieser Mensch, der Echn-Aton genannt wird. Auch hinter diesen Augen, die dich jetzt ansehen, Haremhab. In deinem Herzen erwache ich nach und nach. In Echn-Aton bin ich voll erwacht. Ich erlebe mein Zentrum in Aton. Amenophis IV. ist in Echn-Aton aufgegangen, weil er nie etwas anderes war."

Da kam die kleine lebhafte Hündin Echn-Atons und sprang freudig an ihm hoch.

„Eure Hündin sieht wahrlich aus wie Anubis", stellte der General fest.

„Vielleicht ist sie es ja", sagte Echn-Aton und zwinkerte mit dem linken Auge. Die beiden mussten lachen.

Auch Nofretete ging mit ihrem Gefolge durch die Menge. An ihrer Seite war eine schöne Mitani-Prinzessin, an die sie sich nun wandte: „Und Iona, denkst du immer noch, dass es ein Unglück war, nach Ägypten zu kommen?"

„Wie könnte ich, geliebte Königin", antwortete strahlend die fein geschminkte Frau, die über und über mit Schmuck behangen war. „Wo könnte ich so frei sein wie hier? Tanzend, singend, malend. Wo könnte ich soviel über mich selbst erfahren, über mein wahres Wesen? Und wo könnte ich noch glücklich sein, da ich weiß, welches Glück mir an Eurer Seite widerfährt?"

Nofretete lächelte sie zärtlich an: „Ja, Iona, und auch ich will dich nicht missen. Kaum jemand ist mir so nah und loyal verbunden wie du."

Das sinnliche Tanzen der Menge ging bald in Umarmungen und Küssen über; die Menschen fielen sich in die Arme. Viele der Frauen und Männer waren schnell ganz nackt, sprangen in die Wasserbecken, füllten immer wieder die Becher und begannen sich unter den Blicken des Mondes zu lieben...

Als Tarée einige Stunden später in den Armen des grazilen Aeoliah und eines attraktiven Nubiers wieder aufwachte, hörte sie nur das Zirpen der Grillen und das Stöhnen einer jungen Frau, die sich immer noch am Liebesspiel berauschte. Tarée stand etwas benommen auf und blickte um sich. Viele der Gäste hatten den Tempel verlassen, die meisten anderen lagen ineinander umschlungen umher und schliefen. Da lief ihr Äffchen, Shuba, auf sie zu und sprang ihr in die Arme. „Na? Meine Kleine? War das nicht ein wundervolles Fest?“, fragte sie das Tier und drückte es an sich.

Dann suchte sie ihr Kleid, zog es über und ging an das Eingangsportal, an das sie klopfte, um hinaus zu gelangen. Auf den Straßen war es sehr ruhig geworden. Nur einige Betrunkene torkelten umher, während die Stadtreiniger bereits die Straßen säuberten.

Tarée ging geradewegs weiter bis zum kleinen Aton-Tempel, ein Trianon mit runder Kuppel am Nil, wo sie sich auf die Stufen setzte und ins dunkle Wasser sah. Da bemerkte sie, dass nur wenige Meter entfernt eine andere Frau saß. „Divia? Bist du es?“, fragte Tarée.

„Ja“, antwortete diese. „Komm, setze dich zu mir.“ Als die beiden dicht beieinander saßen, fragte sie Tarée: „Na? Hast du viel Freude gehabt?“

„Wir haben Aton mit all unseren Sinnen gefeiert“, antwortete sie. „Es war ein großes Fest der Liebe.“

„Ja“, sagte Divia. „Nun wirst du immer mehr lernen, dass die sexuelle Energie nicht allein dem Zeugen von Kindern und der sinnlichen Freude dient. Du kannst diese Kraft sich verströmen lassen. Doch musst du auch wissen, dass sie der Uräus ist, die Weltenschlange, die unten an deiner Wirbelsäule eingewickelt darauf wartet, erweckt zu werden, um dich zur Erleuchtung zu führen.“

„Ja, ich habe davon gehört...“, bemerkte Tarée.

„Es ist der Weg“, erklärte Divia, „den die Eingeweihten von jeher gegangen sind. Du und deine Freunde seid Neophyten des Aton. Er vereinigt in sich alle Wege, so wie er alle Götter in sich vereinigt...“

„Ich habe das Gefühl“, sagte Tarée nachdenklich, dass du mich auf etwas hinweisen möchtest...“

Divia lächelte nur.

„Etwas, was mit der Weltenschlange zu tun hat…"

„Kennst du sie?", fragte Divia.

„Ich kenne... nur ihr Bild. Wie kann ich sie erwecken?"

„Warum fragst du nicht das Sonnenorakel?", fragte Divia.

„Ja, du hast Recht. Das werde ich tun."

Ägypten, etwa 3.400 Jahre später. „Rachel! Wach auf!", rief Romain und schüttelte sie. Ganz allmählich kam sie wieder zu sich und blickte verblüfft in die besorgten blauen Augen ihres französischen Vaters. Er war wie sie ein Horai und auch er sah viel jünger aus, als er in Wirklichkeit war. Dies hatten sie mit den Asuras gemeinsam, dass sie ihren Alterungsprozess durch Meditation wesentlich verlangsamen konnten.

„Ich..., ich habe geträumt", sagte Rachel schlaftrunken. „Ich konnte alles so genau sehen! Kann mich noch genau daran erinnern."

„Woran denn?", fragte er und setzte sich ihr gegenüber.

„Es war vor langer Zeit. Hier in Ägypten… Ich war eine Frau und mein Name war... Tarée! Es war absolut wunderbar! Ein großes Fest und ein Pharao. Und seine Frau und Töchter. Mein Gott, es waren Nofretete und Echn-Aton... Und ich war so, so weiblich…"

Romain stand auf, lehnte sich an einen der Balken und blickte, den Grillen lauschend, über die Landschaft. „Morgen ist es endlich soweit. Der Kristallbringer wird sich auf die Erde begeben."

Rachel fühlte einen Stich in ihrem Herzen. *Warum kann er mir nicht zuhören? Wann hat er mir je zugehört? Wirklich zugehört?* Dann schluckte sie ihre Gefühle runter und fragte: „Hat dich Ogyen kontaktiert?"

„Ja. Er sagte, dass Ziodenes bei Sonnenaufgang erscheinen wird. Die 144 stehen bereit, ihn zu empfangen. Sie sind schon alle sehr ungeduldig. Stell dir nur vor, was es für die Menschheit bedeutet! Wir bekommen durch die Kristalle eine Technologie, die es auf der Erde seit Atlantis nicht mehr gegeben hat!" Dann drehte er sich zu seiner Tochter, doch saß sie nicht mehr auf ihrem Stuhl.

Rachel war hinaus in die Wüste gegangen, aufgewühlt und verwirrt von den Bildern und Gefühlen, die in ihr aufgestiegen waren...

Offenbach. Dschafar ibn Muhammed stand in einem Park an einen blätterlosen Baum gelehnt. Es war Nacht und er hatte seine Kapuze wieder übergezogen. Da hörte er in seinem inneren Ohr eine Stimme: „*Dschafar?*" Schmunzelnd schloss er seine Augen und antwortete telepathisch: „*Elektra, es ist mir immer eine Freude…*"

In einem Raumgleiter. Elektra saß lässig in einem futuristisch anmutenden Sessel und übermittelte ebenfalls telepathisch: „*Paul Kohn hat die Gruppe in die Funktionsweise von HAARP einweihen lassen. Alle Beteiligten wissen nun auch, dass deine Leute das Attentat ausführen werden.*"

Offenbach. „*Aber sie wissen nichts von den Kristallen, oder?*", fragte Dschafar in Gedanken.

„*So ist es*", hörte er Elektra antworten. „*Sie denken natürlich, dass es sich lediglich um ein Attentat dreht. Dass wir den Erdkern spalten wollen, werden sie nicht ahnen können.*"

Dschafar musst lächeln und antwortete: „*Sobald dieser Ziodenes die Kristalle ausgespuckt hat, können wir beginnen. Ohne sie wird auch HAARP nicht in der Lage sein bis zum Erdkern durchzudringen.*"

„*Es liegt in deiner Verantwortung, dass er die Kristalle für uns materialisiert*", sagte Elektra trocken.

„*Sorge du dafür, dass wir ihn zu fassen kriegen*", vermittelte Dschafar. „*Ich besorge den Rest. Das Galaktische Kommando ist wahnsinnig geworden ihn hierher zuschicken. Und doch werden sie es tun. Da bin ich mir ganz sicher. Wann seid ihr da?*"

„Schau mal nach oben“, sagte Elektra immer noch telepathisch kommunizierend.

Kurz darauf sah er über sich den silber-metallischen Raumgleiter mit einer Länge von 56 und einer Spannweite von 60 Metern. Dschafar kam unter dem Baum hervor, zog seine Kapuze ab und stellte sich mitten auf die Wiese. Dort senkte sich ein Energiestrahl auf ihn herab, der ihn nach oben in den Gleiter zog. Kurz darauf stand er vor Elektra inmitten der Kommandozentrale, während der Gleiter langsam Fahrt aufnahm. „Der Kristallbringer wird von den Horai in allernächster Zeit erwartet“, sagte er.

„Deshalb sind wir hier“, bemerkte sie. „Ohne dich hätten wir nichts davon erfahren.“

Dschafar verbeugte sich linkisch lächelnd und sagte: „Diese Verbindung, die ich zu ihm habe, ist einzigartig. Wir sind über so viele Leben miteinander verbunden.“

„Ich weiß“, sagte sie. „In Atlantis war er dein Meister, nicht wahr?“

Dschafar nickte bedeutungsvoll. Dann zeigte Elektra auf einen Sitz zu ihrer Linken. „Komm Dschafar“, sagte sie. „Setze dich hier neben mich.“

Dschafar kam vor und nahm Platz. „Nach Ägypten also?“, fragte er.

Elektra lächelte und sagte zum Bordkommandeur: „Direkt in die Weiße Wüste“

Auf der Raumstation. Ziodenes lief durch die Gänge. Er strahlte nur so vor Kraft und jugendlicher Energie und war doch uralt. Die Leute, denen er begegnete, kannten ihn; sie nickten anerkennend und grüßten freundlich. Schließlich gelangte er an einen Eingang, der aus Wasser zu bestehen schien. Senkrecht verweilte es dort, wo sonst eine Türe zu erwarten wäre. *Komm herein,* erklang eine weibliche Stimme in seinem Geist. Zunächst streckte er eine Hand ins Wasser, dann machte er einen Schritt vorwärts und ging hindurch.

Als er auf der anderen Seite wieder heraus kam, war er keineswegs nass. Er stand nun vor Misja, der Leiterin des universellen Transformationsprozesses. Ihre Konturen waren in ihrem Licht kaum zu erkennen, ihre dunklen Augen waren überwältigend, selbst für ihn, der schon so vieles gesehen hatte. Es begann ihm schon fast den Atem zu nehmen, als sie willentlich ihre Energie drosselte und eine klar umrissene, menschliche Gestalt annahm. Ihre schwarzen Haare waren zum Zopf gebunden. Am Körper trug sie eng anliegend eine blau-weiße Uniform.

Sie geleitete Ziodenes zur großen Fensterfront hinüber. Der Raum war sehr weitläufig, während man durch die Decke unmittelbar den Sternenhimmel sehen konnte. Dabei war ihr Quartier gar nicht auf dem Dach: Sternennebel, rotierende Galaxien, Sonnensysteme…

Sie blickten hinaus auf die Erde, die von einem tiefen Blau umgeben war. Die Aura des Planeten vibrierte in den interplanetarischen Raum hinaus, während sich ein fein gesponnenes Gitternetz über den Planeten zog, eine ätherische, kristalline Struktur. Zwei große Spiralen reichten tief in die Erde hinein: Eine wirbelte wie ein Trichter in das Plateau von Guizée in Kairo – den Nordpol des Gitternetzes. Die zweite Spirale befand sich genau auf der anderen Seite des Planeten und senkte sich im Südpazifik in eine kleine Insel namens Mooréa, in den Südpol des Gitters. Darüber hinaus reichten Energielinien hinunter an 83.000 Orte, die meistens heilige Plätze waren, auf denen Tempel, Kultstätten oder Gotteshäuser standen. Oft waren diese Orte aber auch zu Militärstützpunkten umfunktioniert worden.

„Sieh nur, Ziodenes", sagte Misja und machte eine gleitende Handbewegung, „das neue Gitternetz ist endlich vollbracht."

„Ja", antwortete Ziodenes, „nach einem halben Zyklus, nicht wahr? 12.900 Jahre. Der Kreis schließt sich."

„Und der Aufstieg ist nun möglich.", fügte sie hinzu. Dann sah sie ihn an und sagte: „In Lemurien und später auch wieder in Atlantis warst du, Ziodenes, in die Wissenschaft und die Magie der Kristalle eingeweiht. Du warst schon damals ein wahrer Meister. Und du hattest die Kraft und die Fähigkeit, Mutterkristalle höherer Ordnungen zu programmieren."

„Das ist wahr, Misja. Ich stand stets in Verbindungen zu den Wesenheiten der Kristalle, den strukturimanenten Kräften und den Königreichen der Urkristalle. Dort, wo das gesamte Wissen einer jeden Kristallstruktur, Farbe und Eigenschaft niedergelegt ist. In dieser Verbindung stehend habe ich gelernt, neue Kristallreiche und neue Arten von Kristallen zu schaffen und zu materialisieren. Schon damals liebte ich die Steine so sehr, dass ich mich ständig mit ihnen umgab."

Misja lächelte. „Ihr hattet damals in Atlantis beträchtliche Fähigkeiten, wie sie nur in höheren Dimensionen möglich sind, fähig, die Steine mit der Energie dazwischen aufzuladen, göttliche Energie, die ihr nutztet für die Heilung, die Energieversorgung, die Architektur."

„Ja", sagte er. „Und wir hatten natürlich auch Speicherkristalle, in die wir unsere Informationen einprogrammieren konnten: Arbeitskristalle, Visionskristalle, Traumreisekristalle. Die Kristalle waren weder in Lemurien noch in Atlantis aus dem öffentlichen und privaten Leben wegzudenken. Sein Blick verfinsterte sich und er fügte hinzu: „Bis sie schließlich manipulativ eingesetzt wurden."

„Und ihre Macht wurde missbraucht", sagte Misja. „Viele von euch wurden von den Außerirdischen auf andere Planeten entführt, weil man das geheime Wissen um die Kristalle herausbekommen wollte. Und als Atlantis unterging musste auch die Kristalltechnologie mit untergehen und von der Erde verschwinden. Nun, da aber das neue Einheitsbewusstseinsgitter fertig gestellt und vom Magnetischen Dienst installiert worden, da der Aufstieg für die gesamte Spezies möglich geworden ist, ist auch der Moment für die Menschheit gekommen, die Kristalltechnologie erneut zu empfangen."

„Ja, Misja. Ich weiß, warum du mich gerufen hast."

Misja blickte auf die Erde: „Unsere Brüder und Schwestern in Ägypten sind gerade dabei, den Kanal und das Tor zu öffnen. Sei bereit."

Ägypten, Weiße Wüste. Früh am Morgen. Die ersten Sonnenstrahlen glitten sanft über die Kalklandschaft und tauchten sie in ihr warmes Rot. Man kam sich vor wie in einem Gemälde von Dali: Häusergroße Formationen ragten in regelmäßigen Abständen in die Höhe, wobei man die unterschiedlichsten Formen ausmachen konnte, als hätte sich hier die Natur selbst imitiert: Kamele, Eulen, Enten, Hunde – immer neue Gestalten zierten die Landschaft, als wanderte man im eigenen Unterbewusstsein umher.

144 Männer und Frauen saßen weiß gekleidet in einem großen Kreis und meditierten. Im Geiste waren sie gerade dabei eine goldene Lichtsäule zu errichten, die weit in den Himmel reichte, während der Falke Rachels über ihnen kreiste. Um sie herum standen Sicherheitsleute mit Sturmgewehren und sicherten die Gegend ab. Auch Romain war da und filmte die Szene über einen Headset, während in der Ferne zwei Scharfschützen postiert waren.

Frankfurt am Main. Fleur und Mila saßen nebeneinander auf der Couch und wohnten gespannt der Szene bei, die auf die große Fensterfront Fleurs projiziert wurde.

Ägypten, Weiße Wüste. In einigen Kilometer Entfernung der Meditierenden stand Rachel an einer der großen Kalksteinformationen und beobachtete angespannt über ihren Falken die Umgebung. Sie schreckte plötzlich auf, als ein großer Schatten auf sie fiel. Als sie plötzlich ein Raumschiff über sich erblickte, das sich unaufhaltsam auf die 144 zu bewegte, betätigte sie augenblicklich einen Schalter an ihrem Headset.

Daraufhin drückte sie erneut auf einen Schalter und rief: „Romain, ihr bekommt Besuch! Ein Raumgleiter mit Tarnvorrichtung kommt direkt auf euch zu! Romain? Kannst du mich hören!?“ *Verdammt!* dachte sie weiter, *offensichtlich hat das Raumschiff mein Funkgerät lahmgelegt!*

Dann sprang sie auf ihr Hoverbike und preschte davon.

Auf der Raumstation. „Viel Glück, Ziodenes“, sagte Misja sanft. „Möge die göttliche Kraft mit dir sein!“

Ziodenes verbeugte sich vor ihr, und während er ein goldenes Licht vor sich sah und immer mehr in den Vortex der Meditierenden hineingezogen wurde, begann er sich zu dematerialisieren.

Ägypten, Weiße Wüste. Ziodenes rematerialisierte sich inmitten der 144! Als die ersten ihre Augen öffneten und ihn sahen, standen sie voller Ehrfurcht auf und liefen freudig auf ihn zu, während die Sonne im Hintergrund immer weiter aufging. Plötzlich sah auch Ziodenes das Flugobjekt heran fliegen. Die anderen aber bemerkten es zunächst gar nicht, bis es seinen Schatten auch auf sie warf.

Frankfurt am Main. „Was ist das?“, rief Fleur entsetzt und sprang auf als sie sah, wie von dem Raumgleiter Energiestrahlen ausgingen, die in der Ferne die Scharfschützen trafen und im äußeren Kreise der zuvor noch in weiß Meditierenden ein Gemetzel verursachten.

Ägypten, im Raumgleiter. Elektra stand neben dem Bordkommandeur und sagte bestimmt: „Schickt nun das Einsatzkommando. Ziodenes darf nichts passieren!“

Ägypten, Weiße Wüste. Als über die Hälfte der in weiß gekleideten 144 von den Strahlern getroffen worden waren, senkten sich vom Raumgleiter mehrere Lichtsäulen in den Boden, durch die nun Elektra und die Männer und Frauen eines Asura-Einsatzkommando die Szene betraten und augenblicklich begannen, um sich zu schießen, während sich der Rest der 144 schützend und doch ganz und gar machtlos um Ziodenes stellten.

Einer nach dem anderen wurden sie erschossen, sodass der Kreis um Ziodenes immer kleiner wurde. Zuletzt stand nur noch Romain bei ihm, der alles über ein Headset filmte. Elektra blickte ihm in die Augen…

Frankfurt am Main. Auch Fleur und Mila sahen Elektra und hielten den Atem an…

Ägypten, Weiße Wüste. „Wer bist du?“, fragte Romain neben Ziodenes stehend. Da zog Elektra blitzartig ihre Waffe aus dem Schulterhalfter und schoss. Romain sank zu Boden und verlor das Bewusstsein. Unterdessen raste Rachel immer weiter auf sie zu.

Die Augen Ziodenes verdunkelten sich, färbten sich feurig-rot ein. Er machte einen Schritt auf Elektra zu, als drei Frauen des Einsatzkommandos heran traten und aus großen Impulswaffen auf ihn feuerten. Doch langsam baute sich ein hoch-frequentes Energiefeld um ihn, das sich selbstständig stabilisierte und Ziodenes schließlich einschloss.

Elektra nahm Romain, der regungslos auf dem Boden lag, das Headset ab: „Die Show ist beendet“. Sie schleuderte es zu Boden und zertrat es mit dem Fuß.

„Ihr könnt uns jetzt wieder hinauf bringen. Wir haben ihn“, sagte sie über Funk. Kurz darauf wurden vom Raumgleiter aus die Energiestrahlen wieder eingesetzt, über die Ziodenes und die Asuras hochgezogen wurden.

Frankfurt am Main. Fleur stand fassungslos vor dem nun grau flimmernden Bildschirm. Mila schaltete ihn aus, woraufhin wieder die „normalen“ Fensterscheiben zu sehen waren.

„Ich muss dahin“, rief Fleur. „Sofort!“

„Wie?“, fragte Mila.

„Ich werde teleportieren.“

„Das ist ein Risiko. Außerdem weißt du auch, wie sehr es dich erschöpft."

„Mila, ich muss es versuchen. Vielleicht lebt noch jemand."

„Dann lass uns keine Zeit verlieren", sagte die Afrikanerin und verschwand im kleinen Tempelraum.

Fleur ging in ihr Zimmer und packte schnell einige Sachen in eine Tasche, die sie sich umhängte, um Mila zu folgen. Im Tempelraum hatte Mila bereits ein gemütliches Lager vorbereitet, die Kerzen und Räucherstäbchen angezündet. „Und wie fühlst du dich?", fragte sie etwas besorgt Fleur, die sehr aufgebracht war.

„Ich kann einfach nicht glauben, was passiert ist!"

„Wenn du auf diesem Wege dorthin willst", stellte Mila fest, „wirst du zur Ruhe kommen müssen!"

Fleur nahm den großen durchsichtigen Kristall vom Altar, legte sich auf das Lager, den Kristall auf ihren Oberkörper und schloss die Augen. Es roch nach ägyptischem Rosenöl.

„Und nun entspanne dich", sagte Mila neben ihr sitzend. „Atme, atme...". Fleur ließ ihre Gedanken und Gefühle als Wolken an sich vorüberziehen. Sie sah einen grau verhangenen Himmel. Der Sturm peitschte ganze Wolkenmassen voran. In diesem Traumgeschehen hörte Fleur sich selbst laut schreien, ein tosender Schrei, der sich in einem gewaltigen Blitz entlud und feinstofflich genau in die Stelle hinein schoss, auf der Romain noch immer lag.

Ägypten, Weiße Wüste. Als der Blitz aus dem Wachtraum Fleurs tatsächlich in Romains Herz schoss, wachte er ruckartig auf, richtete sich auf und holte mit weit aufgerissenen Augen tief Luft.

In Fleurs Wohnung. Vor ihrem inneren Auge begann sich der Sturm zu legen. Die Wolken zogen dahin, bis sich nach und nach das Blau des Himmels wieder zeigte und Fleur sich langsam beruhigte.

Der Duft des Rosenöls wurde dabei immer bestimmender. Nun sah sie innerlich das Bild einer Kamelkarawane... Dann Romain, ihren alten Kampfgefährten, wie er da lag und schockiert um sich blickte.

„Was nimmst du wahr?“, fragte Mila.

„Ich sehe ihn“, sagte Fleur. „Ganz deutlich. Er ist bei Bewusstsein. Er lebt!“

„Ja, du siehst ihn“, wiederholte Mila. „Wie fühlst du dich?“

„Ich fühle, dass es beginnt. Ich sehe ihn deutlich, so deutlich...“

Im nächsten Augenblick verschwand sie direkt vor den Augen Milas. Fleur hatte dabei das Gefühl sich aufzulösen. Es war eine widersprüchliche Mischung an Gefühlen, wobei sie sich gleichzeitig immer größer und immer kleiner werdend fühlte, kleiner als Atome und Elektronen und gleichzeitig Galaxien-umspannend. Schließlich war sie nur noch ein in die Unendlichkeit sich ausdehnender Raum. *Fleur...*, hörte sie die Stimme Romains in den unendlichen Weiten...

Ägypten, Weiße Wüste. Fleur spürte, wie sie sich wieder zusammen zog, wie der Raum seine Materialität zurück erlangte, bis sie schließlich auf dem weißen Kalksteinboden lag und blinzelnd die Augen öffnete. Die Sonne warf ihr Licht und ihre wärmenden Strahlen auf sie, als sie sich nach links drehte und die Hand Romains in die ihre nahm. „Fleur“, flüsterte er, „du hast mich mit deinem Blitz gerettet.“ Dann verlor er wieder das Bewusstsein.

Sie drehte ihren Kopf und blickte tief erschüttert über all die in weiß gekleideten Toten, die den weißen Kalkstein mit ihrem Blut dunkel einfärbten. Dann sah sie eine Silhouette in der Ferne auf sich zu rasen.

14.500 Meter über dem Mittelmeer. Das große Asura-Raumschiff flog mit 8000 km/h in Richtung Frankreich. Ziodenes stand in der Mitte der Kommandozentrale. Nach wie vor umgab ihn das Strahlenfeld und hielt ihn gefangen. Vor ihm standen Elektra, der Bordkommandeur, einige Offiziere, Wissenschaftler und auch Dschafar ibn Muhammad. Er kraulte seinen langen Bart und fragte: „Ist das Energiefeld stabil?"

„Die Energiewaffe hat genau den Effekt, den unsere Wissenschaftler vorhergesagt haben. Es bleibt aufrecht, solange wir das wollen", antwortete Elektra und blickte Ziodenes in die Augen, der alles in Ruhe betrachtete. „Diese Technologie wurde auf unserem Heimatplaneten entwickelt, um Wesen mit einer hochfrequenten Energie wie die von Ziodenes festzunageln. Jetzt kann er sich nicht mehr teleportieren. In der Normandie steht alles bereit, um seine Unterstützung bei der Materialisierung der Kristalle zu erreichen, die wir für das Attentat benötigen."

Der blinde Hödur kam zielsicher auf die Gruppe zu, als könnte er alles genau sehen: „Unser Satellit hat eine Frau in der Weißen Wüste ausgemacht. Kurz nachdem wir den Tatort verlassen haben."

„Zeigen Sie sie mir", sagte Elektra bestimmt.

Hödur sah aus wie ein Man um die 60. Er war außerordentlich hager und trug seine glatten weißen Haare, die ihm bis in den Nacken reichten, nach hinten gekämmt. Und nur sein Stock und seine weißen Augen, die wie tot wirkten, wie ein Land, das im Nebel für immer verschollen war, hätten erkennen lassen können, dass er in Wirklichkeit blind war; denn er sah ganz bewusst zu den Horai hinüber. Dabei nahm er ihre Konturen, wie eine Fledermaus, über eine Art von angeborenem Sonarsystem wahr. Nun streckte er seine knöchrige Hand mit der Innenfläche nach oben aus, worauf eine holografische Projektion Fleurs darüber entstand.

„Sie kommt mir bekannt vor", sagte Elektra. „Ich glaube, ich habe sie schon einmal in unseren Archiven gesehen."

„Sicherlich ist sie eine Horai“, sagte Dschafar.

„Setzen Sie unser Erkennungssystem auf sie an“, bat Elektra Hödur. „Falls sie irgendwo aufkreuzt, eine Grenze überschreitet, irgendetwas, will ich es wissen.“

„Ich werde mich darum kümmern“, sagte Hödur, drehte sich um und ließ Elektra und die anderen mit ihrer Geisel allein.

Ägypten, Weiße Wüste. Rachel raste wie eine Wahnsinnige mit ihrem ionenbetriebenen Hoverbike auf Fleur zu, stoppte abrupt und sprang in hohem Bogen in die Luft. Dabei zog sie blitzschnell, schneller als jeder normale Mensch, aus einem Halfter an ihrem linken Bein einen Impuls-Strahler, schlug einen Salto und feuerte auf Fleur, die einige Meter weit nach hinten geschleudert wurde. Rachel landete auf dem harten Kalksteinboden, rollte sich ab und rannte auf Fleur zu, die schon wieder auf den Beinen war. Als Rachel erneut ihre Waffe abschießen wollte, machte Fleur eine schnelle Handbewegung, als würde sie etwas wegwischen und entriss ihrer Angreiferin die Waffe telekinetisch aus der linken Hand. Unbeeindruckt rannte Rachel weiter auf sie zu und griff Fleur nun gekonnt mit asiatischen Kampftechniken an: Ein seitlicher Tritt zum Kopf, den Fleur mit dem Arm parierte, dann eine Faust zum Gesicht, der Fleur gerade noch ausweichen konnte. Rachel drehte sich um die eigene Achse, trat Fleur seitlich in die Magengegend und schleuderte sie erneut einige Meter weit auf den Boden.

Da wurde Fleur in ihrem Bewusstsein wie durch einen Wirbel hinein gezogen, hinein in eine andere Zeit, vor etwa 30 Jahren.

Sie sah sich selbst im Pariser Théatre du Soleil und blickte in die Augen eines Mannes mit asiatischen Gesichtszügen. Die beiden sahen sich an… Alles drehte sich und sie wurden in einen Sog hinauf gezogen, wie zwei Stränge einer Spirale direkt in die Unendlichkeit… Die Zeit blieb stehen, Stille… Nur sie – nur er… Kurz darauf sah sie schon wieder Rachel mit geballten Fäusten über sich stehen. In ihren Augen blitze Mordlust auf.

Mein Gott, dachte Fleur bei sich, *diese Frau ist, war... Yoshi...*

Da griff Rachel auch schon wieder an. Fleur sprang auf die Beine und rief: „Warte! Ich bin doch..." Da wurde sie auch schon mit voller Wucht von Rachel, die sich übernatürlich schnell bewegte, mit der Faust ins Gesicht getroffen und fiel zu Boden. Dort schaltete sie nun ihren Tarnanzug an und verschwand vor den ungläubigen Augen Rachels.

Halb ohnmächtig stand Fleur auf, lief unbemerkt zum Ionen-Fahrzeug Rachels, setzte sich und gab Gas. Rachel bemerkte es zu spät und schrie verzweifelt in die Weite der Wüste...

Farafrah. Fleur fuhr in die nah gelegene Palmenoase, stoppte vor einem einstöckigen Lehmhaus, vor dem zwei Ägypter saßen und betrat eine Teestube. Ein schmaler, äußerst schäbiger Raum, etwa 50 m2 groß. Von den einst blau gestrichenen Wänden und der Decke waren ganze Brocken abgesprungen, während der Boden nur aus Lehm war.

Es saßen an die 35 Männer hier und saugten an ihren Wasserpfeifen, als seien es Brüste. Über ihnen flimmerte vor der Wand die holografische Projektion einer ägyptischen Soap-Opera. Als sie Fleur hinein kommen sahen, erstarrten sie für einen Moment. Am hinteren Ende des Raumes befand sich eine Theke, von der die männliche Bedienung mit einem Tablett voller Teegläser auf sie zukam. Er war auf einem Auge erblindet und lächelte über beide Wangen. Fleur brach vor ihm zusammen.

Kapitel II

Die Sonnenstadt

Ägypten, Oase Baharya. Fleur wachte schreiend auf. „Bleib ganz ruhig“, sagte Romain, der neben ihrem Bett saß. „Das Teleportieren muss dich extrem geschwächt haben.“

Fleur hustete, richtete sich langsam auf und fragte. „Romain! Dir geht es wieder gut…?“

„Ja, fast. Du hast drei Tage lang geschlafen! Als ich da in der Wüste lag, hast du mir, so glaube ich, das Leben gerettet. Diese Energie, die mich wie ein Blitz aus den geistigen Welten getroffen hatte, nachdem mein Herz versagt hat. Dank meiner Selbstheilungskräfte bin ich sehr schnell wieder zu Kräften kommen. Aber so viele von uns sind umgekommen. Welch ein Massaker… Sie sind fast alle tot“, sagte er und biss sich auf die Lippen.

„Und ihre Leichen?“; wollte Fleur wissen und richtete sich weiter im Bett auf.

„Inzwischen haben sich die Dorfbewohner um sie gekümmert. Manche wurden hier auf dem Friedhof von Baharya beerdigt, die anderen werden in ihre Heimatorte gebracht. Acht der 144 sind schwer verletzt im Krankenhaus. Ich kümmere mich dort um sie.“

„Und deine Tochter?“

„Rachel hat mir erzählt, dass sie dich angegriffen hat. Sie dachte, du seiest eine von ihnen.“

„Romain, wusstest du, dass sie…“

Da klopfte es an der Türe, die sich kurz darauf einen Spalt weit öffnete. Rachel streckte ihren Kopf herein.

„Komm!“, sagte Romain und stand vom Bett auf. Seine Tochter betrat den Raum. Sie trug eine Jeans, ein weißes Hemd und ein himmelblaues Berbertuch um den Hals gewickelt. „Hallo“, begrüßte sie

Fleur etwas kühl und reichte ihr die Hand. „Es tut mir sehr leid, ich war unter Schock."

Fleur nickte, stand langsam auf und reichte ihr vorsichtig die Hand. Die beiden Frauen sahen sich an und Fleur konnte nicht mehr daran zweifeln, dass Rachel in ihrem vorherigen Leben ein Mann namens Yoshi gewesen war – ihr vor 30 Jahren verstorbener Geliebter. Fleur wandte sich schnell ab, damit die junge Frau nicht bemerkte, dass ihr Tränen in die Augen schossen. Fleur ging zum Fenster, zog die Gardinen zur Seite und blickte hinaus in die nächtliche Oase mit ihren zirpenden Grillen.

„Du solltest dich nicht anstrengen", sagte Romain, der noch auf dem Stuhl neben dem Bett saß.

„Im Gegenteil", erwiderte Fleur und rieb sich das Gesicht. „Wir müssen uns auf die Suche nach Ziodenes machen! Wer weiß, was die Asuras mit ihm vorhaben."

„Ich werde dich nicht begleiten können", sagte Romain und blickte zu Boden.

„Ich könnte deine Hilfe gut gebrauchen, alter Freund", sagte Fleur weiter hinaus blickend.

„Auch die anderen hier brauchen meine Hilfe. Wenn ich ihren Heilungsprozess nicht unterstütze, werden wohl die meisten von ihnen sterben."

„Gewiss". Fleur lauschte dem rhythmischen Zirpen der Grillen. „Aber wo soll ich nur beginnen?"

„Vielleicht kann dir Malak mit dem Sonnenorakel weiter helfen."

„Wer ist das?"

„Sie lebt in Tel El Amarna, der ehemaligen Sonnenstadt Achet-Aton."

„Im exterritorialen Gebiet?" Fleur drehte sich zu den beiden um und lehnte sich an die Wand.

„Ja“, antwortete Rachel.

„Eine alte Freundin“, sagte Romain. „Sie ist eine Horai und außerordentlich hellsichtig. Wenn sie kann, wird sie dir helfen.“

„Aber wie soll Fleur dahin kommen?“, fragte Rachel ihren Vater.

„Um dorthin zu gelangen, wirst du Hilfe benötigen“, sagte der Franzose. „Wir haben einen Kontaktmann in Dendera, Mahmood. Er wird euch in Luxor abholen und nach Achet-Aton bringen. Es ist zwar vom Weg her ein wenig umständlich. Eigentlich ein Umweg, so ist es aber am sichersten.“

„Ein Horai?“, wollte Fleur wissen.

„So ist es. Und Ägypter. Ich werde ihn kontaktieren.“

Fleur blickte zu Rachel. *Sie erwartet, dass ich ihr wenigstens helfe,* dachte sie bei sich. *Wer ist diese Fleur? Sie ist mir so vertraut. Diese Augen…* Dann verließ sie wortlos das Zimmer und erschrak, als sie plötzlich Grace, ihrer wahnsinnigen Mutter, gegenüberstand. Der Gang war von einer marokkanischen Lampe beleuchtet, die ihre blauen, grünen und roten Farbflecke an die Wände warf. „Ma, was machst du hier?“

„Sie ist es, nicht wahr?“, fragte Grace, deren lange rote Haare wie Flammen verwildert zu Berge standen. Sie trug ein Nachthemd und machte mit ihren Augenringen keinen gesunden Eindruck. Ihre Augen waren leicht gerötet und sie wirkte, als ob sie oft weinen würde, immer in der Vergangenheit verharrend wie ein Geist, weinen um Taten, die sie sich nicht verzeihen konnte, um eine verlorene Zeit.

„Meinst du Fleur?“, fragte Rachel. „Woher kennst du sie?“

Grace aber kicherte nur und streichelte ihrer Tochter über die Wange. „Wirst du ihr helfen?“

„Ich weiß nicht“, sagte sie und runzelte die Stirn. „Woher kennst du sie? Warum habt ihr mir nie etwas von ihr erzählt?“

„Warum?“ Grace reiste in Gedanken zurück, sah sich selbst am Fuße des European Trade Centers in Straßburg vor 30 Jahren, als die

Asuras mittels der Schnellen Eingreiftruppe zum ersten Mal versucht hatten, die Demokratie in Europa abzuschaffen. Grace hörte den Lärm der Kampfhandlungen, Jets, Kanonenschüsse, Maschinengewehrfeuer und hielt sich die Ohren zu, öffnete ihren Mund zu einem stummen Schrei.

„Ma!", sagte Rachel besorgt und legte ihren Arm um die Schulter ihrer Mutter. „Was ist mit dir?"

Vor ihrem inneren Auge spielten sich die damaligen Szenen immer weiter ab. Grace sah Yoshi vor sich, sah sich selbst, wie sie ihn am Kragen packte und ihm wie wahnsinnig eine Passage der Johannes-Apokalypse entgegen schrie: „Und ich sah: Ein anderes Tier stieg aus der Erde herauf! Die ganze Macht des ersten Tieres übte es vor dessen Augen aus. Es tat große Zeichen; sogar Feuer ließ es vom Himmel auf die Erde fallen. Und es befahl den Bewohnern der Erde ein Standbild zu errichten, zu Ehren des ersten Tieres. Es wurde ihm Macht gegeben, dem Standbild Lebensgeist zu verleihen, sodass es auch sprechen konnte. Und es bewirkte, dass alle getötet wurden, die das Standbild des Tieres nicht anbeteten. Alle zwang es, auf ihrer rechten Hand oder ihrer Stirn ein Kennzeichen anzubringen. Kaufen oder verkaufen konnte nur, wer das Kennzeichen trug: den Namen des Tieres oder die Zahl seines Namens!"

Dann sah Grace, wie Romain und sie selbst blitzschnell ihre Schwerter hinter ihrem Rücken hervorzogen und Seite an Seite den Angreifern entgegen gingen. Im nächsten Moment wurde Romain in einen Kampf mit zwei Gegnern verwickelt. Dabei blutete er bereits aus der Brust und wurde immer wieder getroffen. Dann schrie er auf und stürzte zu Boden. Als sie dies sah, geriet sie in Panik und ließ ihre Aura instinktiv aufleuchten: Sie wurde immer heller und heißer, bis sie urplötzlich einen mächtigen Hitzestrahl auf ihre Gegner abfeuerte und einen von ihnen in eine lebendige, schreiende Fackel verwandelte!

„Nein!", schrie nun Grace ihrer Tochter entgegen, riss sich los und rannte den Gang hinunter, wo sie in ihrem Zimmer verschwand und die Tür verriegelte.

Da öffnete Romain die Tür zum Gang und fragte besorgt: „Was ist mit ihr?"

„Die Erinnerungen, glaube ich…"

„Ich werde nach ihr sehen", sagte Romain. „Sicherlich hat sie mitbekommen, dass Fleur da ist."

Rachel begab sich ins Freie hinaus, der Himmel war von Sternen übersät. Eine Weile ging sie durch die Palmenheine, bis sie an den Rand der Oase gelangte und immer weiter in die Wüste ging.

Rachels Kleider flatterten im Wind, der immer stärker wurde. Sie erblickte eine Eidechse, die über den Boden huschte. Ihr wurde schwindlig. Die Sterne schienen sich plötzlich unglaublich schnell am Firmament zu drehen. Starke Gefühle stiegen in ihr auf. Vor ihrem inneren Auge flog ihr Falke hinauf. Dann hörte sie Schreie, Kampfgetöse. Und wieder kehrte Stille ein. „Deine Gedanken schaffen Werke", schien eine Frau mit Kopftuch zu sagen, die hinter einer goldenen, auf einem Tisch liegenden Sonnenscheibe saß.

„Malak?" Rachel drehte sich um, doch war niemand da. Wieder schaute sie hinauf und murmelte: „Ich blicke in bezaubernde Tiefen. In abertausende Vergangenheiten. Sterne wie stumme Gefährten meiner Nacht."

Eine Sternschnuppe flog vorbei. Dann hörte sie eine Flöte im Wind. Einen Wüstenfuchs. Sterne blitzten auf, die Milchstraße. Rachel floss hinüber, wurde eins mit den Wesen, den Tieren und Steinen, verschmolz mit allem, was da ist. Ihr Schal flatterte hektisch auf und ab, Windböen glitten über die Landschaft wie rauschende Wellen…

Einige Zeit später. Fleur saß inzwischen auf der Veranda vor dem Haus und blickte hinauf. Da sah sie plötzlich eine Gestalt auf sich zukommen und stand auf. „Rachel?", rief sie in die Dunkelheit.

Die Gestalt kam immer näher und blieb ganz nah vor Fleur stehen, sah ihr in die Augen und sagte mit einem Beben in der Stimme: „Ich kenne dich. Ich weiß nicht, wer du bist, aber ich werde dir helfen und mit dir nach Dendera gehen. Dann sehen wir weiter."

Omaha Beach, Normandie. Oberhalb der Steilküste lag ein scheinbar verlassenes Anwesen im Bauhausstil, dessen Glasfassaden mit Holzplanken versehen waren. Am Eingang hing noch ein altes Schild mit der Aufschrift „X-Factor – Genetical Research and Ionic Industries".

Acht Stockwerke tiefer offenbarte sich, dass der Ort keineswegs unbewohnt war: In einem großen Forschungslabor herrschte hektische Betriebsamkeit, in dessen Mitte Ziodenes im Schneidersitz auf dem Boden saß – nach wie vor gefangen im Kraftfeld der Ionenenergie.

Vor ihm standen Elektra und Dschafar ibn Muhammed. „Wie bereiten nun die Impuls-Kanone mit den Elf-Wellen vor", sagte sie zu ihm.

Der Terrorist nickte nur und strich sich über den Bart. „Früher oder später", sagte er, „werde ich seinen Widerstand brechen."

„Er ist sehr gefährlich, dieser Kristallbringer, nicht wahr?", fragte Elektra.

„Keine Sorge. Wir kontrollieren ihn."

„Offensichtlich ja noch nicht ganz."

„Wenn ich seinen Geist geknackt habe", sagte der Saudi, „und er für unsere Ionen-Waffe die Verstärker-Kristalle materialisiert, wird er unser mächtigster Verbündeter. Sie hätten ihn nie auf die Erde schikken dürfen."

„Gut", sagte Elektra bestimmt. „Ich überlasse ihn jetzt dir und fliege nach Paris zurück. Dort soll keiner wissen, was wir hier treiben." Dschafar nickte unmerklich und sah zu Ziodenes, der schweigend seine Blicke erwiderte. Elektra drehte sich um und ging davon.

Auch Dschafar verließ das Labor; lief durch einen langen Gang bis zum Fahrstuhl und fuhr damit in eines der oberen Stockwerke. Er lief einen Gang entlang und drückte, vor seinem Quartier angelangt, seine rechte Hand auf eine Vorrichtung, die seine Hand scannte. Kurz darauf öffnete sich die Tür und verschwand seitlich in der Wand.

Dschafar betrat das etwa 20 m^2 große Zimmer, in dem er eine Stelle an der Wand berührte, um ein in den Wänden eingebautes Kamerasystem zu aktivieren. Dann setzte er sich im Schneidersitz auf den Boden und schloss die Augen....

Offenbach am Main. Dschafars Gefährten saßen bereits auf ihren Teppichen und erwarteten andächtig, dass die holografische Abbildung ihres Meisters vor ihnen erscheine – es war Freitag. Als es an der kleinen Empfangsstation leise piepte, blickten sie gespannt auf die für Dschafar vorgesehene Fläche, auf der sie einen kostbaren Teppich ausgebreitet hatten. Kurz darauf manifestierte sich dort sein Abbild: Er öffnete seine Augen und sagte: „Gelobt sei Gott, der die Welt für seine Geschöpfe geschaffen hat, damit sie ihn verehren. Der ihnen befahl, gerecht zu handeln und der dem Unterdrückten erlaubte, Vergeltung am Unterdrücker zu üben. Friede sei mit dem, der auf dem rechten Weg wandelt.

Brüder! Mein Herz jubelt, wenn ich euch hier wieder vor mir sehe. Und ich weiß, was euer Herz begehrt. Ihr, meine Brüder, gehört zur Elite und seid die zarte Blume der islamischen Nation. Ihr seid berufen als Kämpfer in die himmlische Sphäre einzugehen! Ihr werdet das Paradies schauen, während es die anderen erst am Tage des Gerichts erschauen werden. Ihr werdet die ‚Lebenden' genannt werden, weil ihr als Märtyrer lebendig bei eurem Herrn bleiben werdet!

Alles ist vorherbestimmt und nichts kann an diesen Wahrheiten etwas verändern. Es gibt viele Todesursachen, aber nur einen Tod. Wenn der Tod vorherbestimmt und unausweichlich ist, dann ist es eine Schande, als Feigling zu sterben. Wahrlich, es gibt im Paradies einhundert Rangstufen, die Gott für diejenigen vorbereitete, die für die Sache Gottes streiten. Und zwischen der einen Stufe und der anderen ist es eine Entfernung, wie zwischen Himmel und Erde.

Die besten Märtyrer sind diejenigen, die sich nicht von der Schlacht abwenden, bis sie getötet werden. Sie sind in der höchsten Rangstufe des Paradieses. Ich sage euch, Gott garantiert einem Märtyrer Privilegien, Vergebung, sobald das erste Blut strömt."

Während Dschafar so sprach, hörten ihm seine Anhänger voller Eifer, Glut und Hingabe zu. „Ihm wird sein Sitz im Paradies zugewiesen", fuhr ihr Anführer fort, „er wird mit den Juwelen des Glaubens geschmückt, mit den Schönen verheiratet, vor der Prüfung im Grabe beschützt. Er darf dem Tag des Gerichts getrost entgegensehen, gekrönt mit der Krone der Würde, deren geringster Rubin mehr wert ist als die gesamte irdische Welt mit all ihren Reichtümern. Er wird vermählt mit 72 Huris des Paradieses und seiner Fürbitte für 70 seiner Verwandten wird stattgegeben.

Der ehrenvollste Tod ist der Tod für die Sache Gottes, des Allmächtigen. So fleht ihr gewiss um den Märtyrertod und fragt euch, wo ihr ihn finden könnt. Denn ihr liebt den Tod, so wie sie das Leben lieben. Meine Brüder, Reiter Gottes, übt euch noch wenige Monde in Geduld. Sehr bald werden die Engel euch in die Schlacht rufen!

Oh Gott, Offenbarer der Schrift, Führer der Wolken, Überwinder der Uneinigkeit, schlage sie vernichtend und schenke uns den Sieg über die Ungläubigen!"

„Allahu Akbar!", riefen die Männer begeistert.

„Gib uns in dieser Welt Gutes", sagte Dschafar voller Pathos in der Stimme, „und im Jenseits Gutes und verschone uns vor der Strafe des Feuers! Gelobt seiest Du, Herr, und durch Deinen Lobpreis bezeuge ich, dass es keinen Gott gibt außer dir. Ich bitte dich um Vergebung und bereue!"

Dann löste sich die Holografie Dschafar ibn Muhammeds so plötzlich auf, wie sie erschienen war und ließ die Männer, die sich gemeinsam verbeugten, zurück in Offenbach.

Ägypten, Baharya. Als Fleur, wie ein Berber gekleidet, mit einem Rucksack über der Schulter aus dem Haus trat, hantierte Romain noch genervt am Motor des Jeeps. Da bemerkte sie zu ihrer großen Überraschung Mila, die mit Turban um den Kopf auf der anderen Seite am Wagen lehnte. „Seit wann bist du hier!?", fragte Fleur erleichtert. „Ich freue mich so, dich zu sehen!"

Die beiden umarmten sich. Dann sagte Mila lachend: „Das habe ich mir schon gedacht. Was würdest du ohne mich machen? Und sieh mal, wen ich noch mitgebracht habe..."

Hinter dem Haus kam ein junger Mann lächelnd hervor. Er war um die 20, hatte asiatische Gesichtszüge und auch er trug traditionell berberische Kleidung.

„Julien! Wie schön!", rief Fleur und drückte auch ihn an sich.

„Wie in den alten Zeiten...", sagte er etwas schüchtern. „Davon habe ich immer geträumt."

„Manche Träume werden zu Albträumen", sagte Rachel kühl und trat aus dem Haus, die Neuankömmlinge nur mit einem Kopfnicken begrüßend. „Wir müssen jetzt los."

Romain schloss die Motorhaube und sagte: „Der Ionen-Antrieb läuft einwandfrei."

„Ich danke dir", sagte Fleur und legte ihre Hand auf seine Schulter.

„Noch etwas: Mahmood kann euch in Luxor nicht abholen", sagte der Franzose. „Er wird dort nicht sehr gern gesehen. Also müsst ihr euch dort auf eigene Faust einen Führer suchen, der euch anschließend nach Dendera bringt. Mahmood erwartet euch dort am Hathoren-Tempel. Mit ihm fahrt ihr schließlich nach Tel El Amarna weiter."

Fleur nickte: „Achet-Aton. Die Sonnenstadt von Echn-Aton und Nofretete, nicht wahr?"

Romain lächelte: „Mach dich darauf gefasst, dass dieser Ort sehr vieles auslösen wird. In euch allen. Wir alle haben damals dort gelebt."

Fleur lächelte etwas unsicher und verabschiedete sich von ihrem alten Gefährten. Dann stiegen sie zu viert in den Wagen.

Romain wandte sich noch mal ernst an seine Tochter: „In Luxor wird man euch zu Rachid Benhaddou bringen."

„Dem Warlord?", sagte sie.

„Er schuldet mir noch etwas", sagte Romain. „Du wirst schon sehen." Dann gab er ihr eine Kette mit Anhänger: „Das hat mir deine Mutter für dich mitgegeben."

Rachel nahm sie entgegen und flüsterte: „Phönix…"

„Ja, sie trug ihn das letzte Mal vor 30 Jahren. Eigentlich wollte ich ihn dir nicht geben. Ich weiß nicht, ob es wirklich eine gute Idee ist. Aber sie bestand darauf."

Rachel streifte sich die Halskette über den Kopf, verbarg den Anhänger unter ihren Kleidern: „Er wird mir Glück bringen." Sie umarmte Romain, der Tränen in den Augen hatte, noch einmal und setzte sich neben Mila auf den Beifahrersitz. Die Afrikanerin drückte mit dem Daumen auf den Beschleuniger des Joysticks, und so fuhren sie über den Boden gleitend in Richtung Süd-Westen davon. Romain aber sah ihnen noch lange hinterher.

Auf dem Highway gingen sie zunächst alle nur ihren eigenen Gedanken, Gefühlen und Erinnerungen nach. So weit das Auge reichte, erstreckte sich die Einöde der flachen Wüste mit einzelnen, verloren wirkenden Sträuchern. „Fahr einfach immer nur geradeaus", sagte Rachel zu Mila, als sie gerade einen voll bepackten Laster überholten, der wie aus einem Museum stammend mit Rädern über den staubigen Asphalt fuhr. Hier und da verrotteten am Straßenrand alte Industrieanlagen. Hin und wieder eine Palme, eine verlassene Behausungen, dann kilometerlang wieder nichts. Scheinbare Leere. Stille…

„Es heißt, du kannst erkennen wer die Menschen in ihrem vorigen Leben waren", sagte Julien zu Fleur durch seine verspiegelte Sonnenbrille blickend.

„Durch Bilder, die spontan aus meinem Inneren aufsteigen", bestätigte Fleur und nickte.

„Kannst du es auch willentlich bewirken?“, wollte Julien wissen.

Sie blickte hinaus in die Weite. Plötzlich zuckte sie leicht zusammen, als ihr Unterbewusstsein ihr vermittelte, wer Julien in seinem vorherigen Leben gewesen war. Sie sah eine alte Freundin vor sich, eine Dänin namens Anna, als diese vor 30 Jahren Folgendes gesagt hatte: „Wir verstehen nun immer besser, mit wem wir es zu tun haben: Kohn ist mit Sicherheit über 100 Jahre alt. Soviel wir wissen, hat er maßgeblich am Aufbau einer Spezialeinheit des Französischen Innenministeriums teilgenommen. All die Attentate der vergangenen Monate könnten sehr gut auf sein Konto gehen. Vielleicht gelingt es uns nun bald, auch die Hintermänner zu identifizieren.“

„Ist alles in Ordnung?“, fragte Julien und zog seine Sonnenbrille ab.

Neue Bilder schossen in ihr Bewusstsein und sie sah, wie die Dänin während einer Übung ein immer stärker leuchtendes Kraftfeld aufbaute. Sie streckte die Arme vor und entlud es in einem mächtigen Energiestrahl gegen Romain. Er wurde voll getroffen und gegen die Wand geschleudert, wo er eine Einbuchtung hinterließ…

Fleur musste lächeln: „Ich denke, ich weiß nun, wer du warst.“

Julien, halb Franzose, halb Vietnamese, blickte sie erwartungsvoll an.

„Dein Name war Anna. Du warst in unserem Team. Eine Dänin mit langen blonden Haaren…“

„Was ist mit mir passiert?“, wollte er wissen.

„Dich hat’s im European Trade Center erwischt. Tut mir Leid. Vor 30 Jahren beim Putschversuch. Du warst eine große Kämpferin.“

Julien musste lächeln, setzte seine Brille wieder auf und blickte in den Himmel hinauf. „Wann hast du das gelernt?“, fragte er Fleur nach einer Weile.

„Vor 30 Jahren, kurz nach dem misslungenen Putschversuch, vollendete der Meister der magnetischen Energien, namens Kryon, das neue Gitternetz um die Erde. Damals begann sich diese Fähigkeit in mir zu entfalten.“

„Ich habe von dem neuen Magnetfeld gehört", sagte Julien. „Aber welche Rolle spielt es denn genau?"

„Es ist eigentlich ein planetarisches Gitternetz", erklärte Fleur. „Eine ätherische, kristalline und auch magnetische Struktur, die den Planeten überzieht und das Bewusstsein einer jeden Spezies in sich hält. Es hat eben nicht nur eine elektromagnetische Komponente, die mit der dritten Dimension zusammenhängt, sondern auch eine höherdimensionale.

Jede Spezies auf der Erde verfügt über ein solches Gitternetz. Und jedes dieser Gitternetze hat seine eigene Geometrie. Jedes ist einzigartig; keines gleicht dem anderen. Genauso wie der Körper einer Spezies einzigartig ist, ist auch ihre Interpretation der Wirklichkeit einzigartig. Eine Interpretation, also Wahrnehmung der Wirklichkeit, die im Gitternetz einer Spezies ihren Ursprung hat.

So verhält es sich auch mit dem neuen Gitternetz, dem neuen Magnetfeld, das für die Menschheit erstellt worden ist. Es hält sozusagen das Bewusstsein der Einheit für den Planeten, und wenn es nicht da wäre, könnten wir ein solches Bewusstsein auch nicht entwickeln.

So ist es sehr fein auf unseren spirituellen Plan abgestimmt. Es wurde absichtsvoll und mit Bedacht eingerichtet! Durch das neue Magnetgitternetz erhielt die Menschheit eine korrekt abgestimmte magnetische Hülle, um hier auf eine ganz andere Art und Weise zu leben: in der Balance, im Einheitsbewusstsein, in der Liebe.

Die Veränderungen haben uns von bestimmten Einschränkungen befreit und wie nie zuvor können wir unser eigenes Tun kontrollieren. Zum ersten Mal können wir jene Kraft vollständig erfassen, die durch die Energie der Liebe entsteht, um sie für die Heilung des Planeten einzusetzen. Auch wurden wir fähig, diese Energie derart zu fokussieren, dass sich Negatives in Positives verwandelt. Dies hat eine Harmonisierung vieler Einzelner zur Folge, die früher keine Chance gehabt hätten, in der Phase des Übergangs hier zu bleiben."

„Was meinst du?", fragte Julien.

„Sie wären einfach gestorben und hätten sich auf einem anderen Planeten mit entsprechender Schwingungsfrequenz reinkarniert."

„Hat Kryon das neue Magnetgitter errichtet?", fragte Julien.

„Man sagt, der Meister des magnetischen Dienstes habe es vollendet", erklärte Fleur. „Aber um die Geschichte des neuen Gitternetzes besser zu verstehen, muss man eigentlich zurück nach Atlantis gehen. Damals, also im späten Atlantis, begann sich die Situation mit außerordentlicher Geschwindigkeit zu verschlechtern. Die Systeme kollabierten: Die Wirtschaft, die Gesellschaft, die Werte, einfach alles. Plötzlich war der gesamte Kontinent nur noch damit beschäftigt, zu überleben.

In ihrer Verzweiflung riefen die Aufgestiegenen Meister das große galaktische Kommando hinzu. So begann man, sich auf vielen Ebenen mit dem Problem zu beschäftigen. Und es war allgemein bekannt, dass ein Absturz bevorstand. Es musste eine Lösung gefunden werden und zwar schnell.

Die aufgestiegenen Meister wussten, dass der einzige Weg darin bestehen würde, uns wieder ins Einheitsbewusstsein der Liebe zu bringen. Sie wussten, wenn wir wieder auf die rechte Spur kommen sollten, dann müsste es im Bewusstsein der Einheit geschehen – am Ende eines 13.000-jährigen Zyklus. Also jetzt! Wenn wir nicht bis dahin zurück finden würden, würden wir es überhaupt nicht mehr schaffen."

„Sondern?", fragte er.

„Wir würden uns einfach selbst vernichten. Nach unserem Niedergang, also vor etwa 13.000 Jahren, gab es, bezogen auf die Menschheit, nur noch zwei aktive Gitternetze um die Erde. Die Mehrheit der Menschen befindet sich heute noch immer auf der zweiten Ebene, innerlich getrennt von der Welt, vom Göttlichen und also auch von sich selbst. In der ersten Ebene verfügen die Menschen aber über ein absolut vollständiges Erinnerungsvermögen. Sie können sich an alles erinnern, was sie je erlebt haben. Außerdem ist ihr Gedächtnis *transpersonal*.

„Transpersonal?", wiederholte Julien.

„Es bedeutet, dass du dich an alles erinnern kannst, woran sich auch deine Vorfahren erinnerten. Eine Erinnerung, die auch dreidimensional-holografisch ist. Die Atlanter konnten jede Einzelheit eines Raumes rekonstruieren."

„Wie Autisten"

„Ja, das könnte gut sein", sagte Fleur. „Aber eben nur in Bezug auf das Erinnerungsvermögen, das nach dem atlantischen Fall zusammen mit dem Einheitsbewusstsein zusehends verloren ging. Nach und nach bildete sich fast ausschließlich die zweite Bewusstseinsebene heraus, unser derzeitiges Bewusstsein, bei der wir zwar ein „Ich", ein reflexives Bewusstsein entwickelt haben, jedoch auf Kosten des Einheitsbewusstseins, auf Kosten des Gefühls und der intuitiven Gewissheit, dass wir alle miteinander verbunden sind. Sehr viele Menschen fühlen sich heute immer noch voneinander getrennt. Millionen von Menschen sind sich ihres göttlichen Kerns immer noch nicht bewusst. Die dritte Ebene aber wird nun eine Kombination des Ich- und des Einheitsbewusstseins sein. Somit werden wir unendlich viel dazu gewonnen haben, denn das Ichbewusstsein ist ein ganz wesentlicher Gewinn und eine wunderbare Fortentwicklung, kommt es doch letztendlich von der Sonne selbst. Es ist geistiger Natur, Ursprung unserer Freiheit als vernunftbegabte Wesen!

Um dies jedoch zu erreichen, planten die aufgestiegenen Meister ein neues planetarisches Gitternetz. Sie flogen in die Region der heutigen Gizeh-Ebene in Ägypten, als es dort noch einen tropischen Regenwald gab. Sie begaben sich an diesen ganz bestimmten Ort, wo die Achse des alten Gitternetzes, des Bewusstseins der Alleinheit, aus der Erde ragte. Sie wollten das neue Netz auf der alten Achse errichten. Danach würden sie etwa 12.900 Jahre haben, um alles bis zum Ende des zwanzigsten Jahrhunderts fertig zu stellen.

Als erstes mussten sie nun das Gitternetz in den höheren Dimensionen vorbereiten. Anschließend mussten sie physisch die Tempel in dieser, unserer sogenannten dritten Dimension, errichten, bevor das neue Gitternetz des Einheitserlebens sich manifestieren konnte.

Dann erbauten sie die Große Pyramide selbst. Die Spitze der Großen Pyramide, wäre der Schlussstein noch an Ort und Stelle, saß exakt auf der Wölbung der Spirale. Später wurden die beiden anderen Pyramiden ebenfalls direkt auf dieser Spirale errichtet.

Nachdem sie mit dem neuen Gitternetz über dem existierenden, zusammengebrochenen Gitternetz begonnen hatten und eine Pyramide auf die Linie dieser Spirale gesetzt hatten, erstellten sie einen Plan, wo diese beiden Energielinien sich krümmen und wo sie sich einander an über 83.000 Orten auf der Erdoberfläche kreuzen würden. In der nächst höheren Dimension konstruierten sie ein ganzes Netz von Gebäuden und Strukturen über den ganzen Planeten. Die Lage der heiligen Stätten der Welt ist kein Zufall. Es war ein einziges Bewusstsein, das sie alle schuf – von Machu Picchu über Stonehenge bis Zaghouan.

Gizeh ist der Nordpol des Einheits-Bewusstseins-Gitters. Auf der anderen Seite des Planeten, draußen im Südpazifik im Inselreich Tahiti, befindet sich eine kleine Insel namens Mooréa, wo der Südpol des Gitternetzes liegt.

Nachdem nun die Menschheit die kritische Masse an Individuen vor 30 Jahren erreichen konnte und tausende und abertausende von Menschen zu ihrem höheren Selbst erwacht sind, konnte Kryon das neue Einheitsgitternetz, das die aufgestiegenen Meister vor 13.000 Jahren begonnen hatten, fertig stellen."

„Da vorne kommt eine Raststätte!", rief Rachel plötzlich nach hinten. „Wir machen eine Pause."

Wie sehr sie mich doch an Yoshi erinnert, dachte Fleur melancholisch über Rachel. So impulsiv, so verschlossen und so verletzlich…

Während die anderen sich frisch machten, bestellte Fleur bei einem ständig grinsenden Mann, mit durch und durch verfaulten Zähnen, Tee für alle und setzte sich an einen der schäbigen Tische in den Schatten. Einige Meter entfernt saß eine imposante Gestalt, ein Mann, der sein Gesicht unter einer Kapuze verbarg. Er war außerordentlich groß und kräftig. Als er Fleurs Aufmerksamkeit immer mehr auf sich zog, blickte er auf und nahm lächelnd die Kapuze ab…

„Sam!“, rief sie überrascht, sprang von ihrem Stuhl auf und ging auf ihn zu. „Was machst du hier?“

Der 1,95 Meter große Kenianer stand auf, nahm sie lachend mit seinen Riesenhänden an den Hüften und hielt sie, wie ein kleines Kind, vor sich in die Höhe.

„Also hat dich meine Nachricht doch noch erreicht!“, rief Mila, kam herbei und schlug ihm lächelnd gegen einen seiner muskulösen Arme.

„Ich war in Somalia, als ich sie bekommen habe. Dann konnte ich dich nicht erreichen und habe Romain kontaktiert, als du sagtest, dass ihr bei ihm seid. Er hat mich dann verständigt, dass ich euch wohl hier noch würde abfangen können. Was steht nun also an?“

Fleur blickte in die Wüste hinaus: „Die Asuras haben den Kristallbringer in ihre Gewalt gebracht.“

Normandie, im unterirdischen Labor. Ziodenes saß, nach wie vor im Schneidersitz, meditierend auf dem Boden – umgeben von der ihn gefangen haltenden Ionenenergie. Nur einige Wissenschaftler behielten die laufenden Geräte im Auge, während drei Asura-Soldaten mit umhängenden Maschinenpistolen gelangweilt auf Stühlen saßen.

Da betrat Dschafar ibn Muhammed mit einem zusammengerollten Teppich unterm Arm das Labor. Er war ganz in weiß gekleidet und bewegte sich langsam auf Ziodenes zu. In einer Entfernung von vier Metern vor ihm breitete er seinen Teppich aus und setzte sich ebenfalls in den Schneidersitz.

Ziodenes öffnete die Augen und sah ihn an. „Magier, ich kann mich gut an dich erinnern“, sagte er zu Dschafar, der seine Blicke unbeeindruckt erwiderte. „Ich erkenne deine Energiestruktur wieder. Offensichtlich bist du zurück auf die Erde gekommen, um dein Unwesen weiter zu treiben. Leider hast du dich schon damals den schwarzen

Künsten verschrieben, wie so viele andere. Immer nur auf der Jagd nach persönlicher Größe, Reichtum und Ansehen. Dabei habt ihr euch selbst immer mehr vergessen und eure Verbindung zur göttlichen Quelle verloren!“

„Du warst schon immer ein fürchterlicher Moralist, Ziodenes. In eurer priesterlichen Arroganz meintet ihr stets, etwas Besseres zu sein. Euer naiver Glaube hat euch schwach und unbekümmert gemacht. Das Gute, die Liebe: Alles nur Hirngespinste! Ausdünstungen eurer schwärmerischen Gehirne. In Wahrheit ist doch alles nur ein großer, kosmischer Witz und alles, alles, einfach alles ist es wert unterzugehen!“

„Du warst damals mitverantwortlich für den Untergang von Atlantis, Dschafar!. Was willst du jetzt von mir?“

„Ich brauche die Kristalle, und du Ziodenes, wirst sie mir geben!“

„Wozu brauchst du sie? Du hast keinen Respekt vor ihnen! Die Kristalle sind heilige Geschöpfe. Niemals werde ich sie für dich materialisieren!“

„Nun Ziodenes, das werden wir noch sehen. Ich habe inzwischen Fähigkeiten entwickelt, über die du dich noch wundern wirst, alter Meister.“

Ägypten. Die Horai waren, nun zu fünft, weiter gefahren und kamen nach wenigen Stunden an eine Grenzkontrolle, die aus nichts weiter bestand als einer kleinen verrosteten Hütte und fünf schwerbewaffneten Männern. „Hier beginnt das Gebiet um Luxor“, sagte Rachel und bremste den Wagen, bis er vor den Männern in ihrer traditionell arabischen Kleidung zu stehen kam.

„Was wollt ihr?“, fragte einer von ihnen. „Wer seid ihr?“

„Bring uns zu Rachid Benhaddou“, sagte Rachel durch ihre Sonnebrille hindurch blickend. „Ich bin die Tochter von Romain, dem französischen Arzt aus Baharya. Rachid kennt ihn sehr gut.“

Der Mann wandte sich ab, während die anderen, mit ihren Waffen im Anschlag, misstrauisch beim Wagen blieben. Als er wieder kam, sagte er: „Gut, er erwartet euch. Wir werden euch aber mit zwei Wagen eskortieren." Kurz darauf fuhren sie weiter in Richtung Luxor, ehemals Theben.

Als sie sich der Stadt näherten, wurde der Verkehr dichter: schnell fahrende Autos und kleine Trucks – fast ausnahmslos zerbeult, staubig, verrostet. Dann passierten sie die Stadtgrenze und hätten beinahe zwei Jugendliche auf einem mageren Pferd überfahren, die über die Straße hetzten, um in einer kleinen Gasse zu verschwinden. Der Verkehr wurde immer hektischer. Die Männer im vorderen Wagen schrien und jagten die Menschen zur Seite, als seien sie Ungeziefer. Gruppen von kleinen Kindern liefen lachend über die Straße. Arabische Popmusik dröhnte ihnen aus einem Wagen entgegen. Frauen und Mädchen mit Kopftüchern sahen ihnen nach. Fleur blickte einem Van hinterher, auf dessen Ladefläche ein Pferd festgebunden war. Auch Kamele zogen vorbei. Müllberge, Männer in Jelabas, ein kleiner Junge auf einem Esel: immer neue Eindrücke…

Nach einer Weile parkten sie den Wagen vor einer Mauer aus Lehm. Sie stiegen aus und man führte sie in den Hof eines großen Anwesens mit Springbrunnen, wo sie sich an einen mit Mosaik verzierten Tisch setzten. Die Sicherheitsleute standen weiterhin in einiger Entfernung und beobachteten sie. Es öffnete sich eine kleine Türe: Rachid Benhaddou betrat den Hof in einer weißen Djellaba. Er war mittelgroß, dunkelbraun, etwas kräftig mit einem Bauch und einem Schnurrbart im Stile Saddam Husseins. Übers ganze Gesicht lächelnd kam er gestikulierend auf die Weggefährten zu, die nun aufstanden, und sagte theatralisch zu Rachel: „Sicherlich bist du die Tochter Romains, nicht wahr?"

Rachel nickte ernst und reichte ihm die Hand.

„Oh, bitte nicht so formell, ma Chère!", rief er aus und küsste sie auf beide Wangen. „Setzt euch doch. Ich bitte euch." Rachid schnippte in Richtung einer seiner Soldaten und rief: „Yalla! Bringt uns Tee!"

Dann setzte er sich zu den anderen und fragte: „Also, was führt euch nun also zu mir? Ihr müsst wissen, dass ich deinem Vater das Leben verdanke! Ein fantastischer Mensch, dieser Romain. Unglaubliche Fähigkeiten!"

„Er hat dir das Leben gerettet?", fragte Rachel.

„Er war zufällig in Luxor, als ich bei einem Attentatsversuch schwer verwundet wurde. Als er davon erfuhr, eilte er herbei und heilte mich mit seinen unbezahlbaren Künsten. Er ist ein wahrer Magier dein Vater. Ohne ihn wäre ich schon längst nicht mehr hier, Allah sei ihm gnädig."

Das trifft sich ja ausgezeichnet, frohlockte Fleur in Gedanken. Dann sagte sie: „Wir benötigen eigentlich nur eine Eskorte nach Dendera."

„Aber schöne Frau", sagte er charmant lächelnd, während der Tee eingeschenkt wurde. „Ihr wollt mich doch nicht schon wieder verlassen!?"

„Nichts wäre uns lieber, als deine Gastfreundschaft in aller Ruhe genießen zu dürfen", antwortete Fleur. „Doch wir müssen so schnell wie möglich nach Dendera, um einem Freund zu helfen."

„Was ist mit ihm?", wollte der Warlord wissen.

„Er wurde entführt", antwortete Fleur und nippte an ihrem Tee.

„Nun, eure Freunde sind auch die meinen", sagte er. „Wann wollt ihr los?"

„Wenn möglich sofort, wir können dich für deine Mühen auch entschädigen."

„Wollt ihr mich beleidigen?", erwiderte er. Rachid drehte sich um, klatschte in die Hände und rief seinem Diener zu: „Sagt meiner Eskorte, dass sie sich bereit halten sollen. Sie werden meine Freunde hier nach Dendera begleiten." Der Diener verbeugte sich und verschwand im Anwesen.

Kurz darauf bestiegen die Fünf wieder ihren Wagen, verabschiedeten sich und fuhren in einem Convoy mit weiteren vier Jeeps in Richtung Dendera und dem Tempel der Göttin Hathor.

Paris, La Défence. Das im Westen der Stadt liegende Viertel hatte sich immer mehr zu einer Festung in der Hand des Innenministeriums entwickelt. Während es in Strömen regnete, lief Elektra in einem der verglasten Türme an zwei Wachleuten, Klone, vorbei. Sie öffnete ihre schwarzen Haare und kam an eine Tür, wo ihr Körper gescannt wurde. Sie trug einen Anzug aus schwarzem Latex und hielt einen Regenschirm in den Händen.

Drinnen saß Paul in einem eleganten schwarzen Anzug auf einem Sessel und blickte auf den nackten Körper Elektras, so wie der Scanner sie wiedergab. Er konnte sich ein Lächeln nicht verkneifen und betätigte schließlich eine Taste auf der Glasplatte seines Tisches.

Die Tür fuhr in die Höhe und verschwand in der Decke. Elektra kam herein.

„Wo zum Teufel warst du?“, herrschte er sie an und stand bedrohlich auf. „Warum hast du dich nicht gemeldet? Ich konnte dich auch nicht orten!“

Unbeeindruckt ging sie zu ihm, legte den nassen Schirm einfach auf seinen Schreibtisch, kreuzte die Arme vor der Brust und sah ihm direkt in die Augen.

Er lehnte sich auf die Glasplatte: „Ich dachte schon, jemand hätte dir den Chip aus dem Gehirn gebrannt.“

„Du hast dir Sorgen um mich gemacht?“, fragte sie mit ironischem Unterton.

Paul kam um den Tisch gelaufen, legte seine Hand um ihren Hals, verzog das Gesicht und drückte leicht zu: „Ich habe mir Sorgen um unseren Plan gemacht.“

„Drück ruhig weiter zu“, sagte sie herausfordernd. „Du weißt, ich mag das…“

Er tat es tatsächlich. In ihren Augen blitzte Freude auf. Dann ließ er sie jäh los und schrie schon fast: „Was ist los mit dir?“

Elektra musste lachen. „Du kannst meine Ängste nicht mehr auslösen?“, rief sie triumphierend. „Ist das nicht erstaunlich?“

Er packte sie an den Armen und fragte laut: „Was ist mit dir passiert? Sag es mir!“

Sie lehnte sich vor, kam immer näher an sein Ohr und flüsterte: „Ich habe mich, wie du es wolltest, mit Dschafar ibn Muhammad und seinen Leuten in Offenbach bei Frankfurt am Main getroffen. Dann habe ich mir erlaubt, den Chip auszustellen, um ein wenig Ruhe zu haben. Kannst du das nicht verstehen? Alles läuft nach Plan. Alles läuft, wie du es willst, mein Gebieter.“

Er musterte sie. „Aber dass du keine Ängste mehr zu haben scheinst, beunruhigt mich.“

„Ich habe mit allem abgeschlossen“; flüsterte sie heiß in sein Ohr. „Mach mich zu deinem willenlosen Werkzeug. Mach mit mir, was du willst, Geliebter.“

Paul öffnete den Reißverschluss ihrer Latexjacke. Dann setze er sie auf seinen Tisch und öffnete ihn noch weiter. *Ich werde schon noch herausfinden, was du im Schilde führst,* dachte er und berührte ihre Brust.

Dann wird es zu spät sein, dachte sie ihrerseits, ohne dass er es telepathisch mitbekam. Dann genoss sie einfach nur den Moment.

Dendera. Inzwischen kamen die Weggefährten am beeindruckenden Hathoren-Tempel mit seinen massiven, meterhohen Säulen an. Einer der Soldaten Rachid Benhaddous kam zu ihnen und sagte kurz angebunden: „Dies ist der Tempel. Wir fahren wieder zurück nach Luxor. Viel Glück.“

„Danke“, sagte Mila und stieg aus. „Es ist niemand zu sehen.“

„Bei der Hitze ist er vielleicht im Tempelinneren“, bemerkte Rachel. „Lasst uns nachsehen.“ Sie sah die Aura des Tempels rotbraun leuchten, der vor ihren inneren Augen mit dem Boden und der ganzen Umgebung verschmolz.

Als die Gefährten den im Schatten liegenden Eingangsbereich betraten, sagte Fleur zu Sam: „Ich gehe mit den anderen hinein. Bleib du bitte hier und pass auf.“

„Keine Sorge", sagte der Hüne und blickte die Säulen hinauf, an denen kleine Vögel zwitschernd umher flogen. Von jeder der Säulen blickte das feine Gesicht der Hathor in die vier Himmelsrichtungen: Sie war die ägyptische Göttin der Liebe und des Tanzes gewesen. Er war entzückt von ihrem friedvollen Antlitz und ihren Ohren, die oben, außerirdisch anmutend, spitz zuliefen.

Die anderen gingen immer tiefer hinein und erkundeten die verwinkelten Räume und Ebenen des rechteckigen Tempels, der wie ein Labyrinth wirkte. Sie betraten eine zweite Halle mit Säulen, die bereits in die Dunkelheit hinauf ragten. Sie schalteten ihre Taschenlampen an. Es folgten drei Räume aufeinander, an die sich links und rechts kleinere Räume anschlossen. Nach und nach teilten sich die Freunde auf, sodass Jeder und Jede bald für sich allein unterwegs war. Fleur stieg eine Treppe, deren Steinstufen völlig abgenutzt waren, hinauf bis aufs Dach. Von hier aus öffnete sich der Blick auf die gesamte Landschaft mit ihren Palmen…

Sam stand unterdessen zwischen den Säulen an der linken Seite und blickte hinauf zum Plafond, wo eine wundervolle Darstellung einer weiblichen blauen Gestalt zu sehen war.

„Das ist die Himmelgöttin Nut", sagte aus einer dunklen Ecke her eine männliche Stimme mit arabischem Akzent.

Sam zuckte zusammen. „Wer zum Teufel ist da?"

Aus dem Schatten trat Mahmood, ihr Kontaktmann, ein Ägypter in blauen eleganten Kleidern, um die 35, mit funkelnd braunen Augen. „Jeden Morgen gebiert sie aus ihrem Schoß die Sonne, die über den Tag hin durch den Körper der Himmelsgöttin wandert, um am Abend wieder von ihr verschluckt zu werden und dann durch die Unterwelt reist. Ein ewiger Zyklus von Tod und Wiedergeburt. Eine alte Göttin der Wandlungen."

Tief im Inneren des Tempels kam Rachel gerade durch einen Raum, in dem Fledermäuse umher schwirrten, und entdeckte im hinteren Bereich einen Eingang, der in die Tiefe führte, hinunter in eine Krypta, in der es immer enger und heißer wurde. Sie hatte das Gefühl, ein Wimmern zu hören, das Wimmern einer alten Frau. „Hallo…?“, rief sie hinab: Keine Antwort. Dann krabbelte sie hinein… Plötzlich begann alles zu verschwimmen! Bilder entstanden vor ihrem inneren Auge, bis sie in Trance fiel und in eines ihrer vorherigen Leben vor tausenden von Jahren zurück versetzt wurde…

In der Sonnenstadt Achet-Aton, etwa 1.350 vor Christus. Tarée stand vor dem Sonnenrad und blickte Echn-Aton in die Augen. „Was ist dein Begehr?“, fragte er sie. Der zu dieser Zeit noch überdachte Raum, in dem sie sich aufhielten, genannt „Raum der inneren Weisheit“, in dem sich das allerheiligste Sonnenorakel befand, war unterteilt in die vier Himmelsrichtungen, was auch den vier Elementen entsprach.

Blau waren die Wände in Richtung Westen, grün in Richtung Norden, gelb in Richtung Osten, rot in Richtung Süden. Ein Viertel des Bodens, das dem Wasserelement entsprach, war aus Kalkstein, ein Viertel, das dem Erdelement entsprach aus Sandstein, ein Viertel, das dem Luftelement entsprach aus Alabaster und ein Viertel, das dem Feuerelement entsprach aus Granit. Falls der verlängerte Strahlenarm genau auf Echn-Aton anhielt, der in der Mitte saß, so bedeutete dies, dass die Antwort auf die Frage im Zentrum zu finden sei.

Der Pharao saß auf seinem vergoldeten Thron, trug die Krone von Unter- und Oberägypten und blickte liebe- und verständnisvoll der jungen Frau in die Augen. Über ihm, in der Lehne seines Thronsessels, war eine große goldene Sonnenscheibe zu sehen, von der einzelne Strahlen ausgingen, die über die Kopf-, Rücken- und Armlehnen des Stuhls flossen. Am Ende eines jeden dieser Strahlen konnte der Betrachter kleine Hände erkennen, die ein Anch hielten, Symbol für den Lebenshauch. Zur Rechten des Pharao, leicht nach hinten versetzt, stand ein Schreiber, zu seiner Linken eine Frau mittleren Alters, beide ebenfalls in Weiß gekleidet.

Zwischen dem Pharao und Tarée lag eine weitere Sonnenscheibe waagerecht auf dem Altar. Sie wurde beschienen von einem strahlend weißen Sonnenstrahl, der durch eine kleine Öffnung in der Decke ihr Gold aufblitzen ließ. Auch die Strahlen dieser Scheibe endeten in kleinen Händen, wobei eine davon etwas länger war, als die anderen.

„Ich möchte wissen…“, sagte Tarée schließlich nach einer Weile, „also, auf welche Bühne muss ich gehen, um die Weltenschlange in mir zu erwecken?“

„Eine weise Frage!“, stellte Echn-Aton fest. „So drehe das Orakel.“

Die Sonnenscheibe drehte und drehte sich und wies schließlich in die grüne Raumecke.

„Um die Weltenschlange zu erwecken“, sagte Echn-Aton, „musst du dich ins Erdelement begeben.“

Tarée ging hinüber, wo wie üblich aus einer zuvor quasi unsichtbaren Tür der Tempeldiener kam, um ihr das grüne Gewand zu überreichen. Kurze Zeit später stand sie so allein im grünen Raum.

„Was nimmst du wahr?“, fragte Echn-Aton.

„Ich sitze auf einem Pferd und reite“, antwortete sie. „Die Landschaft gleitet tönend an mir vorüber. Mein ganzes Wesen vibriert im Einklang mit dem pulsierenden blau-erstrahlenden Himmel. Nun rausche ich an einer Hütte vorbei. Das Sonnenlicht glitzert und perlt auf dem Kanal entlang der Straße.

Im Westen schimmern bläuliche Felswände. Felder, Palmen, Lehmhäuser, Teppiche… Gänse und Vögel, die fröhlich umherfliegen…“

Nach einer kurzen Pause fragte der Pharao wieder: „Was passiert nun?“

„Ich sehe einen Tempel… Oben auf den Säulen sind Gesichter… mit Kuhohren. Es ist der Tempel der Hathor! Nun betrete ich den Eingangsbereich des Tempels. Massive Säulen ragen weit hinauf. Spatzen fliegen umher…

Der Tempel zieht mich immer weiter hinein. Ich gehe nach links… An der Decke ist eine große Abbildung der Himmels-Göttin Nut. Ich blicke hinauf… Nun höre ich plötzlich eine bezaubernde Flöte spielen! Ich drehe mich um, gehe wieder in die Mitte der Eingangshalle… doch ist niemand zu sehen. Ah, doch! Einige Wächter. Sie liegen aber nur auf den Steinbänken umher und schlafen. Ich blicke um mich, dann hinauf… Dort oben sitzt eine Eule, die mich ansieht…"

„Möchtest du weiter hinein in den Tempel?", fragte Echn-Aton.

„Ja…", antwortete Tarée zögerlich. „Ich gehe weiter hinein ins dunkle Innere, …betrete eine zweite Halle mit Säulen, die bereits im Schatten liegt. Noch drei Räume… Nun bin ich im Hauptraum, links und rechts befinden sich weitere kleine Räume. Die Wände sind beleuchtet. Meine Augen reichen über die verschiedenen in Stein gemeißelten Götter. In sich verschachtelte Räume, wie ein Labyrinth, durch das Fledermäuse hektisch umherfliegen…

Ich vernehme erneut den Klang der Flöte, ganz zart und lieblich. Folge ihm in einen der kleineren Räume… Da sehe ich eine Öffnung im Boden! Gehe einige steile Treppen hinab. Ich muss durch eine kleine Öffnung hindurch kriechen und… gelange in eine Krypta. Es ist eng und heiß, doch ein unsagbar wohliges Gefühl überkommt mich. Überall an den Wänden Hieroglyphen. Ich setze mich im Schneidersitz auf den Boden, schließe die Augen und beginne zu meditieren…

Plötzlich fühle ich ein seltsames Gefühl im Körper… eine eisige Kälte, die von meinen Füßen aufwärts schlangenartig in meinen ganzen Körper kriecht. Und ein fürchterlicher Schauer überkommt mich!"

„Weshalb?", fragte Echn-Aton.

„Ich höre ein merkwürdiges Jammern wie von einer uralten Frau. Bei Aton! Was ist das? Ich höre auch das Blut in meinen Ohren pochen. Dieses Jammern! Es ist unerträglich! Ich will die Augen öffnen, doch geht es nicht! Laufe umher… Unter meinen Schritten knackt es ganz unheimlich. Ich blicke hinab und sehe…, dass der gesamte Boden übersät ist mit Knochen… Und auf einem Altar liegt… ein toter Stier! Der Stier des Himmels, höre ich eine Stimme in mir… So sei es…

Ich glaube, gleich kommt jemand… Habe ich ihn oder sie betrogen? Habe Angst, das Bewusstsein zu verlieren… Oder meine Stimme, meine Sicht, mein Gleichgewicht…“

„Nichts wächst, ohne dass etwas anderes geopfert wird“, sagte Echn-Aton.

„Auf dem Boden verstreut“, fuhr Tarée fort, „liegen die Köpfe blinder Mütter! „Zieh uns raus!“, rufen sie mir zu, „und vereine uns wieder mit unseren Körpern. Man hat uns hier im Schlamm einfach liegen lassen. Wir haben unsere Männer, unsere Liebhaber, unsere Kinder verloren. Wir können uns nicht bewegen. Wir können nichts sehen! Nimm die Dunkelheit von uns!“ Reines Entsetzen! „Du hast uns vergessen“, klagten sie. „Wo bist du?“ Da erkannte Tarée, dass sie alle blind waren. Plötzlich griff eine von ihnen nach ihrem Fuß. Tarée schrie auf und riss sich los, nur um von der nächsten festgehalten zu werden. Immer mehr Hände stiegen aus der Erde hervor und zogen sie hinab, hinein in das modrige Erdreich, bis sie ganz und gar zwischen den verwesenden Körpern der blinden Mütter verschwand…

Stille… Tarée öffnete ihre Augen, blickte an sich herab… Sie war nackt! Über und über mit Asche bedeckt! Da bemerkte sie erschaudernd eine Bewegung in der dunklen Höhle vor ihr, ein riesiger Schatten, der seine Kreise um sie zog, unheilbringend, zerstörerisch… und sie erstarrte vor Entsetzen…

Dieses… Wesen war weiblich; es hatte lange graue Haare und einen immensen walartigen Körper… Sie schwenkte ihren langen Schwanz hin und her, rhythmisch, voller Anmut, und näherte sich Tarée mit Todesblick… *Welch eine ungeheure Wut von ihr ausgeht,* dachte Tarée, *und welch eine Traurigkeit.* Sie spürte, wie starke emotionale Wellen auf sie zurasten. *Werde ich jetzt untergehen? So sei es, so sei es…*

Dendera, tausende von Jahren später. Mahmood hatte seinen Turban ausgezogen und betrat mit einer Taschenlampe die stockfinstere Krypta. Als er Rachel darin sah, konnte er es einfach nicht fassen! Mit geschlossenen Augen saß sie im Schneidersitz auf dem Boden, der von Schlangen nur so übersät war! Während die anderen oben am

Eingang der Krypta warteten, lief Mahmood mit äußerster Vorsicht über den tödlich gefährlichen Boden der Krypta auf Rachel zu…

Er nahm sie wie ein kleines Kind in seine Arme. Doch kurz bevor er mit ihr den dunklen und stickigen Raum verlassen konnten, schnellte eine kleine Schlange hinauf und biss Rachel in die Ferse. Mahmood schrie verzweifelt auf und hob sie durch die kleine Öffnung der Krypta, wo Sam sie endlich in seine kraftvollen Arme nehmen konnte. „Sie ist gebissen worden!", rief der Ägypter verzweifelt.

Wenige Momente später: Rachel lag zwischen den anderen im Schatten der Eingangshalle. Ruckartig öffnete sie die Augen, schrie, richtete sich auf, schnappte nach Luft und streckte ekstatisch ihre Hände in den Himmel. Als sie sie wieder fallen ließ, blickte sie Mahmood intensiv in die ausdrucksstarken Augen. Ein Gefühl der Wärme und Geborgenheit überkam sie. Mahmood hatte tiefschwarze Augen, markante Gesichtszüge und trug um den Mund einen dezenten Bart. Er erwiderte ihren Blick, rief nach ihr. Doch sie spürte, wie sie erneut ihr Bewusstsein verlor, wie sie dahin sank… in die Dunkelheit…

Als sie wieder zu sich kam, wölbte sich der Sternenhimmel wie ein blinkender Mantel über ihnen. Sie hatten Rachel ans Lagerfeuer gebettet, dass sie neben einer Palme in einem ehemaligen, etwa 8-10 Meter tiefen Wasserbecken des Tempels angezündet hatten. Fleur saß direkt am Kopfende Rachels und blickte melancholisch ins Feuer, während der Wind sanft durch ihre schwarzen Haare wehte, die von einzelnen grau-weißen Strähnen durchzogen wurden.

Auch Sam und Mahmood saßen schweigend am Feuer, während Mila und Julien am Rande des Beckens gemeinsam trainierten. Als sich Rachel aufrichtete, wandte sich Fleur zu ihr und sagte: „Du bist wach. Gott sei Dank. Wie fühlst du dich?"

Rachel streckte sich und sagte: „Schrecklich. Was ist mit mir passiert?"

„Du warst in der Krypta, wo du in eine Art von Trance gefallen bist. Dort hat dich eine Schlange gebissen."

„Was? Wo?"

„Am Fuß“, antwortete Fleur. „Mahmood konnte das Gift wohl gerade noch zum Teil neutralisieren. Es ist mir absolut rätselhaft, wie die Schlangen dort rein gekommen sind! Als ich vor einer Stunde nachgesehen habe, waren sie auch nicht mehr da. Sehr seltsam…“

Rachel fasste sich, Mahmood mit einem Kopfnicken begrüßend, an die Ferse. „Und das Gift?“

„Glücklicherweise hatte ich ein Antidot dabei“, erklärte er. „Kannst du dich an deine Trance erinnern?“

„Ich habe dieses Loch im Tempel entdeckt“, sagte sie und blickte in seine Augen, wobei sie einen leichten Stich im Herzen verspürte. „Bin da runter und dann war ich plötzlich wie in einer riesigen Höhle. Da war ein Wesen. Ich weiß nicht warum, aber ich würde es die „große Mutter“ nennen“

„Es erinnert mich an einen Mythos aus sumerischer Zeit“, sagte er und stocherte mit einem Stock im Feuer umher.

„Erzählst du ihn uns?“, bat ihn Fleur.

„Innana, die Himmelsgöttin, steigt in die Unterwelt, um ihre ältere Schwester, die Herrin der Unterwelt, wieder zu finden. Ihr Name war: Ereschkigal, die verbannt worden war, weil sie die Menschen in Angst und Schrecken versetzte. Dabei war sie ein Teil der Weiblichkeit, ebenso wie Innana selbst, ein sehr macht- und kraftvoller Aspekt der Weiblichkeit war.

So begibt sich die Himmelsgöttin auf die Suche nach ihrer ursprünglichen Ganzheit in die Unterwelt. Dort wird sie von ihrer Schwester zunächst einmal komplett vernichtet, um später jedoch mit neuer Kraft wiedergeboren zu werden.“

Ein machtvoller Aspekt der Weiblichkeit? dachte Rachel über seine Worte nach. *Für mich ist eine Frau eigentlich immer nur dann macht- und kraftvoll, wenn sie sich mit männlichen Eigenschaften verbindet.* Daher fragte sie: „Sind die Göttinnen nicht immer nur schwache Partnerinnen der Götter gewesen?“

„Auch im alten Ägypten", sprach Mahmood lächelnd weiter, „gab es viele verschiedene Aspekte der Weiblichkeit: Hathor, Isis oder auch Sehkmet, Göttin des Krieges. Sehr unabhängig und kraftvoll. In einer der Geschichten gerät die löwengestaltige Sehkmet sogar in einen solchen Blutrausch, dass selbst die männlichen Götter sie nur durch einen Trick stoppen können."

„Und wie?", wollte Rachel wissen.

„Kurz bevor sie die gesamte Menschheit auslöschen konnte, vermischten die Götter Milch mit Rotwein, an dem sich die Göttin, in der Annahme, dass es Blut sei, labt, bis sie wieder friedlich wird und einschläft. Auch in Indien gibt es sehr mächtige, weibliche Gottheiten."

„Wie Kali", fügte Fleur hinzu.

„Sie zeugen von einer urtümlichen Kraft des weiblichen Prinzips", fuhr Mahmood weiter aus. „Eine Kraft, die in der weiteren Menschheitsentwicklung gezähmt und unterdrückt worden ist, wie die Mythen zeigen. Und mir scheint, entschuldigt bitte, dass ich das sage, aber ich habe den Eindruck, dass die heutige Emanzipation der Frauen in den westlichen Gesellschaften zwar die Frauen in vielen Hinsicht befreit haben, aber nicht eigentlich die Weiblichkeit."

„Ach ja?" Rachel fühlte Wut in sich aufsteigen. „Wie kannst du so etwas behaupten?"

„Weil ich allzu oft gesehen habe, dass die Frauen die Männer einfach nur imitieren, dass sie ihr Selbstbewusstsein daraus ziehen, mit den Männern zu konkurrieren, und sich dabei ihrer Gefühle wenig bewusst sind. Sag mir, irre ich mich?"

Doch Rachel blickte nur düster ins Feuer und gab keine Antwort.

Paris, La Défence. Elektra trat vor das schwer bewachte Gebäude des Innenministeriums. Die Straßen waren vom andauernden Regen wie leer gefegt.

„Lassen sie meinen Wagen kommen", sagte sie unfreundlich zum Portier und blickte hinauf. *Paul ahnt nun, dass etwas nicht in Ordnung ist. Wir haben keine Zeit zu verlieren. Dieser verfluchte Kristallbringer muss nun sehr bald liefern.*

Der Wagen glitt automatisch, 40 cm über dem Boden schwebend, heran. Elektra öffnete genervt die Tür, setzte sich ans Steuer und fuhr los. Als sie eine Weile gefahren war, schaltete sie das Radio an, um die Nachrichten zu hören.

„In Saudi Arabien", sagte gerade der Sprecher, „hat sich vor einer halben Stunde ein verheerender Giftgasangriff auf den größten US-Truppenstützpunkt ereignet! Hunderte von GIs kamen dabei ums Leben. Der Sprecher des Weißen Hauses sagte dazu, dass ein blutiger Konflikt in Riad und der Ausfall des saudi-arabischen Öls zu einem ökonomischen Desaster in den USA und allen Industrienationen führen könnte!"

Elektra lächelte in sich hinein und dachte: *Wunderbar. Es hat begonnen...*

Im Innenministerium. Paul sah nachdenklich aus dem Fenster seines Büros, blickte auf die fast menschenleere Fußgängerzone hinab. *Irgendetwas stimmt nicht mit ihr,* dachte er. *Was meinte sie nur mit „Ich habe mit allem abgeschlossen?" Und dass ich ihre Ängste nicht aktivieren kann? Das geschieht eigentlich nur, wenn einer von allen Schatten befreit ist, oder wenn sie mit dem Leben schon ganz und gar abgeschlossen haben.*

Dann konzentrierte er sich kurz und aktivierte per Gedankenkraft den Chip in seinem Gehirn. „Bordon!", sagte er in den Raum.

„Ja?", hörte er geistig die Stimme seines Mitarbeiters, ein groß gewachsener Brasilianer, dessen Tätowierungen bis zum Hals hinauf reichten.

„Habt ihr euch um Elektra gekümmert?"

„Natürlich“, sagte der Mann in einem schwarzen Wagen sitzend, den seine junge Kollegin fuhr. *„Ihre Wohnung ist verwanzt, wie Sie es wünschten.“* Bordon blickte dabei auf einen kleinen Monitor inmitten der Windschutzscheibe, der ihm über einen Satelliten vermittelte, wo Elektra gerade entlang fuhr.

„Sie führt irgendetwas im Schilde“, vermittelte Paul in Gedanken. *„Passt gut auf!“*

„Das werden wir mit Sicherheit“, sagte Bordon ernst und blinzelte der hübschen Fahrerin zu, Zaina, einer jungen Frau, braungebrannt, mit dunkelblonden Haaren, die sein Lächeln schelmisch erwiderte.

Dendera. Die Horai packten kurz vor Sonnenaufgang ihre Sachen, um weiter in Richtung Tel El Armana zu fahren, wo sie das Sonnenorakel nach dem Verbleib von Ziodenes befragen wollten. Rachel stieg bei Mahmood ein, der in einem alten Jeep mit Rädern voraus fuhr, die anderen hinter ihm her. *Er fasziniert mich*, dachte sie, ihre Augen hinter einer gespiegelten Sonnenbrille verbergend. Um den Kopf trug sie ihr blaues Berbertuch zu einem Turban gebunden, während sich Mahmood sein weißes um den Hals gewickelt hatte.

Sie erschrak, als sie plötzlich am Straßenrand einen kleinen Jungen mit einer Plastiktüte über dem Kopf liegen sah. „Du kannst ihm nicht mehr helfen“, sagte Mahmood. „Die Sitten in diesem Distrikt hier sind teilweise extrem verroht. Wenn wir in das Gebiet von Minya kommen, wird es besser.“

„Wohin genau fahren wir eigentlich?“, wollte Rachel wissen. „Was für eine Stadt ist Tel El Armana?“

„Eine Stadt ist es eigentlich nicht. Nicht mehr. Schon lange nicht mehr. Eher ein Dorf. Aber es war eine der herrlichsten Städte des alten Ägyptens. Damals hieß sie Achet-Aton, der Horizont von Aton, die Sonnenstadt des Pharaos Echn-Aton und seiner Gemahlin Nofretete.“

„Ich habe von ihnen gehört.“

„Sie waren ein ganz besonderes Paar und hatten gemeinsam mit vielen ihrer sogenannten Anhänger eine ganz besondere Mission." Und während sie nun immer weiter fuhren, durch Dörfer und kleine Städte, begann Mahmood zu erzählen: „Es ranken sich Geschichten um diesen Pharao, deren Wurzeln weit in die Vergangenheit reichen. Manche sagen, es seien nichts als Mythen, andere behaupten, es sei die Wahrheit."

„Nur zu", sagte Rachel direkt.

Mahmood nickte und begann seine Geschichte: „Nach dem Untergang von Atlantis blieben einige der Überlebenden, darunter auch hochgeistige Eingeweihte, in Ägypten und begannen damit, das neue Gitternetz für den Planeten aufzubauen."

„Ich habe Fleur darüber sprechen hören", sagte Rachel.

Mahmood nickte. „Diese Gruppierung sollte später unter dem Namen ‚Tat-Bruderschaft' bekannt werden. Nachdem sie alles für die Entstehung des neuen Gitternetzes vorbereitet hatten, warteten sie im Verborgenen... Tausende von Jahren, bis die Einheimischen bereit sein würden, ihre Unterweisungen empfangen und verstehen zu können. Die Menschen lebten hier, wie an vielen anderen Orten der Erde, in Einklang mit der Natur. Sie verehrten als höchste Gottheit eine Göttin. Ihr gesamtes Zusammenleben wurde von Frauen gelenkt, die ein, sagen wir, instinktives Wissen um die heiligen Zyklen in der Natur hatten."

„Das hört sich doch sehr gut an", bemerkte Rachel. „Warum hat man daran etwas ändern wollen?"

„Ich kann dich gut verstehen", sagte er. „Ich kann nur vermuten, dass auch dies nur ein Stadium der gesamten Menschheitsentwicklung sein konnte. Gewiss lebten die Menschen unter der Obhut der ‚Großen Mutter' in Einklang mit der Natur. Vielleicht waren sie auch sehr viel glücklicher als in späteren Zeiten. Und doch waren sie höchstwahrscheinlich in erster Linie Kollektivwesen, ohne Bewusstsein ihrer eigentlichen geistigen Individualität. Mit anderen Worten: Sie hatten kein ‚Ich', oder das ‚Sonnen-Ich' hatte sich ihnen noch nicht in die körperliche Materialität gesenkt.

Diese Entwicklung zum ‚Ich' sollte später eine komplette Entwertung und Uminterpretation der alten weiblichen Gottheit zur Folge haben, und sogar eine Unterdrückung der Frauen und ihrer Weisheit. So viele Phänomene der Menschheitsgeschichte bezüglich der Rolle der Frau lassen sich aus dieser Perspektive gut verstehen: Die Geschichte von Adam und Eva, der Umgang mit der Sexualität in den monotheistischen Religionen, das Kopftuchgebot in manchen muslimischen Gesellschaften. All dies scheint mit der jahrtausende währenden Entwicklung der Menschheit zu tun zu haben. Vom Matriarchat über das Patriarchat und seinem monotheistischen Gott, und darüber hinaus zum Bewusstsein des geistigen ‚Ich' und seines göttlichen Ursprungs in der Urzentralsonne."

Rachel blinzelte in die Sonne hinauf.

„Um nun auf Ägypten zurückzukommen…", fuhr er nachdenklich fort: „Als der Tag schließlich gekommen war, dass die matriarchalisch eingestellten Völker nach Meinung der Tat-Bruderschaft soweit waren, suchten diese entweder eine Person oder eine Gruppe von Menschen, die für das uralte Wissen bereit waren. Dann erschienen ein, zwei oder auch drei Mitglieder der Bruderschaft in einem Körper, der ganz genauso aussah, wie die der Einheimischen, und die atlantischen Eingeweihten begannen ihre Unterweisungen. So stieg die ägyptische Kultur sehr schnell zur nächsten Stufe auf. Das erklärt auch, warum die ägyptische Hochkultur mit einem Schlag aus der Vorgeschichte in Erscheinung trat. Als die Ägypter nach vielen Jahren die Lehren assimiliert hatten, machte sich die Bruderschaft auf die Suche nach einer weiteren Gruppe, die soweit war, etwas zum nächsten Thema zu erfahren."

„Dann lief ja alles nach Plan", bemerkte Rachel.

Mahmood musste plötzlich scharf bremsen, weil ein kleiner Esel auf die Straße gelaufen kam. Rachel musste lachen, als Mahmood hupte und der Esel gemächlich weiter trottete. Schließlich konnte Mahmood wieder Gas geben und weiter erzählen: „Nach einer Weile schlossen sich Unter- und Oberägypten unter König Menes zu einem einzigen Land zusammen", fuhr er fort, „und die erste Dynastie begann.

Zu dieser Zeit hatte sich das Pantheon der Götter wesentlich weiter entwickelt und die weiblichen Gottheiten waren nicht mehr die höchsten, auch wenn sie wie beispielsweise Maat, Nut oder Isis, immer noch eine ganz wesentliche Rolle spielten. Doch entwickelte sich ein ernstes Problem, das auch für uns zu großen Katastrophen geführt hätte. Wir hätten als Menschheit wahrscheinlich gar nicht überlebt."

„Was war denn los?"

„Es hatte mit den religiösen Vorstellungen zu tun", führte Mahmood weiter aus. „Im Gegensatz zu den Menschen auf Atlantis, hatten die Ägypter kein holographisch-transpersonales Gedächtnis mehr. So begannen sie, alles schriftlich festzuhalten. Auch was ihre Religion anging. Dadurch entstand ein ganz besonderes Werk mit 42 Kapiteln, das Thot zugesprochen wird.

Zweiundvierzig plus zwei ist die Anzahl von Chromosomen, die der ersten Bewusstseinsebene entspricht, wie sie noch in Atlantis vorherrschte. Nun hatten vor der Einigung des Landes sowohl Unter- als auch Oberägypten 42 + 2 Götter, „Neter" genannt. Das Problem bestand nun darin, dass die Bilder, die Vorstellungen, die man sich in dem einen Teil des Landes von den Göttern machte, von denen im anderen Teil leicht abwichen. Sie hatten sich einfach im Laufe der Zeit etwas verändert. Das liegt ja in der Natur der Dinge. Als Menes nun Nord und Süd vereinte, übernahm er um der politischen Korrektheit willen, alle diese Darstellungsweisen."

„Das heißt, dass die Ägypter nun 84 + 4 Götter hatten?", schlussfolgerte Rachel.

Mahmood lächelte. „Jetzt wurde es doch sehr verwirrend, nicht wahr? Insgesamt 88 unterschiedliche Vorstellungen des Göttlichen. Das Ganze wurde nun unter dem Einfluss der Priester, die immer eifersüchtiger ihren jeweils eigenen Partikulargott vertraten, eine sehr okkultistische Angelegenheit. Was dabei verloren ging, war der einfache Gedanke, dass es hinter all diesen Göttern, Göttinnen und Bildern in Wirklichkeit nur eine einzige Quelle gab."

„Die Menschen sahen den Wald vor lauter Bäumen nicht mehr", sagte Rachel. „Und was geschah nun?"

Die Tat-Bruderschaft beschloss, ein Wesen mit solarem Bewusstsein nach Ägypten zu bringen, damit in der geistigen Menscheitsbibliothek…"

„Der Akashachronik?", unterbrach Rachel.

Mahmood nickte: „Damit in der Akashachronik wieder verzeichnet würde, worum sich das solare Christusbewusstsein drehte. Und sie beschlossen, dass diese Person König von Ägypten werden sollte. Zu diesem Zweck gingen sie zu einem ganz besonderen Paar. Sie gingen zu Eje und Teje, die sehr, sehr alt waren, weil sie gelernt hatten, durch tantrische Methoden ihren Alterungsprozess aufzuhalten. Die Anzahl ihrer Chromosomen betrug 46 + 2! Eje und Teje erklärten sich einverstanden und sie bekamen ein Baby.

Der Säugling wurde Amenophis II. übergeben, um nach ihm Pharao zu werden. Und tatsächlich, so die Legende, wurde aus ihm dann Amenophis III., der sich dann eine Frau nahm, die wohl ebenfalls die höhere Chromosomenzahl aufwies."

„Aber woher kamen denn Eje und Teje?", fragte Rachel.

„Es heißt, sie waren aus Lemurien", antwortete Mahmood, „aus jener Zivilisation, die noch vor Atlantis existierte. Vor dem Untergang Lemuriens hatten die beiden etwas Erstaunliches herausgefunden: Eine ganz bestimmte Art und Weise sich zu lieben und dabei zu atmen, eine interdimensional-sexuelle Liebe, durch die man in höhere Dimensionen aufsteigen kann.

Amenophis III. bekam einen Sohn, der als Echn-Aton in die Geschichte eingehen sollte. Ungefähr in dieser Zeit bekamen auch Eje und Teje eine Tochter, die sie Nofretete nannten. Sie wuchs mit Echn-Aton zusammen auf und die beiden heirateten schließlich, um das gesegnete Pharaonenpaar zu werden. Ihr Auftrag bestand nun darin, die Menschen wieder zum Bewusstsein des EINEN und somit ihres wahren Selbst zu führen.

Etwa 1.350 vor Christus gründeten sie zu diesem Zweck eine neue Stadt. Achet-Aton: Stadt der Sonne, die dem EINZIGEN gewidmet war, der Quelle allen Seins: Aton – Gott der Liebe, der Freude und der Schönheit. Sämtliche Tempel der alten Götter ließen sie schließen und enthoben die traditionellen Priester ihres Amtes. Eine Revolution, die vor allem die bis dahin vorherrschenden Amun-Priester zu ihren Todfeinden machte.

In dieser Stadt begann Echn-Aton nun, im Verborgenen, immer mehr Menschen zurück in ihre eigene Mitte zu führen, ihre verlorenen Seelenanteile zurückzuholen und sie daran zu erinnern, wer sie wirklich sind: Funken der einen Sonne, Tropfen des einen unendlichen Meeres."

„Und doch scheiterten sie?", fragte Rachel.

„Das würde ich so nicht sehen", sagte Mahmood und umkurvte ein Kind, das plötzlich einem Fußball hinterher rennend auf die Fahrbahn gelaufen kam. „Eins ist sicher: Nach nur wenigen Jahren bäumten sich die traditionellen Kräfte auf. Da der Pharao kein Blut vergießen wollte, führte er keine Kriege und so wurde Ägypten schnell von allen Seiten her bedroht. Das Militär schmiedete einen Pakt mit den alten Priesterkasten und gemeinsam stellten sie die alte Ordnung wieder her. Der Sohn Echn-Atons, genannt Tut-ench-Aton, musste seinen Namen zu *Tut-ench-Amun* ändern und wurde als ‚Marionetten-Pharao' für wenige Jahre eingesetzt."

„Und Echn-Aton?"

„Er verschwand spurlos, während viele seiner Freunde und Anhänger getötet wurden. Nachdem Echn-Aton nicht mehr war, traten 300 inzwischen unsterblich gewordene Ägypter der Tat-Bruderschaft bei und warteten etwa 850 Jahre lang. Dann wanderten sie zu einem Platz namens Masada in Palästina und schlossen sich zur Essener-Bruderschaft zusammen. Diese 300 Personen wurden der innere Kern. Und größtenteils ganz gewöhnliche Menschen bildeten einen äußeren Kreis, der sehr groß wurde.

Maria, die Mutter Jesu, war ein Mitglied des inneren Zirkels der

Essener-Bruderschaft, während Josef aus dem äußeren Kreis stammte. Als Jesus hier ankam, begann er sein Leben auf der Erde zunächst einmal als Mensch wie wir alle. Er war ganz Mensch. Und durch seine eigene Arbeit an sich versetzte er sich in den Zustand der Wiederauferstehung und verzeichnete in der Akashachronik das exakte Verfahren, wie dabei vorzugehen sei…"

Rachel ließ das Gehörte an sich vorbeiziehen. *Energiefelder haben eine geometrische Struktur wie Kristalle,* dachte sie bei sich. *Im Ätherischen wird die gesamte Erde von kristallinen Gitternetzen umgeben. Jede Spezies hat ihr erdumspannendes Gitternetz. Ist die kritische Masse erreicht, kann durch die weltweite Verbindung die gesamte Spezies einen Bewusstseinssprung machen – eine Art Mutation. Zunächst versuchte Echn-Aton in so vielen Menschen den Funken des EINEN, „Aton" in ihren Herzen zu erwecken, sodass bald die kritische Masse würde erreicht werden können. Als sich dies aber durch den starken Widerstand im Land als immer unwahrscheinlicher erwies, wurde ihm allmählich klar, dass er es nicht schaffen würde. Er erkannte aber, dass er durch Achet-Aton den Ätherleib der Erde programmiert hatte, auf dass die Erde und die Menschheit Christus würde aufnehmen können…*

Mahmood bremste ab, weil sie sich einer Grenzkontrolle näherten. Dort standen Soldaten in blauen Uniformen, mit ihren Waffen im Anschlag. Einer der Männer kam auf sie zu uns sagte: „Willkommen im Hoheitsgebiet der Atlantischen Gemeinschaft. Ihre Pässe bitte."

Auch die anderen im hinteren Wagen zeigten ihre Pässe, worauf man sie, freundlich grüßend, weiterfahren ließ. Nach einiger Zeit bogen sie rechts ab und kamen an einen Seitenarm des Nils, den sie mit einer Fähre überqueren mussten. Die Einheimischen betrachteten sie neugierig, ohne Misstrauen. Auf einer Seite des Bootes waren die Männer mit ihren Kühen, auf der anderen die Frauen, die teilweise heimliche Blicke zu Sam, Julien und Mahmood warfen. Zwischendrin etwa 20 Kinder, die um die Horai tollten und lachend auf Arabisch mit ihnen sprachen: Sie fragten, woher sie kämen, wie ihre Namen seien, wohin sie wollten. Die Sonne glitzerte golden auf der Wasseroberfläche. Fleur war selig und hatte ständig das Gefühl Menschen zu sehen, die sie von fernen Zeiten her kannte.

Tel el Armana. Nach einer Weile kamen die Horai endlich in dem kleinen Dorf mit seinen einfachen Lehmhütten an. Kaum zu fassen, dass hier einst „Achet-Aton" gelegen hatte, die stolze Sonnenstadt Echn-Atons und seiner geliebten Frau Nofretete. Da die ganze Stadt bereits vor 3.500 Jahren verlassen worden war, gab es nicht mehr viel zu sehen als Sand und poröse Mauern, die gerade noch den Grundriss der vielen Bauten erahnen ließen. In der Ferne war das Gebiet von steilen Berghängen umgeben.

Mahmood führte sie zu einer kleinen Teestube, wo sie ausstiegen. Einige Soldaten der Tourismuspolizei saßen umher, während die Horai sehr zuvorkommend von einer Ägypterin und ihrer kleinen Tochter begrüßt wurden. Gerade wollte Fleur durch die Stube hindurch auf die kleine Terrasse auf der Rückseite gehen, als sie ein etwa 40-jähriger Ägypter, Jamal, mit großen Augen ansah, auf sie zukam und würdevoll sagte: „Willkommen an deinem Berg und deinem Zuhause. Du bist schon einmal hier gewesen!" Er war etwa 1, 75 Meter groß, hatte kurze Haare und sehr feingliedrige Hände.

„Ja!", bestätigte Fleur überrascht lachend. „Vor 3.500 Jahren!"

„Ja, genau!", rief er aus und umarmte sie wie eine Schwester, die er allzu lange hat entbehren müssen.

Mila bemerkte die Szene und war berührt und bewegt von der Ähnlichkeit der Seelenausstrahlung der beiden. Die Gruppe erfrischte sich anschließend im Schatten des Bungalows, trank Tee und schaute über die Wüsten- und Ruinenlandschaft von Achet-Aton.

„Romain hat mich darüber unterrichtet"; sagte Jamal, „dass ihr das Orakel befragen wollt."

„Wir sind auf der Suche nach einem Freund von uns", bestätigte Fleur.

„Wer ist das Orakel?", wollte Rachel wissen und blickte Jamal in die dunklen Augen. In diesem Augenblick kam Jamals einjährige Tochter, die „Lichtprinzessin", auf die drei zugelaufen und lachte. Sie streckte ihre Ärmchen aus; Jamal nahm sie in seine Arme, küsste sie liebevoll auf die Wangen und rief seine Frau, damit sie die Kleine wieder zu sich nähme.

„Das Orakel ist eigentlich niemand bestimmtes“, erklärte Jamal. „In Wirklichkeit sind wir es selbst. Andererseits gibt es hier in Achet-Aton auch eine Frau, die man gemeinhin das Orakel nennt, weil sie weiß, wie mit dem Sonnenorakel umzugehen ist.“

„Das Sonnenorakel?“, hakte Rachel nach.

„Wir haben das große Glück, dass es zu uns zurückgekehrt ist“, sagte Jamal. „Es wurde Anfang des 21. Jahrhunderts neu ‚erfunden'. Doch seine Geschichte geht bis nach Atlantis zurück.“

„Schon wieder Atlantis?“, bemerkte Rachel und wunderte sich.

„Jahrhunderte lang hat sich die aufgeklärte Menschheit über ihre Herkunft und Geschichte Rechenschaft gegeben, indem sie den Menschen auf den Affen zurückführte. Dass wir Menschen aber aus höheren Dimensionen, aus einer feinstofflichen Ebene, aus der geistigen Welt stammen, kam ihnen nicht mehr in den Sinn. Wenn wir aber heute mit unserem Bewusstsein zurück in diese Ebenen dringen, entfalten wir geistige Sinnesorgane, mit denen wir vieles begreifen, was vorangegangene Kulturepochen lächelnd abgetan haben.“

„Was hat es nun mit Atlantis und dem Sonnenorakel auf sich?“, fragte Rachel.

„Die Menschen in Atlantis empfanden sich zunächst als Teil einer Gruppe“, sagte Jamal. „Dabei konnten sie sich konkret an all die Erlebnisse ihrer Vorfahren bis in urferne Vergangenheiten erinnern. Ihr Erinnerungsvermögen war also nicht auf ihr eigenes individuelles Erinnern begrenzt. Auch lebten sie in einer Art von Bildbewusstsein, bei dem das logische Denken, die Fähigkeit in Begriffen zu denken, nur in den allerersten Anfängen stand. Ihre Erfahrungen bezogen sie auch nicht direkt aus ihren Sinnesorganen, sondern aus farbenreichen Vorstellungen, welche die Ereignisse der Sinnenwelt genau widerspiegelten. So hatten sie eine unmittelbar gefühlsmäßige Erkenntnis der in der Natur wirkenden Kräfte. Die Verbindung war so stark und das Individuum als solches so wenig entwickelt, dass die Menschen die Kräfte des Lebens und der Fortpflanzung in ihren Dienst stellen konnten.

Einige ihrer Führer aber betrieben nach und nach großen Missbrauch mit diesen Kräften, so wie sie auch Missbrauch betrieben mit der alten Kristalltechnologie. Sie waren unterrichtet worden in den Funktionen der den Elementen innewohnenden Geister. Durch das Aufkommen luziferischer Kräfte entfesselten sie schließlich, durch Rituale schwarzer Magie, mächtige unheilvolle Kräfte. Dies war es letztendlich was dazu führte, dass der gesamte Kontinent in furchtbaren Naturkatastrophen unterging.

„Und das Orakel?", fragte Rachel ungeduldig.

„Je nachdem, wo die Seelen herkamen und wo sie ihr höheres Selbst erlebten, gab es verschiedene Orakel und geistige Zentren.

So gab es das Jupiter-, Mars-, Venus- oder auch das Merkurorakel, die unterschiedliche Einweihungen und Erkenntnisse vermittelten. Und es gab auch das zentrale Sonnenorakel! Damit wurde die unmittelbarste Beziehung zum Zentrum, zum kosmischen Christus, dem Sonnengeist, gepflegt.

Hier arbeiteten die Einzuweihenden bereits ganz bewusst an der Ausbildung ihrer höheren Wesensglieder. Auch konnten sie ihr Wissen schon in relativ klaren Begriffen formulieren. Sie entwickelten also auch schon verstärkt die eigentliche Fähigkeit in Begriffen zu denken, sodass sie mehr und mehr lernten, die Kräfte der Instinkte, der Triebe und Begierden zu bremsen und in vernünftige Bahnen zu lenken.

Dies war außerordentlich wichtig, da der luziferische Einfluss in Atlantis immer größer wurde, während die Atlanter noch ihre übersinnlich-ätherischen Wahrnehmungsorgane und Kräfte hatten. Die sogenannten „Sonnenmenschen" konnten nun wahrnehmen, wie sich der Geist der Sonne im Ätherischen auf die Erde zu bewegte. Gleichzeitig entwickelten sie zusehends das Denken in logischen Begriffen.

Dies wiederum hatte zur Folge, dass sie ihre natürlichen magischen Kräfte nach und nach verloren. Ihr Ätherkörper schrumpfte zusammen, was die direkte Wahrnehmung der Welt über die Sinne ermöglichte, sodass sie schon die klaren Umrisse der Dinge wahrnehmen konnten.

Eben dieser Prozess aber war es, durch den diese Menschen das „Ich" in ihrem physischen Körper erleben konnten. Das individuelle Bewusstsein erwachte in ihnen, während die ursprünglich atlantischen Menschen und auch der Rest der über den Erdball verstreuten Menschen sich ja als Teil einer Gruppenseele empfanden.

So war nun das Sonnenorakel nicht nur der Ort, an dem sich die Menschen mit dem Sonnengeist verbinden konnten. Hier konnten sie sich nun auch jene Fähigkeiten aneignen, die durch das logische Denken ausgelöscht worden waren. Sie entfalteten erneut die Zentren im Astralkörper, sodass sie die feinstofflichen Naturkräfte wieder erleben konnten.

An der Spitze des Sonnenorakels war der größte der atlantischen Eingeweihten, der große Sonnen-Eingeweihte Manu. Als Atlantis in den Fluten unterging, führte Manu die „Sonneneingeweihten" quer durch Europa und Asien zur Wüste Gobi und von dort bis zum heutigen Tibet, zur Bergkette des Himalaya. Dort wurde erneut ein Sonnenorakel gegründet, das die sieben postatlantischen Hochkulturen maßgeblich prägen sollte.

Jedes Mal, wenn eine der Kulturen einen neuen Impuls benötigte, wenn sie dafür reif war, wurde in der Stätte des Eingeweihten des Sonnenorakels Vorsorge getroffen und jemand wurde geschickt, der ihnen das neue Kulturelement, neue kulturelle Aspekte brachte. So war es beispielsweise auch, als Zarathustra den Persern die Botschaft vom Sonnengeist brachte, der sie darauf hinwies, dass der große Geist der Sonne, Ahura Mazda, sich der Erde nähern würde.

Auch Echn-Aton kam aus diesen Kreisen. Als Ägypten den Zugang zum Sonnengeist verloren hatte, war es kein Wunder, dass er das Sonnenorakel und die entsprechenden Einweihungen nach Ägypten brachte. Das Sonnenorakel, das ihr nun hier in Achet-Aton konsultieren wollt. Es ist ein Geschenk der Isis, würde ich sagen. Ein Seelenspiegel, an den man Fragen stellen kann, um inwendige Schätze zu heben. Es basiert auf den vier Elementen und dem zentralen Akasha-Prinzip und kann verschüttete Seelenanteile wieder an die Oberfläche führen. Es verbindet einen wieder stärker mit der Welt und vermag, die Seele zurück in ihre Mitte zu führen.

Das Sonnenorakel zeigt, wie sehr unsere Welt ein Spiegel unserer selbst ist. Somit zeigt es einen Weg auf, wie man seine Realität dadurch verändern kann, dass man verlorene Seelenanteile zurück ins Bewusstsein befördert."

Um seine neuzeitliche Entwicklung zu verstehen, muss man wissen, dass zwei Traditionen darin eingeflossen sind: Die Astrologie und der Tempelschlaf. Es besteht aus fünf Feldern, fünf „Lebensbühnen", jene der 4 Elemente und dem zentralen Raum der inneren Weisheit. Unter den vier Bühnen liegen auch die 12 Sternzeichen: unter der blauen Bühne Krebs, Skorpion und Fische, unter der grünen Stier, Jungfrau und Steinbock, unter der gelben Zwilling, Waage und Wassermann und unter der roten Widder, Löwe und Schütze.

Im Raum der inneren Weisheit, dem Äther, gibt es noch einmal alle 12 ‚Engel'. Es war dieser gesamte Hintergrund der Astrologie, der einer der maßgeblichen Inspirationsquellen für die Entstehung des heutigen Sonnenorakels war. Die zweite war der Tempelschlaf.

Tempelschaf ist eine der bekanntesten Bezeichnungen für den zu allen Zeiten existierenden Mysterienschlaf", führte Jamal weiter aus. „Dabei handelt es sich um einen hypnotischen Schlaf, der mit Hilfe eines ‚Mystagogen', willentlich eingeleitet wird. Er löst die Vorstellungskraft seines Schützlings aus, der vertrauten Kammer der Ich-Identifikation, und führt seine Vorstellungskraft in sonst schwer zugängliche Räume des feinstofflichen Bewusstseins. Das innere Auge des Fragenden öffnet sich und sein überpersönlicher Geist holt dann wertvolle Schätze aus den Tiefen seiner Seele hervor. Wie der Tempelschlaf, vermag das Sonnenorakel die Menschen in ihre inneren Bilder zu führen und sie somit mit ihrer Seele kommunizieren zu lassen.

Doch während beim Tempelschlaf der Mensch eher noch über einen längeren Zeitraum in seine Bilderwelten versetzt wurde, erlebte der Fragende heute alles bei vollem Bewusstsein und ein Durchlauf dauert in der Regel eine viertel bis eine dreiviertel Stunde."

„Jamal", rief seine Frau leise auf die Terrasse hinaus. „Sie können jetzt zu ihr gehen."

„Kommt, meine Freunde. Es ist soweit."

Fleur nickte Mila zu, worauf Rachel, Mahmood und sie selbst Jamal, zurück durch die Teestube hinaus auf die andere Seite folgten. Dort stiegen sie in den Wagen Mahmoods und Jamal wies den Weg durch das Dorf bis zu einem kleinen abgelegenen Haus, wo das Orakel auf sie wartete…

Paris, in Elektras Wohnung. Die chinesische Kriegerin trug einen schwarzen Trainingsanzug und eine digitale Brille, durch die sie vier Simulationen männlicher Gegner vor sich in 3-D sehen konnte. Sie führten etwas längere Messer in den Händen und griffen sie abwechselnd an. Elektra parierte elegant die Stöße und attackierte ihrerseits. Durch den visuellen Effekt und die Sensoren an ihrem Anzug erschien die ganze Situation äußerst real. Einen nach dem anderen erledigte sie, bis nur noch einer übrig blieb. Elektra ließ in Sekundenbruchteilen ihr feinstoffliches Psy-Schwert am rechten Arm entstehen, rannte auf ihren Gegner zu, sprang in die Luft und rammte es ihm in die Stirn, woraufhin er zu Boden sackte.

Anschließend drückte sie auf eine Stelle an ihrem Unterarm und die Projektionen der vier regungslos auf dem Boden liegenden Männer lösten sich auf. Elektra zog sich aus, legte die Brille weg und ging ins Bad, um zu duschen…

Einige Häuserblocks entfernt. „Jetzt wird's spannend", sagte Bordon und sah Elektra nackt vor sich als holografische Projektion.

„Was macht sie?", fragte Zaina, seine junge Kollegin und kam aus der Küche vor zu ihm. „Ah, ja..."

Bordon zündete sich eine Zigarette an und sagte: „Die Überwachung bringt doch auch mal etwas Schönes mit sich."

„Sie ist unglaublich attraktiv", flüsterte Zaina.

„Ich wusste gar nicht, dass du auf Frauen stehst", sagte der Brasilianer und atmete den blauen Rauch aus.

„Bei ihr könnte ich schwach werden", sagte sie und streckte sich.

Normandie. Dschafar ibn Muhammad stand im Labor vor der Holographie eines Nachrichtensprechers und hörte konzentriert zu: „Wir haben eine verheerende Situation in Saudi Arabien!", sagte der Journalist. „Die Aufständischen haben das Königshaus gestürmt und verlautbaren lassen, dass wenn die Ölzufuhr in die USA nicht gekappt werde, der König und seine gesamte Familie dafür die Konsequenzen werde tragen müssen. Nach neuesten Umfragen sympathisiert über 90% der saudischen Jugendlichen mit den Terroristen. Immer noch liegen die größten Weltölreserven im arabischen Halbmond zwischen der Golfregion und den Reserven in Zentralasien, von Kasachstan bis Usbekistan, auf die seit vielen Jahren auch die Atommächte China, Russland, Indien und Pakistan ein Auge geworfen haben."

Dschafar strich sich über den Bart und nickte zufrieden. Er schnippte in die Luft, worauf die Übertragung unterbrochen wurde. Dann wandte er sich wieder Ziodenes zu, der inzwischen etwas angeschlagen aussehend, immer weiter von der Ionen-Energie umgeben und gefangen, auf dem Boden saß. Dschafar setzte sich ihm gegenüber auf seinen Teppich und schloss die Augen.

Kurz darauf sah Ziodenes, wie er selbst die Holztüre einer kleinen Hütte hinaus in einen Wald öffnete. Alles leuchtete und schimmerte von innen heraus in den unterschiedlichsten Farben. Er nahm die feinstofflichen Körper und Energien der Dinge und Lebewesen wahr, sodass ihm alles durchscheinend und in fließenden Übergängen erschien. Doch dann zögerte er und dachte: Etwas stimmt hier nicht! So feinstofflich ist die Erde nicht mehr, oder noch nicht. Wo bin ich?

Oh, mein Gott! Ich bin doch in Wirklichkeit gefangen! Er ist in meinen Geist eingedrungen!

Da löste sich die Illusion ruckartig auf und Ziodenes sah in das hämische Grinsen Dschafars.

Tel el Amarna. Als Fleur, Mahmood und Rachel den von Weihrauch geschwängerten Raum betraten, wurden sie von einer Ägypterin um die 50, die eher aussah wie eine Zigeunerin, sehr freundlich begrüßt. „Wirklich", sagte sie, „kommen sie doch näher! Mein Name ist Malak. Ich habe mich so sehr darauf gefreut, Ihnen endlich begegnen zu dürfen!"

„Was meinen Sie?", fragte Fleur und hielt die Hände der Frau.

„Wissen Sie, es ist als ob ich meine Familie wiedertreffen würde. Wir alle kennen uns. Und wir kennen uns ganz besonders aus Achet-Aton. Ich selbst habe Erinnerungen an mein altes Leben in Achet-Aton. Ich kann mich an so vieles erinnern. Ich habe so viele Gefühle."

„Und als was sehen Sie sich?", wollte Fleur wissen.

„Ich sehe mich selbst als Priesterin mit einer Perücke und einem weißen Gewand. Ich rieche die Gerüche, sehe vor mir die Menschen, die Tempel, all die Details… Es ist kein Zufall, dass wir uns hier wieder finden!"

Fleur nickte lächelnd. „Sie haben Recht. Auch ich spüre es." So setzten sie sich nun alle an den runden Tisch.

„Aber ihr seid wegen des Kristallbringers gekommen."

„So ist es"; bestätigte Fleur und blickte auf das Spielfeld vor sich.

„Das ist also das Sonnenorakel?", fragte Rachel und blickte auf ein Spielfeld, das in der Mitte weiß war, während vier weitere „Bühnen" davon ausgingen in Blau, Grün, Gelb und Rot. In der Mitte stand eine kleine Spielfigur mit einer Krone auf dem Kopf.

„Ja, meine Süße", sagte Malak lächelnd zu der Figur. und wandte sich dann an Fleur: „Geben Sie mir Ihre rechte Hand. Sie haben Heilerhände. Und wenn Sie sprechen, dann geben Sie den Menschen Frieden. Sie sprechen mit Liebe. Sie sind innerlich sehr ruhig und tragen alles in sich. Gleichzeitig sind Sie sehr nervös. Sie haben beides in sich. Ruhe und Nervosität. Niemand kann sich vorstellen, was Sie denken, denn ihre Gefühle, die behalten Sie für sich.

Ich glaube, bald kommt der Moment, in dem sie ihre Gefühle mehr zeigen sollten. Seien Sie nicht zu hart zu sich."

Fleur lächelte.

„Sie sind in Kontakt mit den höheren Welten", fuhr sie fort. „Sie brauchen sich dazu nicht anzustrengen. Ich sehe Sie sehr gut in Achet-Aton. Sie waren im Zentrum des Tempels. Sie haben eine große Liebeskraft in sich. Aber die Zeit drängt!"

„Wie sollen wir nun vorgehen?", fragte Fleur.

„Ich muss euch auf die Trancereise vorbereiten", erklärte Malak. „Bitte lehnt euch zurück…, schließt eure Augen…, und öffnet euch für die Bilder, die da kommen mögen… Nun stellt euch bitte einen großen Ozean vor… Begebt euch hinein… Taucht hinab in die große Dunkelheit…"

Die Drei entspannten sich und ließen sich fallen, immer tiefer ins eigene Seelenmeer, wo es keine Zeit mehr gibt… Nach einer Weile öffnete Fleur ihre Augen wieder und blickte Malak an, die ihr sanft zulächelte. Dann wies die Ägypterin auf das Spielfeld und sagte: „Nun nimm die zentrale Spielfigur in eine Hand und den Würfel, den ‚Seher' in die andere. Er wird euch zeigen, in welche Richtung, auf welche Bühne ihr euch begeben müsst."

Fleur folgte ihren Anweisungen und fragte: „Und jetzt?"

„Nun stelle deine Frage"; antwortete Malak.

„Nun", sagte Fleur. „Ich suche den Kristallbringer. Ich suche Ziodenes."

„So würfle ins Feld".

Der Würfel wies die Farben Blau, Grün, Gelb und Rot auf, dazu noch Weiß und Schwarz. Fleur schüttelte ihre Hand und rollte den „Seher“ über das Spielfeld. Er blieb schließlich so liegen, dass Grün oben auf lag.

„Um den Kristallbringen zu finden, musst du nach Norden gehen“, sagte Malak, „auf die grüne Lebensbühne der Erde.“ Dann breitete sie zeremoniell die Arme auseinander und fügte hinzu: „Und nun öffne dich für das, was da kommen mag.“

Fleur schloss erneut ihre Augen, während Mahmood und Rachel die ganze Szene nur beobachteten. Vor Fleurs Geiste entstand ein wunderschöner Garten…

„Was nimmst du wahr?“, fragte Malak.

„Ich rieche den Duft von Tausenden von Rosen“, sagte Fleur. „Ein Garten… Die Sonne scheint. Es ist schön… Aber… Ich fühle, dass etwas passieren wird…“

„Das etwas passieren wird…“, wiederholte Malak.

Da schossen vor Fleurs innerem Auge aus dem Boden mehrstöckige Wohnhäuser empor und zerstörten den Garten im Handumdrehen. Straßen bildeten sich, wo zuvor noch die Blumenbeete waren. „Ich kenne diesen Ort“; sagte sie. „Es sieht hier aus…, wie in Offenbach!“

„Offenbach?“, fragte Malak nach.

„Ja, ganz sicher! Es liegt etwas abseits. Aber ich habe diese Wohnhäuser schon öfter gesehen… Da, dieses Haus zieht mich besonders an“, sagte sie, mit noch immer geschlossenen Augen.

Rachel beobachtete, wie die Augen Fleurs sich unter ihren geschlossenen Lidern schnell hin und her bewegten.

„Ich betrete das Haus… Wartet… Es hat die Hausnummer 66. Ich fühle mich unwohl… Da! Ein Mann mit langem Bart und einer Kapuze kommt hinter mir herein und drückt auf den Fahrstuhlknopf. Ich folge ihm in den Fahrstuhl. Wir fahren in den 11. Stock, steigen aus…“

„Ihr steigt aus", wiederholte Malak.

„Ja, der Mann mit dem Bart geht den Gang hinunter. An den Wänden… Was ist das? Graffiti. Nun sehe ich, wie er an einer der hinteren Türen klopft. Ah! Und jemand sagt etwas: „Ich bin mit dem Schwert geschickt worden, vor dem Tag des Gerichts, damit allein Gott angebetet wurde."

Darauf antwortet der Mann auf dem Gang: „Er hat meine Lanze zu meinem Broterwerb gemacht und hat jedem, der mir nicht gehorcht, Demütigung und Unglück versprochen." Die Türe öffnet sich! Ahh, mein Kopf!"

Die Szene löste sich auf und Fleur hielt sich die schmerzenden Schläfen. „Das war…"

„Einfach unglaublich, nicht wahr?", sagte Malak. „Weißt du nun, wo du ihn suchen musst?"

„Wenn die Visionen der Wahrheit entsprechen… Malak, wie kann ich dir danken?"

„Indem du den Kristallbringer wieder findest", sagte sie.

Fleur und Mahmood standen auf. Rachel zögerte einen Moment lang. Und als auch sie aufstehen wollte, sagte Malak zu ihr: „Du, warte noch einen Moment, wenn du möchtest."

„Warum?", fragte Rachel.

„Ich spüre, dass deine Seele das Orakel befragen möchte. So viel Zeit muss sein. Ihr werdet doch sowieso in Achet-Aton übernachten, nicht wahr?"

Fleur nickte, legte beruhigend einen Moment lang ihre Hand auf die Schulter Rachels, wobei sie nachdenklich auf die Scheibe blickte und ging mit Mahmood hinaus.

Rachel faltete ihre Hände über dem Tisch zusammen und fragte unvermittelt: „Was gibt es?"

„Die Frage wäre doch viel eher, was es nicht gibt. Oder was nicht da ist.“

„Wie meinen Sie das?“, fragte Rachel.

„Was fehlt dir?“, fragte Malak zurück.

„Was mir fehlt…?“, wiederholte Rachel. Plötzlich stieg eine Flut von Gefühlen in ihr hoch und Tränen liefen ihr über die Wangen.

„Mein Kind“, sagte Malak mitfühlend, „warum lässt du die Tränen nicht einfach zu?“

„Ich bin kein Kind mehr!“, sagte Rachel trotzig.

„Warum sollten Erwachsene ihre Tränen nicht auch zulassen? Und ihre Gefühle?“

Rachel biss sich auf die Lippen und sagte: „Ich habe schon solange nicht mehr geweint. Ich wüsste auch gar nicht warum.“ Sie musste kurz lachen.

„Ich spüre, dass du sehr schlimme Dinge erlebt hast“, sagte Malak und nahm Rachels Hände in die ihren. „Was fehlt dir? Was liegt dir auf dem Herzen?“

„Ich… ich muss stark sein.“

„Kann das Wasser nicht auch stärker sein als der Stein?“

„Ein Stein… Ja, ich habe einen Stein auf dem Herzen. Gestern bin ich in Trance gefallen. Auch ich erinnere mich nun zum Teil an mein Leben im alten Ägypten. Es ist beeindruckend und beängstigend. Es hat mich sehr aufgewühlt. Ich war eigentlich immer sehr glücklich mit mir selbst. Plötzlich aber…“

„Ja?“

„Plötzlich denke ich, dass ich immer alles gemacht habe, damit mein Vater stolz auf mich sein kann. Doch jetzt… weiß ich nicht mehr, wer ich wirklich bin…“

„Es ist an der Zeit“, bemerkte Malak.

Rachels Herz schlug höher. Sie richtete sich auf und rückte ihren Stuhl näher an den Tisch. „Zeit wofür?“

„Was fehlt dir?“, fragte Malak nur wieder.

Rachel rieb sich die Augen. *Was fehlt mir?* fragte sie sich in Gedanken. „Weißt du…“, begann sie, „Ich habe jahrelang Medizin studiert. Aber eigentlich habe ich es immer gehasst. Ich wollte nur meinen Vater damit glücklich machen, wollte so sein wie er. Er aber ist ein Heiler und ich… bin es nicht.“

„Du bist es nicht…?“, wiederholte Malak fragend und zog ihre Hände behutsam zurück.

„Nein, verdammt!“ Rachel ballte ihre Faust auf dem Tisch. „Ich bin eine Kriegerin! Das wollte mein Vater aber nie akzeptieren, auch wenn er das nicht wirklich zeigt. Ich fühle mich wie eingesperrt!“

„Lebst du denn jetzt nicht das Leben eine Kriegerin?“

„Ja, du hast Recht. Ich habe wohl damit angefangen. Und doch ist mein Selbstwert im Keller. Dabei habe ich mich nie von einem Mann abhängig gemacht. Aber irgendwie war ich es innerlich.“

„Warum?“, fragte Malak.

„Weil ich mich immer mit Männern gemessen habe. Meine Fähigkeiten, meine Intelligenz, mein Selbstwert habe ich immer an denen der Männer beurteilt. Vor allem wollte ich nie wie meine Mutter sein, die ich immer nur depressiv erlebt habe, bevor sie verrückt geworden ist. Mein Vater war mein großes Vorbild, dem ich schon als kleines Mädchen nachgeeifert habe.“

„Du warst die Tochter deines Vaters“, stellte Malak fest.

„So kann man es sagen.“ Rachel nickte und kniff ihre Augen zusammen. „Ich war immer sehr ehrgeizig und habe die Dinge in die Hand genommen, während ich für Beziehungen wenig übrig hatte. Ich habe mich nie wirklich einlassen können. Es war so, als würde ich das als Schwäche ansehen. Ich zog meine Rüstung an, ließ die Familie zurück und machte mich auf den Weg, um Erfolg zu haben – in das Land der

Macht und der Unabhängigkeit. Dabei hatte ich immer das Gefühl, dass mein Vater das gar nicht wertschätzen kann.

Vor einiger Zeit habe ich dann herausgefunden, dass ich einen inneren Vater, einen inneren Mann in mir hatte. Doch auch er zeigte nie Gefühle; vielmehr war er ein Tyrann, der mich immer weiter pushte, um bei allem, was ich tat Perfektion anzustreben.

Ich studierte also, schloss mein Studium sehr schnell ab und begann erfolgreich zu arbeiten. Ich konnte mir alles leisten, was ich wollte. Ich war angekommen. Eigentlich. Ich spürte aber nach und nach, dass meine männlichen Kollegen mich nicht wirklich akzeptierten. Ich glaube, sie empfanden mich ganz besonders als eine Konkurrentin. Die Anforderungen, die an mich gestellt wurden, nahmen stetig zu und ich hatte das Gefühl, dass das, was ich tat, nie genug war. Ich wollte niemanden enttäuschen. Bis heute fällt es mir sehr schwer, ‚nein' zu sagen. Und ich war einsam… so einsam… Ich hatte auch keinen Zugang mehr zu mir selbst. Ich war nicht glücklich und hörte meine eigene Stimme nicht mehr."

„Aber heute arbeitest du nicht mehr als Ärztin, nicht wahr?"

„Nein. Ich habe tatsächlich den Mut gehabt, meine Karriere aufzugeben. Mein Vater war sehr betroffen, als er hörte, dass ich meine Energie in den Dienst der Meditationskreise setzen wollte. Er hatte damit sehr schlimme Erlebnisse gehabt und ich denke, dass er mich einfach beschützen wollte. Schließlich hat er aber eingewilligt und mir den Schutz der 144 in der Weißen Wüste übertragen. Ich spüre, dass mir dies sehr viel mehr entspricht. Ich kann mich mit dieser Aufgabe sehr viel stärker identifizieren."

„Ich sehe", sagte Malak, „dass du innerlich verhärtet bist. Ein Panzer aus Eis umgibt dich. Und nichts und niemand dringt mehr hindurch zu dir. Sieh nur, was für ein grimmiges Gesicht du ziehst. Hast du keinen Spiegel?"

„Doch, aber er ist zersprungen!", sagte Rachel und lachte befreit.

„So ein Pech."

„Ja, typisch. Es ist ja auch alles so ungerecht!“, sagte sie nun wütend.

„Wirklich?“, fragte Malak. „Du selbst hast dich zurückgezogen in die Festung deiner Einsamkeit. Nicht dein Vater oder sonst wer ist daran Schuld. Du selbst trägst die Verantwortung dafür, dass du dich in diese Festung zurückgezogen hast. Du selbst hast diese Festung erbaut! Malak öffnete eine Schublade und zog ein Kartendeck hervor. „Hier“, sagte sie, „bitte mische die Karten und ziehe eine.“

Rachel nahm das Deck skeptisch lächelnd entgegen, mischte sie mit einem unguten Gefühl und zog eine Karte, auf der ein alter Mann in Mönchskutte in einer gebirgigen Einöde saß. Mit der rechten Hand zeigte er auf ein Buch, das aufgeschlagen auf seinem Schoß lag. Zu seinen Füßen waren ein Totenschädel und eine Sanduhr zu sehen. Den Zeigefinger der linken Hand hielt er mahnend in die Höhe und schien gleichzeitig auf eine im Hintergrund schwebende Krone zu zeigen, die sich innerhalb eines schemenhaften Portals befand.

„Es ist Saturn“, erklärte Malak. „Was dir geschieht, ist nur ein Spiegel innerer Gesetzmäßigkeiten. Der Hüter der Schwelle, der alte Lehrmeister Saturn, hat die Sanduhr gewendet und eine neue Zeit für dich eingeleitet.“

„Der Hüter der Schwelle?“

„Zunächst“, erklärte Malak, „tritt er auf als die ‚Macht des Schicksals’. Als Schicksalsschläge, die dein Leben erschüttern, oder als lähmende Gefühle der Ohnmacht. Dabei tönt unterschwellig immer die gleiche Forderung mit: Übernimm die Verantwortung für alles, was du tust. Aber auch für alles, was dir widerfährt.“

„Ein kalter Lehrmeister“, flüsterte Rachel.

„So mag er dir zunächst erscheinen“, erklärte die Ägypterin. „Doch das Gesetz, das er dir verkünden möchte, ist kein abstraktes Gesetz, dem sich alle zu beugen hätten wie einer Moral im gesellschaftlichen Sinne. Es sind Gesetze, die nur für dich alleine gelten. Wenn du künftig bedingungslos ‚ja’ zu ihm sagen kannst, so wirst du gelernt haben, dich vor dein Schicksal zu stellen und zu sagen: Du gehörst zu mir!“

„Das ist nicht so leicht", erwiderte Rachel und biss sich wieder auf die Lippen.

„Mache nicht die Welt für deine Härte verantwortlich", fuhr Malak unbeeindruckt fort, „Finde sie in dir selbst. Vor allem sind es deine innere Weiblichkeit und dein inneres Kind, die zu Eis erstarrt sind. Deine Gefühle sind nicht mehr im Fluss.

Die Welt aber ist immer nur deine Welt. Sie ist ein Spiegel deiner selbst. Die Erlebnisse, die wir haben, werden durch unsere eigene schöpferische Kraft in unser Leben gezogen. Alle Verzögerungen, Enttäuschungen und Ängste können uns als Mittel dienen, eine vertiefte Einsicht in diesen mystischen Mechanismus zu gewinnen. Wir gelangen nur dann zu wirklicher Freiheit, wenn wir den Stellenwert bestimmter Erlebnisse begreifen lernen. Und nichts bringt einen Menschen rascher auf diesen Weg der Selbstentdeckung, als das Gefühl der Frustration – eine Gabe Saturns.

„Wie lieb von ihm", sagte Rachel. Ihr war plötzlich wieder zum Weinen zumute. „Meinst du, dass er mir Situationen bereitet, die mir Schmerzen, Isoliertheit, Abweisung und Enttäuschungen einbringen, nur damit ich mich aufraffe, mein Innerstes zu erkunden?"

„Ja, meine Liebe. Nur dass du es immer selbst bist, aufgrund deiner Schöpferkraft, die diese Situationen magisch hervorbringt. Du bist kein Opfer, du bist Schöpfer!"

„Meine Gefühle sind zu Eis erstarrt.", stellte Rachel nun fest und spürte einen Stich im Herzen.

Da machte Malak in der Luft einige Handbewegungen, mit denen sie geistig vor Rachel einen Raum erschuf. „Hier ist ein Raum für dich. Ein Raum für deine Gefühle…"

Rachel spürte, wie erneut die Tränen aufstiegen und dann ließ sie es einfach geschehen und weinte. Sie weinte um ihre verlorenen Gefühle, ihre zu Eis erstarrten Gefühle…

Als sie sich wieder beruhigt hatte, sagte Malak: „Es wird Zeit für deinen Untergang."

„Was meinst du?“

„Es wird Zeit, wieder Kontakt zu deinen eigenen Tiefen und deinem Körper aufzunehmen.

Du hast dich so sehr mit der Welt der Männer identifiziert, dass du nur noch im Außen gelebt hast. Deine Intuition, deine inneren Bilder wurden unter der Lichtwelt des Logos verschüttet. Mit der Entmachtung der einstigen Großen Göttin wurde auch die Verbindung zwischen Körper und Geist zerstört. Als die Menschen vergaßen, dass die Natur heilig ist und als sie begannen, ihre patriarchalen Götter in Tempeln, Kirchen und Moscheen zu verehren, statt in Höhlen und Wäldern, haben wir die Beziehung zur Natur verloren. Wir haben den Blick für das Heilige in allen lebendigen Wesen, den Bäumen, den Steinen und Ozeanen verloren. Damit einher ging auch der Verlust der natürlichen Beziehung zu unserem Körper und unserer Seele.

Um all dies wiederzufinden, musst du den Weg nach Innen beschreiten, in die Unterwelt, die schwarze Nacht der Seele, den Bauch des Walfisches. Geh in deine eigenen Tiefen und suche nach deinen verlorenen Seelenanteilen, die wie die Splitter eines zerbrochen Spiegels auf den Meeresgrund sanken, als du damit begonnen hast, deine Mutter abzulehnen. Hier wirst du auch womöglich deine ureigene weibliche Sexualität neu entdecken und die ungeheure Kraft und Energie, die dir aus der Befreiung der moralischen Vorstellungen zufließen wird. Vielleicht wird auch die Sexualität für dich ein neuer Weg zu dir selbst werden, ein spiritueller Weg. Gehe in deine Tiefen, reiche hinunter und verbinde dich wieder mit deinem weiblichen Kern. Bewege dich mit den kreativen Impulsen deiner Selbst.“

Rachel schwieg eine Weile. Schließlich sagte sie: „Dann möchte ich das Sonnenorakel fragen, wie ich meine Gefühle wieder in Fluss bringen kann.“

Malak lächelte warmherzig und sagte: „Dann frage: Auf welche Bühne muss ich gehen, um meine Gefühle in Fluss zu bringen?“

„Auf welche Bühne muss ich gehen, um meine Gefühle in Fluss zu bringen?“, wiederholte Rachel.

„Nun nimm die Königin der Selbstwürde in die eine Hand und den ‚Seher' in die andere. Der Seher wird dir sagen, auf welcher Bühne der Schatz zu heben sein wird."

So nahm Malak also die kleine Spielfigur aus der Mitte in die rechte Hand und den „Seher" in die linke, und würfelte…

„Schwarz", sagte Malak. „Würfle noch einmal."

Sie würfelte.

„Blau", sagte Malak nun und drehte die Scheibe um 180° Grad, sodass Rachel nicht mehr in Richtung von Gelb sah, sondern eben von Blau, der Wasserbühne. „Stelle jetzt die Königin wieder in den Raum der inneren Weisheit und lass sie nach Blau schauen. Öffne dich für deine inneren Bilder und Gefühle."

Rachel schloss die Augen…

„Was nimmst du wahr?", fragte Malak nach einer Weile.

„Ich… ich sehe ein Eismeer. Große Eisberge schwimmen träge auf dem eiskalten Wasser. Hier und da sind Eisschollen, auf denen Kühlschränke stehen. Und da ist auch ein Pinguin. Doch selbst er ist zu Eis erstarrt."

„Wo bist du?", fragte Malak.

„Ich sitze auch auf einer Eisscholle. Eingemummelt in einen riesigen Pelzmantel mit Kapuze. Ich habe eine Sonnenbrille an, so wie Polarforscher sie tragen. Mein ganzes Gesicht ist von Schnee und Eis bedeckt. Kann mich kaum bewegen."

Rachel öffnete ihre Augen.

Malak nahm die ovalen Karten, die auf der blauen Bühne unter dem Turm lagen und reichte sie ihr. „Nun mische sie und ziehe eine."

So tat sie es und Malak nahm sie entgegen, um sie ihr vorzulesen: „Ich habe Schwächen, bin sie aber nicht. Welche Reaktionen tauchen bei dir auf. Welche Gefühle stellen sich ein?"

„Ja, ich habe Schwächen", sagte Rachel und schloss die Augen. „Ich bin orientierungslos und meine Gefühle sind erstarrt. Ich sitze fest auf meiner Eisscholle. Und doch trägt mich das Eis. Und ich weiß, es trägt mich in die Freiheit. Und wenn ich mal Hunger habe, brauche ich nur an den Kühlschrank zu gehen. Ich akzeptiere es, wie es ist. Ich übe mich in Geduld." Rachel öffnete lächelnd die Augen.

„Zieh nun einen Engel, der dich in dieser Eiszeit bis in die Freiheit begleitet", sagte Malak und reichte ihr die runden Karten aus der Mitte. Und Rachel zog eine Karte mit einem blauen Mond darauf.

„Das ist die Göttin des Mondes", sagte Malak und schloss ihre Augen. „Mein Kind", sagte sie nickend, „Du bist stark, selbstbewusst, selbstständig. Doch spüre ich und sehe ich, dass du wohl, wie so viele Frauen heute, vor allem die Frauen aus dem Westen, deine Identität um das männliche Prinzip herum gebildet hast."

„Das kann gut sein", sagte Rachel schmunzelnd. „Ich wollte nie und nimmer wie meine Mutter sein, die arme."

„Warum nicht?", wollte Malak wissen.

„Ich habe mich eigentlich immer nach meinem Vater gerichtet."

„Und ist es nicht so", fragte Malak, „dass du die Welt auch aus seinen Augen siehst? Dass du dich in ihm spiegelst?"

„Ja…, vielleicht…"

„Du bewertest deine eigene Kompetenz, deine Intelligenz und deinen Selbstwert in Beziehung zu ihm und anderen Männern?"

„Ja, wie ich schon sagte…"; antwortete sie und biss sich kurz auf die Lippen. „Auf jeden Fall wollte ich nie so sein wie meine Mutter: abhängig, hilflos, ein Wrack!"

„Du erinnerst mich an die Göttin Athene", sagte Malak ruhig, „An die griechische Kriegsgöttin, die in voller Montur dem Haupt ihres Vaters Zeus entsprang, mit einem scharfen Speer in der Hand, laut kriegerisch schreiend. Nach dieser dramatischen Geburt verbündete sie sich mit ihrem Vater und erkannte ihn als einzigen Elternteil an, obwohl sie auch eine Muter hatte: Metis. Die aber hatte Zeus verschlungen. Ein Mythos, der ganz wunderbar zum Ausdruck bringt, wie die alten Griechen zusehends von einer Welt, in der das höchste Wesen eine Göttin war, in ein patriarchalisches System übergewechselt sind.

„Athena" ist die „Tochter des Vaters"; sie setzt ihre eigene Mutter herab und identifiziert sich nur mit ihm. Sie ist ehrgeizig und hat ihr Leben im Griff. Sie hat wenig Sinn für emotionale Bindungen und einen gewissen Mangel an Empathie und Mitgefühl für Schwäche."

Rachel sah Malak stolz an. Die alte Frau lächelte und fuhr fort: „Das ist eine äußerst wichtige Phase in der Entwicklung von uns modernen Frauen. Die Anerkennung durch Männer führt zu einer positiven Entwicklung unserer Persönlichkeit. Wir Frauen müssen zuerst unabhängig sein, bevor wir wieder ganz werden können.

In dieser Zeit fühlen wir uns besonders stark, wir kennen unsere Fähigkeiten und wissen, was wir erreichen können. Wir sind sozusagen in der Gesellschaft angekommen. Während wir jedoch alles versucht haben, um nicht wie unsere Mütter zu sein, wurden wir unseren Vätern immer ähnlicher."

Rachel hörte nun noch genauer zu: „Zu Beginn", fuhr Malak fort, „Machen uns Erfolge übermäßig stolz. Wir fühlen uns unbesiegbar. Doch mit der Zeit bemerken wir, und zwar je mehr Erfolg wir haben, dass uns immer mehr abverlangt wird. Während wir menschliche Beziehungen für unsere Ziele geopfert haben, haben wir zusehends das Gefühl, nie genug zu sein. Während Männer oft kein Problem haben, dass sich ihre Frauen um sie kümmern, kommen viele moderne Frauen erst gar nicht mehr auf die Idee, dass sie dieses Bedürfnis haben könnten. Doch ist das Bedürfnis, sich von jemandem verwöhnen zu lassen, sich an jemanden zu lehnen, anzuschmiegen, ein sehr natürliches Gefühl. So bleibt es bei vielen Frauen unbewusst, weil sie Angst davor haben, zu schwach zu sein; und doch fehlt etwas und sie versuchen diesen inwendigen Schmerz durch noch mehr Arbeit zu kompensieren.

Indem sie sich so sehr der äußeren Welt widmeten, haben sie ihre innere weibliche Welt, ihre Gefühle, ihre Intuition, völlig vernachlässigt. Die Seele erstarrt zu Eis, genau wie du es beschrieben hast. Der Preis für unsere Unabhängigkeit ist sehr hoch nicht wahr?“

Rachel spürte plötzlich einen Kloß in ihrem Hals.

„Die letzten tausende von Jahren wurde Kultur von männlichen Werten aus definiert“, sagte Malak. „Von Männern und ihrem Willen zur Macht über die Natur. Der Respekt vor dem Leben und den Zyklen der Natur und ihrer Kinder sind völlig in den Hintergrund geraten. Nun aber kommt der Moment, einen Schritt weiter zu gehen. Einen Schritt nach innen, um neue Möglichkeiten und eine neue schöpferische Kraft der eigenen Entfaltung zu entdecken.“

„Wie?“, fragte Rachel nun mit Tränen in den Augen.

„Du musst die Große Göttin in dir finden mit all ihren Aspekten, auch den dunklen. Denn bis wir nicht auch die Kräfte der dunklen Göttin für uns in Anspruch nehmen, werden wir es wohl kaum schaffen, von Töchtern zu Erwachsenen zu werden. Erwachsene, die sich dem Patriarchat in seiner unmenschlichen Form entgegen stellen können. Finde die Große Göttin in dir, geh in deine eigenen Tiefen und finde die Weisheit deines Körpers und deiner Sexualität. Die Weisheit und die Macht deiner Weiblichkeit. Fließe, mein Kind, fließe mit den natürlichen Zyklen, gehe unter und wieder auf, wandere mit der Mondengöttin, genieße, genieße deine innere Empfänglichkeit!“

Dann nahm Malak Rachels Hände in die ihren, sah sie liebevoll an und sagte: „Und nun… sag, was du noch nie gesagt hast…“

Rachel war überrascht und lächelte. *Was kann das sein?* dachte sie. *Was habe ich denn noch nie gesagt?* Und schließlich, sagte sie leise: „Ich bin Liebe… Ich bin… Liebe…“ Dann stand sie wie benommen auf, verbeugte sich vor Malak und ging hinaus…

Paris. Bordon saß nach wie vor am Tisch und starrte mit übermüdeten Augen auf die holografische Projektion Elektras, die bei sich auf ihrem Bett schlief. Nach einer Weile blickte er hinter sich. Auch Zaina lag auf einem Bett und schien tief und fest zu schlafen. Dann drehte er sich wieder um und schnaufte gelangweilt.

Unterdessen löste sich der Astralkörper Zainas von ihrem Körper, blickte noch einmal zu Bordon und flog aus dem Fenster hinaus. So überbrückte sie fliegend einige Häuserblocks und schwebte feinstofflich durch das Fenster in die Wohnung Elektras.

In ihrem Traum schwamm Elektra gerade in einem kleinen See mitten im Dschungel. Nach einer Weile trat sie nackt ans Ufer, wo Zaina auf sie wartete und ihr einen weißen Morgenmantel reichte. Etwas misstrauisch schlüpfte Elektra, immer noch träumend, in den Mantel und wrang ihre langen schwarzen Haare aus. „Wer bist du?“, fragte sie die junge Agentin.

„Mein Name ist Zaina“, antwortete sie. „Bitte entschuldige, dass ich einfach so in deinen Traum eindringe. Aber ich sehe keine andere Möglichkeit, dich unbemerkt zu kontaktieren.“

„Wer hat dich geschickt?“, wollte Elektra wissen und setzte sich auf einen großen, grünlich schimmernden Stein.

„Niemand. Ich komme von selbst, um dich zu warnen. Paul Kohn lässt dich durch uns beschatten. Ich sitze mit meinem Kollegen nur ein Paar Blocks weiter. Deine Wohnung ist komplett verwanzt.“

„Wer ist es?“, fragte Elektra ruhig.

„Bordon“, antwortete die junge Frau.

„Und warum warnst du mich?“, fragte Elektra

„Weil du das neue Prinzip darstellst. Viele bewundern dich. Du bist unsere heimliche Führerin“

„So?“

„Wir lieben deine Radikalität. Das hat sich schon sehr herumgesprochen. Die Zeit für uns Asuras hier auf dem Planeten könnte schon bald vorüber sein. Da können wir der Menschheit nicht mehr mit Samthandschuhen begegnen."

„Da hast du Recht, Zaina." Plötzlich saßen beide Frauen wieder mit ihren Astralkörpern in der Wohnung Elektras. „Was bist du bereit, für mich zu tun?"

„Befiehl, was du willst", sagte Zaina.

„Dann schaff mir erst einmal diesen Bordon vom Hals."

„Und Kohn?"

„Er wird es bald erfahren. Begib dich an den Flughafen Charles de Gaulle. Ich werde dich dort kontaktieren. Wir müssen erst einmal untertauchen."

„Ja, gut", sagte Zaina.

Elektra kam zu ihr und küsste sie zärtlich auf den Mund. „Sag mir noch, wo die Wanzen sind, bevor du gehst."

Zaina ging an einen kleinen Bücherschrank und zeigte auf ein Buch, in dessen Einband sich ein winziger Chip befand. Dann führte sie Elektra durch die Wohnung, in die Küche, ins Bad, überallhin und zeigte ihr, wo sie versteckt waren. Schließlich sagte sie: „Das war's. Damit wird deine gesamte Wohnung gescannt."

„Du kannst jetzt gehen. In einer Stunde werde ich den Chip entfernen", sagte Elektra und küsste ihr auf den Mund. „Bis dahin musst du dich um Bordon gekümmert haben."

Zaina nickte errötend, verbeugte sich und flog wieder aus dem Fenster hinaus. Elektras Astralkörper verschmolz mit ihrem auf dem Bett schlafenden Körper und sie öffnete die Augen. Kurz darauf erhielt sie per Funk über ihren im Gehirn implantierten Chip eine Anfrage. *„Was gibt es, Hödur?"*, sagte sie unwirsch in Gedanken.

„Das System hat diese Frau aus der Weißen Wüste aufgespürt."

„Und?"

„Sie hat die Grenze zum Gebiet von Minja in Ägypten überquert und befindet sich nun in einem Nest namens Tel El Amarna. Unter ihren Mitreisenden befinden sich Horai."

„Stell ein Sonderkommando zusammen und beobachte sie weiter über den Satelliten. Ich weiß nicht, was sie vorhaben. Mein Instinkt aber sagt, dass die Ziodenes suchen. Gehen wir auf Nummer sicher."

„Wird gemacht."

„Und vergiss nicht: Es sind Horai. Mit konventionellen Waffen braucht ihr ihnen gar nicht erst zu kommen. Wie du weißt, prallen Projektile von ihrer Aura genauso ab wie von der unsrigen. Sobald du die Möglichkeit hast, greif an und schalte sie aus. Übrigens, ich selbst werde mich wieder in die Normandie begeben."

„In Ordnung", sagte er und loggte sich aus.

Einige Häuserblocks entfernt. Der Astralkörper Zainas betrat den Raum, in dem Bordon immer noch ahnungslos am Schreibtisch saß. Er konnte sehen, wie Elektra aufgestanden war. „Verdammt", sagte er in den Raum. „Sie hat den Chip in ihrem Gehirn wieder verschlüsselt!"

Zainas Geist verschmolz mit ihrem Körper. Dann stand sie auf, zog ihr langes Messer aus einer ledernen Scheide, die am Bett hing und bewegte langsam sich auf Bordon zu.

Er drehte sich ganz kurz zu ihr um, sagte unwirsch: „Ah, schön, dass du auch mal wieder aufwachst", und drehte sich wieder weg. „Sie hat ihren Chip schon wieder verschlüsselt! Jetzt muss ich noch einmal ihren Code knacken." Dann wandte er sich zurück zur holografischen Projektion Elektras. Kurz darauf rammte Zaina ihm das Messer von hinten in die Lunge. Bordon riss den Mund auf! Doch kein Ton drang mehr aus seiner Kehle – lautlos wie ein Fisch an Land. Im nächsten Moment war er auch schon tot.

Tel El Amarna. Rachel betrat nachdenklich die kleine Teestube, wo Fleur mit den anderen bei Sonnenuntergang auf der Terrasse saß. „Wie geht es dir?", fragte sie Rachel.

Die junge Frau schüttelte nur unmerklich den Kopf und setzte sich zu den anderen.

Dann kam Jamal auf die Terrasse und goss Rachel Tee ein. „Wir haben auf dich gewartet", sagte Fleur zu ihr. „Jamal möchte uns ein bisschen die Gegend zeigen. Kommst du mit?"

„Nein, danke", sagte die junge Frau und blickte hinaus auf die ebene Wüstenlandschaft. „Ich möchte lieber ein wenig allein sein. Wollte nur wissen, wo ihr seid."

„Kann ich ein wenig bei dir bleiben?", fragte Mahmood Rachel. Sie errötete und nickte.

„Gut, dann lasst euch später zum ehemaligen kleinen Tempel Echn-Atons führen", sagte Fleur. „Wir werden dort in Schlafsäcken übernachten." Dann machte sie sich mit Jamal, Mila, Sam und Julien im Wagen auf den Weg.

„Fahrt hier entlang", sagte Jamal kurz darauf. „Ich möchte euch etwas zeigen... Übrigens, habt ihr gehört, dass das Königshaus in Riad nun tatsächlich die Ölzufuhr in die USA gekappt hat?"

Fleur verzog das Gesicht und sagte: „Das verheißt nichts Gutes…"

Nach einer Weile blieben sie stehen, stiegen aus und Jamal sagte in seiner zurückhaltenden, sanften Art und Weise: „Hier stand eine der 14 Stelen der Stadt. Die Grenzen von Achet-Aton wurden durch 14 Stelen markiert."

„Wie die 14 Stücke des Osiris", bemerkte Mila.

Beim Einzug in die neue Stadt machte Echn-Aton an jeder der 14 Grenzstelen Halt", erklärte Jamal, „Und er schwor einen heiligen Eid, niemals wieder diese Grenze überschreiten zu wollen. Eine Grenzstele berichtet, dass der Pharao im 4. Regierungsjahr den Standort seiner neuen Hauptstadt fand. Die Stele aus dem Jahr 5 betont, dass kein Mensch den Standort der Stadt erwählt hatte, sondern Aton persönlich. Aufgrund dieser göttlichen Wahl gelobt Echn-Aton, die Stadt niemals wieder zu verlassen, auch wenn seine Beamten oder gar die Königin ihn von einem anderen Ort überzeugen wollen."

Jamal holte aus seiner Tasche einen Zettel und faltete ihn auf. Dann sagte er: „Dies stand auf einer der Stelen:

Ich errichte diese Stadt für Aton an diesem Platz!
Nicht im Süden, im Norden, im Westen oder im Osten
will ich sie ihm errichten!
Ich werde die südliche Stele nicht überschreiten,
noch werde ich die nördliche überschreiten,
um dort Achet-Aton zu bauen.
Nicht gehört es einem Gott
noch einer Göttin
nicht einem Herrscher,
noch einer Herrscherin,
noch irgendeinem Beamten oder Menschen,
um Anspruch darauf geltend zu machen.
Ich baue Achet-Aton für Aton
auf der Seite des Sonnenaufgangs dieser Stadt,
auf einer Stele, welche er sich selbst bereitet hat
und die für ihn durch ein Gebirge umrahmt ist.
Er ist zufrieden mit ihr, und hier opfere ich ihm.
Das ist sie!
Sei sie nördlich, sei sie südlich, sei sie westlich
oder sei sie, wo die Sonne aufgeht!

Drei der insgesamt 14 Grenzstelen wurden am Westufer des Nils errichtet", fuhr Jamal fort, „Die übrigen elf am Ostufer, wo wir uns gerade befinden. Achet-Aton bedeutet: der ‚Horizont von Aton'. Die Grenze für das wache Bewusstsein aber ist der Horizont. Am Horizont beginnt und endet der sichtbare Lauf der Sonne. Um genau diese Phase ging es Echn-Aton, um die Phase des Wachbewusstseins. Und eng verknüpft mit diesem Tagesbewusstsein ist die Tatsache, dass der Mensch sein Zentrum in sich selbst, in seinem eigenen Innern empfindet. Achet-Aton und im kleineren der Große Tempel und der Kleine Tempel und schließlich das Sonnenorakel, sind sichtbare Zeichen dieses inneren Sonnen-Zentrums.

Beim Einzug in die Stadt schwor Echn-Aton also, dass er niemals wieder diese Grenze überschreiten wolle. So hieß das für ihn, dass er niemals wieder die Möglichkeiten des Nachtbewusstseins nutzen wollte, sondern sich fortan nur noch innerhalb der Grenzen des Horizontes von Aton, also des Tagbewusstseins, des Lichtbewusstseins, bewegen wollte. Echn-Aton verfügte über beide Bewusstseinsformen, die hellsichtige der Nacht und die Ich-bewusste des Tages. Und nun wollte er also aus freien Stücken auf die Betätigung des Nachtbewusstseins verzichten."

„Ja!", sagte Fleur begeistert. „Der Verzicht auf die nächtlichen Inspirationen von außen bedeutet ja auch, dass das Handeln nun von den eigenen inneren Impulsen her begründet werden kann und eben nicht mehr den ‚Anweisungen' von außen folgen muss. Und genau das ist es, was wir auch heute noch unter Freiheit verstehen."

„Auf jeden Fall musste Echn-Aton wohl eine Grenze ziehen, um zu seiner Freiheit zu gelangen", sagte Jamal.

„Und um zu unserer eigenen Freiheit zu gelangen", fügte Fleur hinzu, „müssen wir diese Grenze heute wieder überschreiten…"

Julien fragte dann: „Aber was ist eigentlich die Vorgeschichte von Achet-Aton?"

„Ägypten war unter die Herrschaft der Hyksos gefallen", erklärte Jamal. „Eines nach Asien hin lebenden Volkes. Während der 17. Dynastie erhoben sich schließlich ägyptische Vasallen in Theben, unter Kamose, gegen diese Fremdherrscher. Gegen 1560 v. Chr. konnte schließlich Kamose, der fünfzehnte und letzte Herrscher der 17. Dynastie, die Hyksos durch einen überraschenden Angriff besiegen. Seinem Bruder Ahmose gelang es anschließend, die Hyksos nach Palästina zu vertreiben. Er eroberte Nubien bis nach Abu Simbel und vereinigte Nord- und Südägypten. Das neue Königreich war geboren. Die 18. Dynastie (1560-1070 BC) nahm ihren Anfang und der Sohn des Ahmose nannte sich bezeichnenderweise „Amenophis I.", was soviel bedeutet wie: „Amun ist zufrieden".

Amun von Karnak, der teils als Widder, teils in menschlicher Gestalt mit doppelter Federkrone als Symbol seiner Macht über Luft und Licht dargestellt wurde, war der vorherige Hauptgott der Ägypter seit etwa 2000 Jahren vor Christus. Sobald die Hyksos vertrieben worden waren, wurde er wieder in seine dominierende Position versetzt. Die alten Priesterkasten ergriffen wie nie zuvor die Macht. All die Geschichten der verschiedenen Thutmosis, der Amenophis und vor allem der einzigartigen Hatschepsut, die sich als Tochter des Amun feiern ließ, fallen in diese Zeit."

Amun, dachte Fleur bei sich… *Amun, der ägyptische Kriegergott des Widderzeitalters.*

„Unter der Führung Thebens", erzählte Romain unterdessen weiter, „stieg Ägypten zur Weltmacht auf. Amenophis I. begann die Feldzüge gegen seine Nachbarn. Sein Nachfolger Thutmosis I. eroberte Nubien und stieß im Norden bis Syrien vor. Unter Thutmosis III. erreichte das Reich seine größte territoriale Ausdehnung. Unermessliche Schätze flossen nach Theben, dem heutigen Luxor, die als Beute von den geplünderten Ländern nach Ägypten geschafft wurden. Die prächtigen Tempel des Amun wurden in dieser Zeit errichtet. Unter Ramses III. gehörten von den Ländereien, welche die Tempel in Ägypten besaßen, mehr als zwei Drittel dem Amun. Die Amun-Priester wurden immer mächtiger und die Pharaonen opferten keinem anderen Gott reichlicher. Einige Generationen nach Hatschepsut", hob Romain wieder an, „trat Amenophis IV. auf den Plan, besser bekannt als ‚Echn-Aton', ‚dem Aton angenehm'.

Echn-Aton desavouierte alle Götter zugleich", führte Jamal weiter aus, „und begründete den ersten Monotheismus der uns bekannten Geschichte. Echn-Aton wollte die Menschen auf die Anwesenheit des Göttlichen im reinen Sonnenlicht führen. Tagtäglich stand die Sonnenscheibe am Himmel, jeder konnte sie anbeten und an den Ritualen teilhaben, die Echn-Aton und seine Getreuen durchführten. In der heftigen Auseinandersetzung mit den Amun-Priestern, welche die alte Ordnung wieder herstellen und den Glauben an den alleinigen Aton vernichten wollten, wurden sämtliche Tempel der alten Götter im ganzen Land in einer selbstmörderischen Aktion geschlossen. Ihr könnt euch vorstellen, dass viele Menschen darüber sehr unglücklich waren. Vor allem die entmachteten Amun-Priester waren sicherlich nicht sehr erfreut, deren Reichtümer nun unter anderem für den Ausbau von Achet-Aton, dem „Horizont von Aton", der neuen Hauptstadt, verwendet wurden oder um verbündete Staaten enger an sich zu binden.

Pharao Echn-Aton war der vom göttlichen Schöpferplan eingesetzte Wegbereiter, der den heutigen Bewusstseinssprung der Menschheit und der Erde einläutete; der etwa 1.300 vor Jesus von Nazareth den Samen der Sonnenessenz setzte, die JETZT in uns allen lebt und erwacht! Amun war der Kriegsgott, der die Sonne als Symbol usurpiert hatte. Nun stellte sich die Sonne in ihrer Eigentlichkeit dar: als Liebe. Ein Wesen, das seine Geschöpfe liebt und ihnen sanft über die Wangen streichelt, ein zärtlicher Gott.

Die meisten Menschen verstehen ja gar nicht, was damals passiert ist. Die meisten sehen ja nur die schreckliche Unterdrückung, die mit seiner Herrschaft teilweise einherging. Echn-Aton, den sie nur den Ketzerpharao nannten. Und auch darauf muss man schauen: Es gab und gibt auch heute noch eine große Feindseligkeit gegenüber Echn-Aton, weil es eine große Feindseligkeit gegenüber dem Licht in dieser Welt gibt. Doch lag Echn-Atons Aufgabe vor allem darin, all die alten okkulten Religionen aufzubrechen, die Vielgötterei, den ganzen ehemaligen Machtapparat der Lüge und Verirrung, um das Land wieder zu einer einfachen Religion zurückzuführen, wo alle eine persönliche

Beziehung zu dem einen Gott mittels der Sonne aufbauen konnten – denn die Sonne ist die höchste uns sichtbare Manifestation des Göttlichen in der Materie.

Um Echn-Aton und seine Zeit besser zu verstehen, können wir uns auch auf die Sothis-Perioden beziehen. Sie bringen auch einen inneren Rhythmus zum Ausdruck, in dem die gesamte geistige Entwicklung Ägyptens schwingt. In der ersten Sothis-Periode von 5702 bis 4242 v. Chr. Und der zweiten von 4242-2782 v. Chr. verkehrten die noch Ich-losen Menschen direkt mit höheren Wesenheiten. Um 3000 v. Chr. begann dieses alte hellseherische Vermögen dann zu erlöschen. Die dritte Sothis-Periode, zwischen 2782 und 1322 v. Chr. bezeichnen wir auch als ‚die Zeit des imaginativen Hellsehens', als die Menschen die Welt zusehends in Form innerer Bilder erlebten. Bei einigen keimte dann langsam ein individuelles und imaginatives Denken auf.

Die vierte Sothis-Periode zwischen 1322 v.-138 n. Chr. fällt genau in die Armana-Zeit, also genau in die Zeit Echn-Atons. Hier entwickeln sich plötzlich Keime eines subjektiv-reflexionsfähigen Ichs und logisch-analytisches Denken. Man braucht sich ja nur den schachbrettartigen Plan von Achet-Aton anzusehen, um zu erkennen, dass hier plötzlich viel stärker der logisch ordnende Verstand einsetzt."

„Das ist interessant!", sagte Julien. „Inwiefern haben sich denn die hellseherischen Fähigkeiten der Menschen entwickelt?"

„Das menschliche Bewusstsein", erklärte Jamal weiter, „hat sich im Laufe von Jahrtausenden entwickelt. Das Alte und das mittlere Reich Ägyptens fallen in eine unbewusste, präpersonale Entwicklungsstufe. Der Mensch lebte noch ganz im Banne eines Gruppen-Über-Ichs. Es gab zwar das Ich als Begriff, sozusagen als erste Person Singular, doch kein eigentliches Subjektivitätsbewusstsein.

Das Ich konnte sich noch nicht von der geistigen Einheit mit seiner Familie oder Gruppe lösen. Es konnte sich auch nicht von seinem Körper lösen, der Natur, ihren Rhythmen, von seinen Emotionen und seinem Unterbewusstsein. Der Mensch lebte in einer Welt von

Bildern. Im Mythos, in der Schrift und in der Kunst. Das Zeitempfinden war zyklisch und jahreszeitlich geprägt.

Dann kam eine neue Evolutionsstufe, die sogenannte „personale" Stufe. Die setzte sich auch in das Neue Reich fort, also ab Mitte etwa des 16. Jahrhunderts vor Christus, was wiederum der 4. Sothis-Periode entspricht. Nun entwickelte sich langsam ein personales Ich-Bewusstsein, das aus der Bindung an Kosmos, Natur und Körper auszubrechen begann. Das Zeitbewusstsein wurde linearer und führte zu einem gerichteten Zukunftsdenken. Es entstand also eine frühe Form von Verstandes-Denken, das allmählich und in begrenztem Maß auch das Durchschnittsbewusstsein prägte.

Bis zum Ende des Alten Reiches waren Reste des ,'alten Hellsehens' vorhanden, bei dem die Menschen ihre Offenbarungen in direktem Kontakt mit höheren geistigen Wesenheiten erhielten. Der Hellsichtige nahm die physisch-sinnliche Welt noch geistig wahr. Er konnte die ätherische Aura der Wesen und Dinge wahrnehmen. Er nahm noch die ätherischen Bildekräfte wahr.

Am Ende der zweiten Sothis-Periode begannen die Eingeweihten Ägyptens in den Mysterienstätten zu lernen, wie die geistigen Kräfte mit den physischen Kräften korrespondieren. Religion, Wissenschaft und Kunst waren noch eins. Dabei wurde das alte Hellsehen zunehmend von einem imaginativen und analogen Denken abgelöst. Ein Denken, das ganzheitlich komplexe Zusammenhänge erfasste, das Polaritäten und Paradoxien erlaubt und all dies in Symbolen, Mythen und Bildern zum Ausdruck brachte. Stoffliches und Geistiges waren auch jetzt noch nicht im Bewusstsein klar getrennt. Die Sinneswahrnehmung vermischte sich noch mit der übersinnlichen Imagination. Diese Bilder wurden als spontane Erscheinungen einer übersinnlichen Wirklichkeit erkannt.

Schließlich entwickelten sich auch die Gedankenkräfte. Doch erlebten die Ägypter es nicht so, dass sie selber als Individuen dachten, sondern das ES in ihnen denkt. Ihre Gedanken flossen ihnen noch aus der geistigen Welt zu, wie es auch bei den Griechen später geschehen sollte. Das Denken erschien ihnen nicht als ein selbst erzeugtes.

So wie ja auch die Griechen, wie Plato oder Sokrates, im Denken den göttlichen Weltgeist erkannt haben, den NOUS und natürlich auch den LOGOS. Vor ihrem geistigen Ohr ertönten und vor dem geistigen Auge erschienen ihnen ihre wissenschaftlich-mathematischen Kenntnisse als fertige Resultate.

Zum Ende der 3. Sothis-Periode wiederum kam es zur voranschreitenden Individualisierung des Menschen. Das Ich erwachte und Echn-Aton erlebte es wie den Aufgang der strahlenden Sonne. In diesem sonnenhaften Ich erkannte Echn-Aton sein wahres Wesen. Und so fühlte er sich so stark mit der Sonne verbunden, weil dieses Ich von der Sonne kam und die Menschheit berufen sei, sich wieder mit der Sonne zu verbinden – der geistigen Sonne, Aton, die in sich das Feuer des Schöpferischen trägt. Nun sind wir am Beginn der 4. Sothis-Periode, im Neuen Reich.

Echn-Aton verfügte über eine doppelte Erkenntnisweise: zum einen über die physische Wahrnehmung von außen, zum anderen über ein geistiges Denken von innen her. Kein Wunder, dass die Armana-Kunst so sehr für ihre genaue Beobachtung der Sinnenwelt bekannt ist. Auch in der Sonnenhymne Echn-Atons kommt diese wahrnehmende Nähe zur Natur zum Ausdruck. Was bei Echn-Aton mit einer ungeheuren Wucht in die Geschichte der Menschheit gekommen war, hat sich dann über die gesamte 4. Sothis-Periode weiter vollzogen. Ein erstarktes Ich, Vorformen des reflexiven Denkens und ein erstarkendes persönliches Gewissen. Es scheint, als hätten wir einen Großteil der Schritte, die wir, sagen wir, in Atlantis durchschritten haben, nun wiederholen müssen, um sie und uns selbst darüber hinauszuheben.

Von Echn-Atons Zeit kurz unterbrochen, wich ab ca. 1300 v. Chr. nach und nach die spirituelle Kultur. Sie wich dem imperialen Ich-Prinzip, dem wahren Ego der meisten nun folgenden Pharaonen und der Machtanmaßung der Priesterschaft. Nun waren die Pharaonen in ihrer Mehrzahl wohl keine wirklich Eingeweihten mehr. Nun waren sie nur noch die menschlichen Verwalter der göttlichen Pläne. So trat nun auch ihre Persönlichkeit aus der Anonymität heraus, sodass uns Biographien überliefert werden.“

Gleichzeitig kamen einige Kilometer entfernt Rachel und Mahmood an den Platz, der einst der „Kleine Tempel“ gewesen war. „Hier ist der Pylon, von dem uns die Frau Jamals erzählt hat. Gehen wir hinein.“ Sie betraten das Gelände, auf dem ehemals der prächtige Kleine Tempel gestanden hatte. Auch von diesem war nun sehr wenig übrig geblieben, da die Stadt damals sehr schnell aufgebaut worden war, mit Materialien, die der Zeit nicht wie viele der anderen Tempel Ägyptens lange standgehalten hatten. Der Grundriss des Tempels aber war noch klar zu erkennen.

Rachel war sehr aufgewühlt von ihrem Gespräch mit Malak. Ihr inneres Seelenmeer war in Bewegung gekommen, wie schon seit vielen Jahren nicht mehr. Und sie fühlte sich hier, an diesem Ort, in Achet-Aton mit all den Geistern und Erinnerungen zunächst unbehaglich, auch wenn ihr alles sehr vertraut erschien. Sie drehte sich einige Male um, als erwarte sie einen plötzlichen Angriff. Doch war es einfach nur die Zellerinnerung an die Geschehnisse von vor tausenden von Jahren. Sie spazierten weiter und als sie sich beruhigte, dachte sie:

Welch eine wundervolle Energie!... Ich fühle mich, als würde ich nach Hause kommen. Nach Hause nach Achet-Aton, nach Hause zu mir selbst, in mir selbst wie nie zuvor.

„Ist nicht die Sonne der Ursprung aller Dinge?“, sagte Mahmood hinauf blinzelnd. „Ist nicht sie der unmittelbare Urgrund, aus dem die Erde und die anderen Planeten hervor gegangen sind? Die Sonne hat sie erschaffen. Deshalb enthalten die Erde und wir selbst auch dieselben Elemente wie die Sonne.“

Rachel blickte in seine strahlenden Augen. „Wie konnte dann nur alles so dunkel werden?“, fragte sie ihn und verzog ihre Mundwinkel. Dabei spürte sie, wie sich ihr Herz wie eine Rose immer mehr für ihn öffnete.

„Wahrscheinlich, weil die Planeten aus dem Zentrum hinaus getreten sind“, sagte er. „Das Zentrum ist die Sonne. Als sich die in der

Sonne enthaltenen Elemente an die Peripherie begaben, verdichteten sie sich. Sie wurden undurchsichtig, plump und schwer. Genau so ist es auch mit uns passiert. Wir haben uns vom Mittelpunkt, vom göttlichen Herzen entfernt. Dabei sind wir düster und schwerfällig geworden. Um unser ursprüngliches Licht wieder zu finden, um uns selbst neu zu entdecken, müssen wir wohl zur Mitte zurückkehren. Zu unserem eigenen Sonnen-Ich. Dann geschehen in uns gewaltige Veränderungen. Unbeschreiblich…“

„Und ich habe gerade von Malak gehört, dass es wichtig für mich wäre, mich dem Mond zuzuwenden.“

„Malak ist sehr weise“, sagte er sanft und blickte sie an. „Und die Sonne ist auch nicht alles, auch wenn sie meiner Meinung nach ganz offensichtlich das Zentrum ist“.

„Ich finde, dass du Malak ähnlich siehst“, sagte Rachel.

Mahmood musste lachen. „Nun…“, sagte er, „Sie ist meine Mutter!“

Einem spontanen Impuls folgend näherte sich Rachel ihm und schlang ihre Arme um seinen Hals. „Halt mich“, sagte sie und spürte dabei, wie sich neue Türen in ihr öffneten. Und plötzlich schien sich die Welt vor den Beiden zu öffnen. Und sie wurden durchflutet von einem ungeheuren Gefühl der Liebe. Es durchströmte, sie. Und sie wussten intuitiv, dass es auch durch alles andere hindurchging und alles und alle miteinander verband. Sie realisierten beide augenblicklich, dass sie es selbst waren, dass alles lebendig war, dass alles einen Sinn hatte, dass sie unsterblich waren. Es war die „Liebe“. Doch nicht einfach nur ein Gefühl, nein, ein lebendiges Wesen, das durch alles hindurch floss. Eine Quelle, die überall zugleich sprudelte, immer weiter sprudelte. Und sie küssten einander, während die Zeiten miteinander verschwommen…

Achet-Aton, etwa 1.350 vor Christus, in einem der üppigen Gärten. Die Frauen klingelten mit ihren kleinen Glöckchen, die sie um die Fußgelenke trugen und der Wind wehte eine leichte Brise vom Nil herüber. Tarée, Mahu, Aeoliah, Hania, Sina, Manu und fünf weitere Neophyten-Freunde lagen auf dem Rasen, während die Springbrunnen plätscherten. Sie lauschten den Worten ihrer Ausbilderin Divia: „Ihr Kinder des Lichts. Bald ist nun der große Tag, an dem die nächsten 32 Neophyten eingeweiht werden, der Tag, für den ihr euch so lange schon vorbereitet habt mit all euren Prüfungen, die ihr bis heute erfolgreich durchlaufen habt. Ich bin so voller Stolz und unser Pharao ebenso. Wir gedenken in unseren Herzen jenen, die heute nicht mehr in unserem Kreise weilen, da der göttliche Wille sie frühzeitig von uns genommen hat.

Bereits in einigen Tagen werden euch Echn-Aton und Nofretete zu sich rufen, um euch eure Seelenpartner für das große Aufstiegsritual und die letzte Stufe eurer Einweihung zuzuweisen."

In ruhiger Gewissheit lächelten sich Tarée und Aeoliah zu und hielten sich zärtlich an der Hand. Ein immenses Gefühl der Vertrautheit strömte von Herz zu Herz und so ging es auch den anderen Pärchen. Mahu sah seine Geliebte Sina innerlich tanzend im Licht von Aton. Sein Herz jubelte.

„Was wird denn dort passieren?", fragte aufgeregt Ramaeah, eine sehr attraktive Nubierin.

„Wie ich euch ja schon in den vergangenen Monaten darauf vorbereitete, beginnt es mit einem der Hauptaspekte der Mysterienschule: die Reise mit eurem Lichtkörper jenseits von Zeit und Raum und dank der kosmischen Gnade die Erweckung der Kundalini-Schlange in eurem Wurzelchakra. Und somit geschieht die heilige Vereinigung von Körper, Geist und Seele. Die heilige Vereinigung mit allen Dimensionen und ALLEM-WAS-IST. Dies findet bei Vollmond an den Ufern des Nils statt."

Da kam Nitamo mit seinen wertvollen Schriftrollen an ihnen vorbei und als er ihnen allen gerade zulächelte, öffnete sich sein weißes

Tuch, das er um die Hüften gebunden hatte, sodass sein muskulöser Körper nur noch von seinem kleinen weißen Lendenschurz bedeckt wurde. Die Papyrusrollen glitten ihm aus den Händen, während er seinem Tuch hinterherlief. Liebevolles Gelächter begleitete ihn aus der Gruppe.

In den darauffolgenden Tagen sah man alle Neophyten an den verschiedensten Orten und Plätzen von Achet-Aton all das praktizieren und wiederholen, was sie auf dem lange vorbereiteten Weg für die große Einweihung gelernt hatten: die 12 Stufen des Lichtkörperprozesses, Heilung des Emotionalkörpers, tantrische Liebesspiele, Meditation, mediale Verbindungen zu den aufgestiegenen Meistern, Engeln, Erzengeln und Naturwesen, arbeiten mit den unterschiedlichen Farbstrahlen, Hellhören, Hellsehen, Reinigung und Aktivierung der Chakren, Wahrnehmung der Wirkungen durch dunkle Kräfte, Stärkung des Glaubens und des Vertrauens in die göttliche Kraft in ihnen selbst, Verbindung zum eigenen Heiler, Achtung und Wertschätzung der Seele und aller anderen Wesen…

Unterdessen gingen die äußerlichen Vorbereitungen für die Einweihung in Achet-Aton geschäftig voran. Die Priestergemeinde bereitete das Wissen vor, Köche und Dienstboten sorgten für das leibliche Wohl. Wein, Bier, Met und andere Getränke wurden vorbereitet. Die Gärtner sammelten farbenprächtige Blumen und dekorierten die drei großen Lichttore, die extra für das Fest zwischen dem großen Tempel und dem Trianon aufgebaut wurden. Mit einer prachtvollen Blütenauswahl von Rosen, Jasmin, Hibiskus, Bougainvilleas und anderen.

Der Dekorateur Zoha, begleitet von seinen Assistenten, die ihm die Stoffballen nachtrugen, wandelte hektisch von Platz zu Platz und bereitete komfortable Lager, kleine Oasen in den Farben der Elemente und dem Gold der Strahlen des Aton. Glypho und die Schreiber wurden eingesetzt, den gesamten Ablauf von Beginn an zu dokumentieren. Ganz Achet-Aton war in heller Vorfreude und Begeisterung.

An einem von den Astrologen berechneten Tag luden Echn-Aton und Nofretete 32 Neophyten in den Kleinen Tempel ein. Die Frauen saßen links und die Männer rechts in zwei Reihen platziert. Die Musiker, gegenüber dem Pharaonenpaar, spielten sanfte, tief gehende Weisen und Echn-Aton und Nofretete wirkten wunderschön in ihren weißgold-türkisenen Gewändern. Die Töchter saßen zu ihren Füßen ebenfalls gekleidet wir ihre Eltern. Die Hohepriester und die Priesterlehrer der Gruppe saßen liebevoll lächelnd links versetzt hinter Echn-Aton, die Schreiber rechts versetzt hinter Nofretete. Der gesamte Hofstaat saß prunkvoll gekleidet links und rechts hinter den Neophyten – Zoha, der farbenfroh gekleidet war, die Wäscherinnen, die persönlichen Dienstboten, die Ankleidedamen, die Masseure, die persönlichen Betreuer.

Die Musik steigerte sich immer mehr, die Trommler wurden lauter und frenetischer, die Herzen schlugen immer höher…

Unterdessen bemerkte Tarée, dass Banthu unter den männlichen Neophyten saß: *Aber was macht er denn unter uns? Er, der doch als Architekt die ganzen Einweihungen gar nicht mitgemacht hat?*

Da wurde sie aus ihren Gedanken gerissen, als Echn-Aton die Hand hob und alles verstummte. „Meine Lieben, nun kommt der Tag, an dem sich erfüllen soll, wofür ihr euch vorbereitet habt. Wir sind heute hier zusammengekommen, damit Aton euch euren Seelenpartner zuweisen kann für die große Einweihung. Verbindet euch im Geiste von Aton für diesen Augenblick.

Empfangt euren Partner, eure Partnerin, ohne mit dem Verstand zu bewerten. Empfangt die göttliche Kraft in Glauben und Vertrauen. Jeder wird jedem geschenkt und die Seelen erkennen sich wieder in ihrem Gleichklang. Von Anbeginn habt ihr euch immer wieder gesucht, gefunden und vereint.“

Die Paare sahen sich in Frieden und Liebe in die Augen. Echn-Aton und Nofretete standen feierlich auf. Der Pharao wandte sich an die Frauen und rief als erste Sina und Nofretete rief Mahu zu sich. Sie standen klopfenden Herzens auf und knieten sich vor das Pharaonenpaar. Diese legten ihre Hände auf die Köpfe der beiden und sprachen: „Hiermit vereint Aton, die eine Quelle, was von Anbeginn zusammengehört. Seid in Liebe und vereint euch reinen Herzens, im Bewusstsein des EINEN, der da war, ist und immer sein wird.“

Anschließend standen die beiden wieder auf und gingen Hand in Hand entlang der anderen Neophyten in Richtung der Musiker, die ein speziell für sie komponiertes Seelenlied spielten. Dabei applaudierten alle Anwesenden und erhoben ihre Gläser mit dem göttlichen Mana und riefen: „Es lebe Aton." Die beiden setzten sich vor die Musiker gegenüber Echn-Aton und Nofretete, während ein Maler, Ber-Ion, und eine Malerin, die in der Nähe der Musiker waren, auf Papyrus ihre Seelenbilder skizzierten.

So wurden die Paare nach und nach zusammengeführt und alle gesellten sich vor die Musiker. Schließlich rief Nofretete Aeoliah. Echn-Aton aber, der kurz zu Tarée sah, rief nicht sie, sondern Ramaeah, die sich neben Aeoliah hinkniete.

Tarée blickte völlig erstarrt auf die Szene, während ihr Herz wie von tausend Pfeilen getroffen schmerzte und sich verkrampfte. Ihr stockte der Atem und sie konnte sich kaum erheben, als nun Echn-Aton ihren Namen rief. Schwindelnd und kaum ihre Füße spürend begab sie sich nach vorne – gleichzeitig mit Banthu, den Nofretete aufgerufen hatte. Beide knieten vor ihren geliebten Meistern und hörten die Worte wie aus einer ganz fernen Dimension. Banthu nahm ihre Hand mit einer großen Wärme in die seine und stärkte sie mit einer Kraft, die ungewohnt und gleichzeitig vertraut war. Beide erhoben sich wieder nach den Worten Echn-Atons und Nofretetes, um sich zu ihren Freunden zu gesellen. Dabei liefen Tarée Tränen über die Wangen – in einer Mischung aus Verlust und Vorahnung, während die Musiker auch ihr Seelenlied spielten.

Nach dem langen Fest verabschiedeten sich Echn-Aton, Nofretete und ihre Kinder und verließen den Tempel. Während viele noch weiter bis zum Morgengrauen feierten, ging Tarée trotz ihres Schmerzes liebevoll zu Aeoliah, Banthu, Mahu, Sina und Ramaeah und bat sie, sich mit ihr an eins der Becken zu setzen.

„Ich vertraue Aton, ich vertraue Echn-Aton und Nofretete, dass sie das Wahrhaftige für alle unsere Seelen initiieren. Doch ich bitte dich, Banthu, uns mitzuteilen, wieso du nun in unseren Reihen anwesend bist, obwohl du nie an den ganzen Einweihungen teilgenommen hast."

„Ich bin genauso überrascht wie ihr“, antwortete er sanft und ebenso betroffen. „Ich bin nur den Weisungen Echn-Atons in Treue und Ergebung gefolgt. Das einzige, was Echn-Aton mir sagte ist, dass ich ihm als ergebene Seele schon damals in Theben aufgefallen war, als ich ihm seinen kleinen entlaufenen Hund, den er so liebte, wiedergebracht habe. Er fügte noch hinzu, dass ich ihm weiterhin als sein Baumeister aufgefallen sei, der seine Vision der Sonnenstadt minutiös ausführte und sich, ohne zu fragen, mit einem reinen Herzen dafür einsetzte.“

Und aus reinem Herzen sagte Banthu, in dem er Tarée verehrend ansah: „Deine Seele und Schönheit ist mir vertraut.“

Daraufhin standen alle auf und umarmten Banthu. Und ihm war, als umhüllte ihn ein kosmischer Mantel. Shuba, Tarées kleines Äffchen setzte sich auf seine Schulter.

Am nächsten Tag ersuchte Tarée um eine Privataudienz beim Pharao, der sie in seine eigenen Gemächer einlud. Doch zunächst musste sie in einem kleinen Vorraum noch warten.

Echn-Aton saß mit nacktem bronzefarbenen Oberkörper und einem blaugoldenen Lendenschurz auf einem Stuhl seines etwa 30 Quadratmeter großen Raumes mit bequemen Diwanen, großen Kissen, erlesenen Teppichen, Skulpturen von Nofretete und der heiligen Familie, die dezent beleuchtet waren. An der Decke gab es eine Öffnung, durch welche die Strahlen des Sonnenlichtes hereinströmten und die Farben der Stoffe zum Vibrieren und Leuchten brachten.

Hinter ihm stand Ainina und fühlte in die Aura des Pharaos, der die Augen geschlossen hatte. Sie trug einfache weiße Kleidung und einen weißen Umhang darüber. Schon bald übertrug sich das, was sie in seiner Aura erlebte durch ihren Körper und sie begann dies singend zum Ausdruck zu bringen. Sie sang sanfte Melodien, während ein blühender Garten vor ihrem Auge vorbeizog. Melodien, in die auch die Hathoren ihren Gesang hineinfließen ließen. Dann kam sie vor Echn-Aton, kniete sich hin und berührte leicht seine Knie. Dieses Mal aber kamen Töne voller Qual aus ihm hervor, denen die beiden sich nun hingaben.

Über das Singen zog sie alten Schmerz aus seiner Kindheit aus seinem Emotionalkörper heraus. Schließlich ging sie wieder hinter ihn und dieses Mal war ihr Gesang voller Kraft und Zuversicht...

Als sie verstummte, stand Echn-Aton auf und küsste dankbar ihre Stirn. Dann zog sie die Kapuze ihres leichten Umhangs über den Kopf und ging hinaus durch den Nebenraum, wo sie Tarée mit funkelnden Augen zulächelte.

Kurz darauf wurde Tarée vom Schreiber Stylo zu Echn-Aton gebeten. Dieser lag nun auf einem der Diwane und zeigte auf ein rundes Kissen, auf dem sich Tarée, die ihr Äffchen bei sich hatte, setzen durfte. Während Stylo den Raum wieder verließ, reichte der Diener Tarée einen Kelch und füllte den des Pharaos und den ihren auf.

„Geliebte Tarée", begann er, wobei Shuba auf seinen Schoß sprang, „sicherlich wunderst du dich über die Wahl, die Aton getroffen hat, als er dir für die große Einweihung Banthu zur Seite stellte. Banthu ist deiner Seele und der kosmischen Einheit von Aton näher, als du erahnst. Seine Seele und die deine entstammen dem Urquell von Anbeginn und setzten sich für diesen und viele anderen Planeten gemeinsam ein. Obwohl Banthu die Einweihungen nicht mit euch durchlaufen hat, kommt er mit einem innerlichen Wissen zu dir, was du beim großen Fest jetzt erleben darfst und wirst. Bitte lasse es geschehen in deiner kosmischen Weisheit, die dich führen wird und breite die Flügen der Isis aus und berühre damit deinen Liebsten.

Öffne dein Herz weiterhin für deinen Seelenfreund Aeoliah, der immer bei dir bleiben wird. Obwohl während des Rituals eure Körper mit jeweils einer anderen Seeleneinheit verschmelzen werden, bleibt ihr in der Einheit, so wie du in der Einheit bleibst mit allen anderen Neophyten und sie mit dir. Hast du jetzt noch Fragen?"

„Ja, was wird denn nach der Einweihung geschehen zwischen Banthu und mir? Ich habe ja noch nie mit ihm geschlafen, und sein Körper ist mir ja noch ganz fremd. Während wir die Körper aller Neophyten im Verlauf der Vorbereitungszeit für das große Fest des Aufstiegs erotisch-sexuell entdecken und genießen durften."

„Banthu wird weiter der kreative Baumeister sein und du wirst die Lichtheilerin in meinem Tempel sein. Und ihr werdet euch begegnen, wann immer euch eure Seelen und Herzen zusammenfügen. Dies ist eure Freiheit und dies ist unser Geschenk."

„Ja", sagte Tarée, obwohl sie immer noch nicht überzeugt war, „im Namen Atons, ich erkenne es an." Sie verneigte sich vor Echn-Aton und verließ den Raum.

Draußen rannte sie mit Shuba in den Armen in der gleißenden Sonne über die Tempelanlagen und suchte überall nach Mahu. Endlich fand sie ihn außerhalb der Tempelanlage in einer kleinen Gasse in einem Garten. Er saß unter einer Palme.

„Mahu!", rief sie, „bitte hilf mir!" Shuba zog an seinen Ohren und Tarée weinte lange in seinen Armen.

Nachdem sie ihm alles berichtet hatte, sah er ihr in die Augen, streichelte ihr über die Wange und sagte: „Öffne deine wunderbare Seele, die ich so sehr liebe, dem göttlichen Licht. Lass Banthu, unseren geistigen Bruder herein, damit auch er sich mit dem Licht weiter erfüllt. Erhebe deine Augen zum Universum und wende dein Antlitz immer Aton zu."

Tel El Amarna, tausende Jahre später. Als sich ihre Lippen wieder trennten, als sich Rachel und Mahmood, eng umklammert, in die liebenden Augen sahen, flossen die Erinnerungen ganz und gar in ihr Bewusstsein. Mit einem plötzlich Ruck hielt Rachel Mahmood an den Armen und sagte: „Du warst Banthu, nicht wahr?"

„Ja, meine Blume", flüstere er. „Und du Tarée…" Und wieder begann die Erinnerung in ihnen, aus den Tiefen des Unterbewusstseins hervorzusprudeln…

Achet-Aton, zurzeit von Echn-Aton. Abends, der Vollmond leuchtete strahlend herab. Die elf Paare standen Hand in Hand hintereinander, alle für diesen einmaligen Abend festlich in Goldweiß gekleidet und folgten Echn-Aton und Nofretete aus dem Tempel hinaus. Der gesamte Weg war mit Rosenblättern übersät. Hinter den Neophyten liefen die Musiker, die Einsalber, die Schreiber und die Bediensteten. Alle schritten durch die drei sukzessiv aufeinander folgenden und mit Blumen über und über beschmückten Einweihungstore in Richtung Trianon am Nil. Links und rechts standen hinter Wachposten viele Bewohner von Achet-Aton mit Fackeln in der Hand und verfolgten andächtig die Zeremonie.

Als der Zug das kleine Areal am Nil erreichte, stellten sich die Wachposten vor den Eingang, sodass niemand ihnen mehr folgen konnte und die Zeremonie weiter verborgen vor den Blicken der Schaulustigen verlief.

Vor dem Trianon waren Lagerstätten für die Liebenden vorbereitet. Kissen aus Seide, Decken und Blüten lagen auf den Lagern. Echn-Aton und Nofretete begaben sich zu einem kleinen Podest und setzten sich auf große Kissen mit dem Rücken zum Nil, sodass sie in Richtung des Kleinen Tempels blickten. Die Paare verteilten sich harmonisch auf ihre Lagerstätten. Madj-Di, dessen bronzene Armreife ihn als Arzt und Kräuterkundigen auswiesen, ging mit einem Tablett mit bewusstseinserweiternden Drogen umher. Die Diener kamen mit Getränken und die Einsalber mit ihren Ölen und verteilten Rosenöl für das Herzchakra, Moschus für das Sexualchakra, ein Öl für das Wurzelchakra, Lotus für das Dritte Auge, Papyrus für das Kronenchakra und so weiter, Öle für jedes der Energiezentren im Menschen. Auch Echn-Aton und Nofretete erhielten die geweihten Öle.

Sanft leuchtete der orangefarbene Mond und die Sterne flackerten im Tanz und der Freude des Festes. Da wandte sich Echn-Aton an die Versammelten: „Wir sind heute Abend hier versammelt, meine Kinder, damit ihr das Geheimnis aller Geheimnisse erfahrt, das euch für ewig in Liebe vereint und euch die Kraft geben soll, den

Gottmenschen zu entfalten, der euch den Weg ins ewige Leben weist. Öffnet jetzt eure Herzen und Ohren, eure Sinne und euer Sein.

Jeder der Anwesenden heute Abend, bei diesem Fest der Feste, soll Kanal des großen EINEN sein. Auf der Erde ist der Mensch in der Knechtschaft, durch Raum und Zeit an die Erdenebene gebunden. In eurem Inneren aber ist der Schlüssel für die Befreiung. In eurem Innern kann die Freiheit gefunden werden.

Lasst euren Geist still und euren Körper ruhig sein. Konzentriert euer Wesen auf das Ziel eurer Sehnsucht. Denkt ständig: ICH BIN FREI. Immer wieder und immer wieder lasst es in eurem Geist ertönen. Und lasst euch vom Klang zum Ort eurer Sehnsucht tragen und seid frei vom Körper.

Heute Abend, in ein paar Minuten, lernt ihr alle, meine lieben Brüder und Schwestern, euer Selbst vom Körper zu lösen. Ihr werdet hochsteigen zu den äußersten Grenzen der Erdebene. Gleichzeitig wird euer Licht angehoben werden. Ihr werdet frei sein, die Schranken des Raumes zu passieren.

Nehmt euch bei den Händen und für eine halbe Mondenzeit[1] beginnt ihr jetzt, frei die Schranken der Erdebene zu überqueren. ICH BIN das Licht des Aton. In mir ist keine Dunkelheit. Ich bin frei von den Verstrickungen der Nacht. Aton, der eine und einzige, öffnet mir das Reich der Weisheit und ich trete ein.

"Die Pärchen setzten sich nun einander gegenüber und sahen sich tief und meditativ in die Augen. Sie eröffneten das irdische Liebesspiel und die geistige Lichtreise mit den folgenden affirmativen Worten, die jeder der beiden, Satz für Satz, wechselseitig aussprach: „Geliebte Flamme des Aton, bitte wandle auf meinem Weg, geliebte Flamme des Aton, hiermit lasse ich meinen Seelenpartner in mein Leben und in mein Sein. Ich öffne mich tief in meinem Herzen für diese Erfüllung und verdiene das Gute, das Reine und das Edle. Ich verdiene, so gesehen und geliebt zu werden, wie ich bin.

Ich rufe die Flamme des Aton, betrete mein Herzensreich mit der

Fackel in der Hand. Die Flamme erleuchtet unser Sein hier in unseren Herzen, und wir begegnen uns selbst. Wir kommunizieren von Herz zu Herz, wir finden Erfüllung in der Erfüllung unseres kreativen und sinnlichen Ausdrucks. Wir erfreuen uns an uns. Wir erfreuen uns an unserem mannigfaltigen Potenzial in dem reinen Wissen, dass es ein Geschenk Gottes ist. Und so geben wir es weiter. Eine Leihgabe des einen, in dessen Quelle es zurückfließt und von wo es immer wieder neu geboren wird, so wie wir selbst. In Liebe an den Schöpfer, in Liebe an Aton, Echn-Aton und Nofretete."

Daraufhin begannen sie, sich sanft zu liebkosen. Sie umarmten sich im Schein der Fackeln, begleitet von sanften Melodien der zwischen ihnen umherlaufenden Musiker und des Nils, der lebendigen Quelle Ägyptens. Die Luft roch nach Ölen aus Rosen, Moschus, Sandelholz, Lotus und Papyrus.

Dabei visualisierten sie kraft ihres dritten Auges eine Pyramide opalisierenden Lichtes. Sie begaben sich gemeinsam mit ihrer Aufmerksamkeit in das Zentrum der Pyramide, wo die Aufstiegsflamme brennt, die sie durch ihre Chakren tanzen ließen. Sie trat ein in das Wurzelchakra, brannte dieses rein von störenden Energien und verschaffte ihnen zugleich die Festigkeit, das Licht in seiner hohen Schwingung zu erden. Sie spürten ein leichtes Vibrieren in ihren Nervensystemen. Eine Lichterinnerung, die in ihre Zellen eindrang und sie von innen her verwandelte.

Nach und nach intensivierte sich ihr Liebespiel und nach und nach drangen die Männer sanft in ihre Partnerinnen ein, die sie umschlangen. Die Flamme der Reinheit und Klarheit wanderte hoch in das zweite Chakra und brannte es frei von Störenergien. Nun wurden auch alle weiteren Chakren für sie geöffnet und erhöht, während sich die Lichtverbindung der Neophyten zum Kosmos verstärkte. Entlang dieser Lichtverbindung lenkten sie nun die weiße Flamme und es fand eine Reinigung statt, die ein großes Echo erzeugte. Während dieser Reinigung stiegen Töne im Kosmos auf, die in ihrer Schwingung dafür sorgten, dass karmische Absolution stattfinden konnte. Dies geschah ganz von selbst, ohne dass sie einen Einfluss darauf nahmen.

So trat nun, nach Reinigung all ihrer Chakren und ihrer endokrinen Systeme, aus der Aufstiegspyramide um sie herum zwei Strahlen hervor, die Himmel und Erde verbanden. Die Paare befanden sich immer mehr in einem andauernden exstatischen Zustand, die ihre Herzen mit Gnade erfüllten, während die Sehnsucht immer größer wurde, jenen Weg zu erobern, der zu den Sternen führt . . .

Sie waren so voller Hingabe, so voller Hingabe an ihre Partner und das Universum. Die Musik steigerte sich und die Nacht wurde stiller und stiller. Die Naturgeister versammelten sich um die Liebenden und viele Tiere wurden angezogen. Eine weiche, sanfte Luft umhüllte sie, die Fackeln wurden neu entzündet. Echn-Aton und Nofretete befanden sich bereits in einem Zustand außerhalb ihrer Körper und tanzten gemeinsam mit den Liebenden, die sich immer exstatischer öffneten.

Während Banthu tief in sie eindrang, sah Tarée nun plötzlich jene und erkannte jene, die jenseits von ihr waren. Sie sah jetzt all ihre irdischen Vergangenheiten und Zukünfte ihrer Seelen. Szenen über Szenen liefen vor ihren Augen ab. Sie sah sich als Priesterin in Lemurien, sah sich mit ihren Gefährten in Atlantis die gleichen Rituale praktizieren, sah sich auch in der Zukunft in einem ihr unbegreiflichen Gefährt ohne Pferde rollend. In einem Land entlang des Meeres fahrend, während vier kleine Hunde sie umgaben. Ja, sie reiste jetzt zu den höchsten Welten und zu den höchst möglichen Höhen ihrer Entfaltung.

Ähnliches erlebten die anderen Neophyten und so reisten auch Sina und Mahu gemeinsam und ungehindert hinaus in die Unendlichkeit, hinauf, hinaus zu anderen Planeten und immer weiter bis in andere Sternensysteme. Unbegreiflich fremdartig waren einige der Planeten, jenseits der menschlichen Vorstellungskraft.

Auf manchen Planeten erstrahlten die darauf lebenden Wesen wie die Sonne, auf anderen fielen sie tief in die dunkle Nacht. Manche bewegten sich in den Bereichen des Lichtes, andere durchlebten die Nacht auf dem Wege zurück in die Sonne.

Mahu und Sina begegneten einigen, die den Äther erobert hatten und sich frei im Raum bewegten und doch Menschen waren – Töchter und Söhne der Sterne. Die beiden Liebenden sahen, wie diese Wesen gigantische Städte aus dem Äther erbauten, geformt aus dem Urelement, der Grundlage der Materie, dem alles durchdringenden Äther. Diese Wesen brauchten bloß ein Bild in ihren Gedanken zu formen und sofort entstand das entsprechende Objekt vor ihnen im Raum.

Auf ihrem Fluge vereinten sich die Neophyten erneut in der Unendlichkeit und flogen geradewegs in das Licht und die Liebe der kosmischen Zentralsonne, wo sie mit ihr verschmolzen. So lernten und erlebten sie, dass sie alle Sonnen unter Sonnen waren, Kinder der Sterne, geformt aus dem lichten Uräther, erfüllt mit der Strahlenkraft, die aus der einen Quelle fließt. So wurden sie frei von den Begrenzungen ihrer irdischen Körper.

Unterdessen durchströmte das Feuer der Kundalini ihre Körper aus göttlicher Gnade. Die Schlangen tanzten energetisch entlang ihrer Wirbelsäulen und wanderten von einem zum anderen. Alle gerieten immer mehr in einen Rausch der Einheit und verschmolzen immer wieder in der ALLEINHEIT. Während die Musiker die ganze Sinnlichkeit und Erotik in ihre Lieder gaben, verschmolzen nun auch alle 32 wie auch Echn-Aton und Nofretete miteinander. Männer mit Männern, Frauen mit Frauen, alle miteinander. Alles wurde eins.

Am nächsten Morgen. Mahu weckte sanft Tarée. Sie öffnete die Augen und blickte ihn wie aus weiter Ferne an.

„Oh Mahu, welche Welten haben wir gesehen? Welche Töne haben wir gehört? Welche Farben erblickt? Welche Klänge schwingen noch in meinem Herzen?"

„Ja, meine liebe Tarée. Wir waren eins, wie wir es nie zuvor erlebt haben und sind es immer noch. Welten in Welten, eine solche Freiheit."

Gleichzeitig weckten sie nach und nach Banthu und die anderen auf. Da bemerkten sie, dass Aeoliah nicht aufwachte. Banthu ging liebevoll zu ihm, nahm ihn beim Arm und drückte ihn. Doch er rührte sich nicht. Dann rief er: „Aeoliah, wach auf! Aton steht am Horizont!“ Aeoliah wachte nicht auf. Banthu legte sein Ohr auf seine Brust und fühlte seinen Puls. Er blickte die anderen an und schüttelte nur den Kopf.

Daraufhin weckte Sina den Leibarzt Echn-Atons, der noch unter einer Palme schlief. Manu rannte zu Echn-Aton und Nofretete, die eng umschlungen unter einem Baldachin, befächelt von einem Bediensteten sich noch weit in anderen Welten befanden. Bald versammelten sie sich alle um Aeoliah. Doch öffnete er nie wieder seine blauen Sternenaugen…

In der Zukunft. Wenige Stunden später kamen Fleur, Jamal, Julien und die anderen ins ehemalige Tempelgelände und begrüßten etwas erstaunt das offensichtlich neue Liebespaar, Rachel und Mahmood, die Arm in Arm beieinander saßen und am äußeren Rande des Tempels das Nachtlager vorbereitet hatten. Es war schon dunkel und der Mond schien über der Wüstenlandschaft. Jamal kümmerte sich ums Feuer, auf dem er dann auch in einer Tajine das Essen zubereitete. Sie waren dabei alle recht still, da der Ort eine magische Kraft auf sie ausstrahlte. Sie alle wurden in Gedanken, Erinnerungen und Gefühlen in die alte Sonnenstadt versetzt, in ihre Leben in Achet-Aton…

„Oh, mein Gott“, sagte Julien zu Fleur. „Ich kann es sehen. Ich kann mich sehen!“

„Und was ist es?“, fragte Fleur lächelnd.

„Ich war eine Frau!“

Fleur nickte. „Dein Name war Sina.“

Und so begann nun auch Julien sich zu erinnern...

Achet-Aton, etwa 1.350 vor Christus. „Ich habe eine große Wunde in meinem Herzen", sagte die junge Frau ganz in Weiß gekleidet zu Echn-Aton, dem Pharao und großen Propheten des einzigen Aton, inneres Zentrum von allem, was ist. Sie befanden sich mitten im überdachten Allerheiligsten des Haupttempels.

Echn-Aton saß auf seinem vergoldeten Thron, neben ihm links und rechts stehend der Schreiber und die Sängerin Lotus. „Welcher Schmerz peinigt dich, Sina?", fragte Echn-Aton.

„Aton erfüllt mein Herz mit einer solchen Liebe", antwortete sie ihre Hände zum Himmel erhebend. „Und doch", fuhr sie zögerlich fort, „spüre ich in den letzten Tagen immer eine solche Trauer, als ob ich mein Kind verloren hätte..."

Echn-Aton blickte sie an und während er eine fließende Handbewegung im Raum tat, sagte er: „Du bist eine meiner wundervollsten Tänzerinnen. Dein Tanz gleicht den Strahlen der Sonne am frühen Morgen, wenn die Welt in Seinem Glanze erwacht und die Vögel Seine Schönheit singen. Und doch habe ich bei unserem letzten Fest bemerken können, dass dich etwas bedrückt und zurückhält."

Der jungen Frau schossen Tränen in die Augen und sie errötete.

„So richte nun also deine Frage an das Sonnenorakel", sagte er plötzlich mit einem etwas unpersönlichen Tonfall.

„Oh, Aton...", begann Sina mit einem Kloß im Hals. „Auf welche Bühne muss ich gehen, um meinen Schmerz zu heilen?" Dann legte sie ihre Hand auf einen der Strahlen der Sonnenscheibe vor ihr und drehte das Sonnenrad... Gespannt sah die junge Frau, wie es sich verlangsamte und schließlich nach Westen zeigte.

„Aton hat gesprochen", sagte der Pharao. „Der Ursprung für deinen Schmerz liegt im Wasser-Element."

Sina begab sich in die blaue Ecke des Raumes, in der sich eine kleine Tür öffnete. Ein junger Tempeldiener trat ein, übergab ihr ein blaues Gewand und verschwand wieder durch die Tür. Während Sina dieses überzog, begann die Frau zur Linken Echn-Atons eine sanfte Melodie zu singen – Seelenklänge, die tief in das Herz der jungen Tänzerin drangen. Sie schloss die Augen und begann, mit harmonischen Bewegungen langsam im Raum zu tanzen.

„Was siehst du?“, fragte der Pharao. „Was nimmst du wahr?“

„Ich sehe… das Meer“, antwortete sie und bewegte sich behutsam weiter. „Es ist so schön… Ich sitze in einem kleinen Segelboot. Die Abendröte wirft ihr Licht über die Weiten des Meeres. Langsam wird es nun dunkel und der Mond grüßt in Purpurfarben. Ich spüre eine solche Traurigkeit. Bin so voller Wehmut…

Nun zieht ein starker Nebel auf und umschließt mich wie ein Leichentuch… Ich lasse mich zurückfallen, habe die Augen geschlossen – bin machtlos, vernichtet… Da höre ich ein Klopfen. Ich öffne die Augen und es klopft immer fort. Ich stehe auf und blicke über die Rehling. Da schwimmt eine Flasche! Ich nehme sie. Doch ist sie verschlossen und ich kann nicht sehen, was darin ist…“

„Kannst du sie öffnen?“, fragte Echn-Aton.

„Ja…“, antwortete Sina. „Aber es ist nur ein roter Faden drin… Nun fängt das Boot an zu schwanken! Ich bekomme Fahrt und schaukle hin und her! Eine große Welle rauscht heran! Ich werde ins Wasser geschleudert! Und ein mächtiger Strudel packt mich, reißt mich mit unwiderstehlicher Gewalt in die Tiefe, immer tiefer hinab! Jetzt sehe ich am Grund etwas bläulich schimmern… Es ist… eine riesige Kuppelstadt! Der Strudel bringt mich direkt bis vor eine schwarze Eingangspforte. Da steht auch etwas drüber… Ein mächtiger Verwandler ist der Tod.“

Nun kniete sich Sina auf den Boden und sprach weiter: „Ich krieche auf allen Vieren durch das Portal. Sobald ich mich schwer atmend wieder aufrichte, höre ich ein befremdliches Wirrwarr an Stimmen, die mir wie aus dem Nichts zuflüstern: „Das kannst du nicht… Das geht nicht… Das ist verboten…“ Da kommt ein Mann auf mich zu. Er ist fast durchsichtig und scheint zu schweben. „Überall geht ein frühes Ahnen dem späteren Wissen voraus“, flüstert er mir zu und geht teilnahmslos weiter. Mir läuft ein Schauer über den Rücken. Höre immer noch die Stimmen…“

„Möchtest du umherwandern?“, fragte Echn-Aton.

„Ja, ich laufe umher. Ein großer Fluss schlängelt sich durch die merkwürdigen Bauten. Auch die Menschen haben befremdliche Kostüme und Gewänder an. Doch keiner achtet auf mich. Ich verliere die Orientierung! Irre durch die verschlungenen Straßen, Gänge und Wege umher. Da kommt ein junger Mann auf mich zu. „Vor der Wirklichkeit kann man seine Augen verschließen“, flüstert er, „aber nicht vor der Erinnerung.“ Dann geht er weiter. Ich versuche ihn festzuhalten, doch meine Hand dringt durch ihn wie durch Wasser!

Ich setze mich auf die Stufen eines Tempels. Nun höre ich eine wunderschöne und doch so traurige Melodie, wie von einem Kind gesungen… Ich drehe mich um. Es kommt aus dem großen Eingang des Tempels, auch ein großer Kuppelbau… Ich betrete das Heiligtum und stehe nun vor der riesigen Statue einer weiblichen Meeresgottheit. Ah, eine sanfte Strömung breitet sich über meine Fußsohlen in den ganzen Körper aus! Da ist wieder der Gesang… Ich folge ihm tiefer in den Tempel hinein… Komme durch verschlungene Kammern und Gänge… Es zieht mich bis in das Herz des Tempels. Es ist eine feuchte, dunkel-blau leuchtende Kapelle.

Jetzt höre ich ein Kinderlachen! Es kommt… direkt aus einem Spiegel inmitten der Kapelle. Ich sehe hinein und sehe… ein kleines Mädchen, das lachend in einer Pfütze tanzt.“

Die Augen Sinas füllten sich wieder mit Tränen. „Ich bin es selbst! Aber was ist das? Das Mädchen hat ja ganz verfaulte Zähne! Sie ist wie eine Wasserleiche!“

Sina wurde von heftigen Gefühlen überschwemmt und begann zu weinen.

„Solange weilt dein inneres Kind schon im Verborgenen“, sagte Echn-Aton behutsam.

„Ich strecke meine Hand nach dem Spiegel aus“, sprach Sina in Tränen weiter. „Oh, das Mädchen tut es auch! Bis sich unsere Fingerspitzen berühren... Oh, welche Freude, wie zärtlich sie ist... Sie kommt aus dem Spiegel hervor! Ich nehme sie in meine Arme...“

Sina verließ den Raum der inneren Weisheit mit strahlenden Augen und betrat den großen Garten im Innern des Tempelgeländes mit seinen zwei länglichen Wasserbecken voller Lotus, die links und rechts der Mauern verliefen. Um die Becken herum waren wunderschöne Beete mit Rosen, Jasmin, Oleander, Mimosen und Chrysanthemen angelegt. Es gab Palmen und Feigenbäume. An die 20 jungen Männer und Frauen schwammen in den Teichen oder lagen lasziv, teilweise nackt unter den Bäumen, um etwas Schatten zu bekommen. Auch einige Hunde, kleine Affen und Katzen liefen frei umher. Die ganze Tempelanlage bestand aus Kalkstein, der weiß in der Sonne aufleuchtete.

„Sina!“, rief ihr Mahu zu und ließ seine Gefährtin in einem der Teiche zurück. Er stieg nackt aus dem Becken, schwang sich ein weißes Tuch um die Hüften und lief Sina auf dem mit Tieren und Pflanzen bemalten Marmorboden entgegen.

„Ach, Brüderchen!“, rief sie mit ihrer bezaubernden Stimme und warf sich ihm um den Hals. „Es war so wunderbar, Mahu! Ich durfte sogar Echn-Aton in die Augen sehen! Er ist so schön, so erhaben und tief...“

Mahu lächelte wissend und fragte: „Und deine Wunde?“

„Das Sonnenrad“, flüsterte Sina, „Aton...“

„Na, sag schon!“, drängte er sie.

Ihre Augen füllten sich wieder mit Tränen. „Aton hat mein inneres Kind aus der Tiefe des Ozeans zurückgeholt. Es war schon so lange da unten gewesen...“

Mahu nahm sie in die Arme, worauf sie gleichzeitig weinen und lachen musste. „Ach, Schwesterchen“, flüsterte er, „ich freue mich so sehr, so sehr für dich. Dein erstes Mal beim Sonnenorakel und schon einen solchen Schatz gehoben...“

Da hob Sina ihre Arme der Sonne entgegen und rief voller Freude: „Danke Aton! Danke!"

„Was ist passiert?", rief ihnen die Schöne aus dem Becken zu, mit der Mahu eben noch zusammen gewesen war. Arm in Arm mit Sina ging er zu ihr und antwortete lachend: „Tarée! Aton hat ihr ein Kind geschenkt!"

„Ein Kind…", fragte Tarée zögerlich und stellte sich aufrecht in das Becken, wobei sie ihre Arme über der nackten Brust verschränkte.

„Nicht, was du denkst!", schrie Sina empört und boxte Mahu leicht in die Seite. „Es ist mein inneres Kind! Mein inneres Kind, das zu mir zurückgekehrt ist." Sie mussten alle drei lachen.

Tarée stieg aus dem Wasser. Sie umarmten sich und küssten einander auf den Mund.

Am Abend, die Sonne war bereits untergegangen, saßen Sina und Mahu auf den Stufen des kleinen Aton-Tempels direkt am Nil und blickten in die blaue sternenklare Nacht. Aus Achet-Aton drang Gesang und rhythmisches Trommeln herüber. „Ich möchte mit allem verschmelzen", sagte Sina. „Eins sein mit allem was ist."

Mahu lächelte, blickte ihr in die Augen und fragte sie: „Bist du das denn nicht schon längst?"

„Ich…", antwortete sie zögernd. „Ich habe doch gerade erst mein inneres Kind zurückgeholt…"

„Isis sei Dank", hörten sie eine weibliche Stimme hinter sich sagen. Sie drehten sich um und sahen zunächst nur eine Silhouette. Dann erkannten sie die etwa 25 Jahre alte Frau, die in Weiß gekleidet war.

„Hania!", rief Mahu und wollte sogleich aufstehen.

„Bitte bleibt sitzen", sagte sie. „Darf ich mich zu euch setzen?"

„Natürlich", antwortete Sina. „Komm doch hier zwischen uns. Ist es nicht eine ganz wundervolle Nacht?"

„Sie ist vollkommen", sagte Hania etwas schwermütig.

„Hania?“, fragte Sina.

Hania sah ihr in die Augen.

„Darf ich dich etwas fragen?“

„Alles was du willst, liebe Sina.“

Doch Sina hatte plötzlich einen Kloß im Hals. Sie blickte auf den goldenen Schlangenarmreif Hanias, hustete verlegen und sagte schließlich: „Du hast eben gesagt: Isis sei Dank. Ich dachte aber, dass Isis gar nicht existiert. Hat der Pharao nicht gesagt…?“

„Sina!“, mischte sich Mahu ein, „wie kannst du nur…“

„Bitte lass sie nur“, beruhigte Hania die beiden. „Du hast ein reines Herz, Sina. Du sprichst nur aus, was dir auf dem Herzen liegt. Wir alle sind der Wahrheit verpflichtet. Ja, das habe ich gesagt. Und ich habe es sehr bewusst gesagt, weil ich hörte, dass du heute zum ersten Male das Sonnenorakel befragt hast. Ihr seid beide noch jung und Echn-Aton hat euch in eurem Wesen wiedererkannt, euch an seinen Hof geholt, damit ihr lernt und ihm, dem einzigen unseres Wissens nach heute lebenden Propheten des Aton, Freude bereitet.

Ihr seid noch so jung, dass ihr praktisch hier in Achet-Aton aufgewachsen seid. Kaum könnt ihr euch noch an eure Eltern erinnern. Kaum könnt ihr euch noch daran erinnern, wie es in Ägypten um die Menschen steht. Sie haben das Wesentliche aus den Augen verloren. Die Menschen von Ägypten haben von Alters her die vielen Götter. Und der höchste Gott wird alle Tausende von Jahren entthront und durch einen anderen Partikular-Gott ersetzt. Nicht weil er wirklich der Höchste ist, sondern weil die politischen Machtverhältnisse es so wollen.

Als Ägypten vor vielen Jahren in Nord und Süd geteilt wurde, hatten wir plötzlich doppelt so viele Götter. Das hat sich mit der Wiedervereinigung nicht geändert. Eine immense Palmenoase, die zwar den Gläubigen Schatten bietet – doch mehr auch nicht. Vor lauter Schatten sehen sie das eigentliche Sein nicht mehr. Aton, das allumfassende, all-durchdringende Sein… Nicht der höchste Gott. Der Einzige…“

„Und Isis?“, fragte nun Mahu behutsam.

Hania klatschte in die Hände. „Isis ist eine der Emanationen des Aton, der weder männlich noch weiblich ist, sondern beides zugleich. Aus Aton, der sich in dieser Welt vor allem durch das reine, leere Sonnenlicht offenbart, der aber nicht alleine diese Sonne ist, die wir tagtäglich sehen, floss wie ein großes Meer die Muttergöttin Isis heraus. Die Ur-Energie, die Ur-Materie, das Alles und Nichts. Über ihr schwebte Osiris, das erste männliche Prinzip unserer Wirklichkeit, der große schöpferische Geist.“

„Aber Echn-Aton hat doch gesagt, dass Aton alles erschaffen hat“, wandte Sina ein.

„Echn-Aton, der große Weise und Prophet des einzigen Aton, hat mich zu euch geschickt“, erklärte Hania Sina zuzwinkernd. „Er hat Worte für die Verirrten, deren Geist sich allzu sehr in der Vielheit verloren hat, und er hat Worte, geheime Worte, die für seine Auserwählten sind. Zwischen dem Einen und den Vielen gibt es keine Trennung. Wo hört das Feuer auf und wo beginnen die Flammen? All die einzelnen Wesen auf dieser Welt sind zwar seine Geschöpfe. Doch sie sind immer zugleich auch er selbst. Wir alle sind Aton, meine lieben Freunde!

Um seiner Mission zu folgen, die Menschheit wieder zu Aton zu geleiten, zurück in die Einheit, zurück in die Liebe, verneint er vor der Menge die vielen Götter. Aber so wie er die verschiedenen Einweihungsstufen, die es vordem entlang des Nils in Ägypten gab, in seinem Tempel vereint, so spricht er im engen Kreise auch von der Rolle der einzelnen Götter. Sie alle existieren“, flüsterte Hania nun. „Sie alle sind kosmische Kräfte und Wesenheiten in und außerhalb von uns selbst. Sie und ihre Geschichten zu kennen und zu verstehen, hilft uns, zurück zu Aton zu gelangen. Dies ist auch ihr ursprünglicher Zweck.“

„Ist es das“, fragte Mahu, „was Echn-Aton uns durch dich übermitteln möchte?“

„Ja. Und noch etwas. Etwas, was das Sonnenorakel und seine Kraft betrifft. So wie du heute, Sina, mit Hilfe des Sonnenrades dein inneres

Kind aus den Tiefen des Meeres zurückgeholt hast, so hat Isis die verlorenen Teile des Osiris wiedergefunden, nachdem sein Bruder Seth ihn zerstückelt hatte. Erst wenn all die Stücke des solaren Osiris-Geistes wieder versammelt und vereinigt sind, kann die Wiederauferstehung gelingen. Der Gott in uns kann uns mit seinem Licht, seiner Liebe und seinem Leben nur befruchten, wenn unsere innere Göttin auch empfänglich dafür ist."

„Wie meinst du das?", wollte Sina wissen.

„Warum", fragte Hania zurück, „sind wir oft nicht empfänglich, kalt und verschlossen? Weil wir Wunden haben. Wunden unseres Emotionalkörpers. Ursprünglich entstehen sie durch die Illusion der Trennung. Um wieder empfänglich zu werden, müssen wir unsere Wunden heilen, indem wir Abspaltungen zurück ins Licht führen."

„Wie?", fragte Mahu.

„Indem wir uns ihrer zunächst bewusst werden und sie dann durch die Liebe erlösen. Sie mit offenen Armen empfangen und zurückholen, wie du Sina dein inneres Kind. Solange wir das nicht tun, ist der Kelch der Empfänglichkeit versiegelt. Erlösen wir aber diese Wunden aus der Vergessenheit und holen wir die Stücke des Osiris aus der Unterwelt wieder empor, so lösen wir die Siegel, öffnen sie und somit uns selbst für die Befruchtung durch den wieder auferstehenden Osiris. Aus dieser Befruchtung wird der Horus geboren.

Eine Sternschnuppe flog durch den blau-schwarzen Himmel… „Nachdem Osiris zerstückelt wurde", fuhr Hania fort, „machte sich Isis auf die Suche nach den 14 Stücken. Bis auf seinen Penis konnte sie alle finden und rief den Schakalköpfigen Anubis zu Hilfe, der die Stücke des Osiris wieder verband. Daraufhin empfing sie den befruchtenden Geist des Osiris.

Die Aufgabe des Sonnenorakels ist nun genau das: Es hilft uns, die verlorenen Seelenanteile zurückzuholen und die Wunden zu erlösen, indem wir uns gegenüber den inneren Bildern und Gefühlen öffnen. Mit der Zeit erkennen wir, dass die Welt ein Spiegel unserer selbst ist.

So hören wir auf, gegen das Außen zu kämpfen. Wir lassen die Wut los und öffnen uns nach innen.

Hier nun ein kleines Ritual, meine Lieben. Ballt einmal die Fäuste… und nun öffnet sie wieder und lasst euer „Ich-bin-es-nicht-wert“ los…

So, meine lieben Freunde. Es wird nun Zeit der Sonne durch die Unterwelt zu folgen. Ich freue mich, euch im Tempel zu sehen.“

„Schlaf gut!“, sagten die beiden jungen Leute, während sie aufstand und in der Nacht verschwand. „Vielen Dank, Hania!“ und dann blickten sie Arm in Arm weiter in das glitzernde Himmelszelt.

Im Kleinen Tempel, tausende von Jahren später. Rachel lag noch im Arm von Mahmood vor dem Feuer und blickte zu Julien, der von den Erinnerungen müde, die Augen schloss und sofort einschlief. Ein paar Meter weiter begannen drei der Soldaten gerade zu beten.

„Ich habe bemerkt, auch Julien erinnert sich an damals“, sagte Rachel.

Mahmood nickte. „Dieser Ort ist ungemein kraftvoll. Wir haben hier alle früher in dieser Zeit gelebt. Wir alle.“

Sie schwiegen eine Weile und blickten zum Mond hinauf. Schließlich sagte Mahmood: „Morgen fahren wir mit einem Boot weiter.

„Einem Boot?“, fragte Rachel.

„Ein Freund stellt es uns zur Verfügung. Er bringt es nach Minya, hier in der Nähe. Mit dem Boot fahren wir dann weiter nach Kairo, wo wir wiederum ein Flugzeug chartern, um damit nach Deutschland zu fliegen.“

Nach einer Weile fragte Rachel, die beteten Männer beobachtend: „Mahmood, warum betest du jetzt nicht? Ist es jetzt nicht die Zeit dazu?“

Er musste lächeln. „Meistens tue ich das auch. In der Gemeinschaft kann es sehr schön sein. Es ist meditativ. Es bringt den Geist zur Ruhe.“

„Das mag sein", sagte sie. „Manchmal denke ich aber auch, dass es vor allem rituelle Formen sind, denen die Menschen mechanisch folgen, um sich über ihre innere Leere hinweg zu täuschen."

„Auch ich bin im Islam mit meiner Spiritualität verankert", sagte Mahmood. „Allerdings bin ich ein Sufi und wende mich meinem inneren, geistigen Leben zu. Es ist die Hingabe zu Gott und die Liebe, die mir von diesem göttlichen Wesen zuströmt, die mich so sehr bewegen, nicht Vorschriften, die nieder geschrieben wurden. Ich liebe und trachte danach, mich in Liebe mit dem göttlichen Geist zu vereinigen."

„Ich denke", entgegnete Rachel, „dass dies das ursprüngliche Gefühl war. Die Einheit mit dem Göttlichen unmittelbar zu erleben."

„Das denke ich auch", stimmte er ihr zu. „Vor langer Zeit war die Erde von Menschen bewohnt, die mit dem Planeten in Harmonie lebten. Immer in Kontakt mit ihrem inneren Selbst. Ich bin sicher, dass sie, wie wir es auch heute wieder tun, direkt und jederzeit mit den Bewohnern anderer Dimensionen kommunizieren konnten. Auch waren sie fähig, riesige Gegenstände ohne die geringste physische Bemühung zu heben und zu transportieren, weil sie Zugang hatten zu den Energien in großen Steinen, in Bäumen, in den Blumen, in allem. Eine Beziehung, die auf göttlicher Liebe beruhte."

„Wie konnte es dann nur so abrutschen?", fragte Rachel.

„Es heißt, Wesen aus anderen Welten und Dimensionen seien hierher gekommen und hätten die Menschheit manipuliert."

„Asuras…", stellte Rachel fest.

„Asuras", sagte er nachdenklich, „Es fragt sich nur, was Asuras wirklich sind? Sicherlich sind unter diesem Sanskrit-Begriff viele verschiedene Wesenheiten zusammengefasst: Astralwesen, kalte Lichtwesen, Humanoide, die von ihren Gefühlen abgeschnitten wurden. Was sie wohl alle gemeinsam haben ist, dass sie sich von der göttlichen Liebesquelle abgeschnitten haben. Sie identifizieren sich mit ihrem Ego und versuchen, durch Manipulation und magische Kräften ihre Ziele zu erreichen."

„Auf jeden Fall scheint es Mächte zu geben“, bemerkte Rachel, „die glauben, dass es nicht in ihrem eigenen Interesse sei, wenn die Menschen sich ihres wahren Wesens bewusst sind.“

„Ja“, bestätigte er, „Und man sagt, dass es ihnen vor tausenden vor Jahren gelang, die DNS der Menschen zu verändern, sie auf zwei Stränge zu reduzieren. Auf diese Weise verstellten sie in den Menschen die mentalen Filter. Immer weniger Menschen waren nun in der Lage offen zu sein, um sich mit dem eigenen höheren Selbst zu verbinden. Es kam zu einer Frequenzveränderung und einer massiven Horizontverengung…“

„Und die Menschen“, führte sie seinen Gedanken weiter aus, „verloren allmählich ihren göttlichen Ursprung und ihre natürlichen höheren Kräfte aus den Augen.“

„Ja, Rachel. So kann man das sicherlich sehen. Dieser Beschränkung wurden nun auch neue Konzepte hinzugefügt, mit dem Ziel, das Selbstwertgefühl der Menschen zu vermindern.“

Rachel musste lächeln. „Du meinst die Religionen, nicht wahr?“

Er nickte ernst und sagte: „Diabolisch genial. Auf der einen Seite versprach man nun den Menschen, dass sie über die Priester eine Verbindung zu ihrem Gott bekommen würden, auf der anderen Seite machte man ihnen, wie im sogenannten Christentum, weis, dass sie vor Gott unwürdig seien und schuldig aufgrund einer ursprünglichen Sünde. So wurden die Menschen immer weiter von ihrem eigentlich göttlichen Kern entfernt. Ihr Selbstwert wurde immer weiter vermindert, die inneren Wunden wurden immer mehr.

Deshalb klammerten sie sich an äußere Ritualen und Gebote und begannen gar Kriege, um diese durchzusetzen. Die Menschen machten letztendlich mit. Wir können die Verantwortung nicht einfach auf Außerirdische abschieben. Jeder und Jede von uns trägt für sein Leben, für seine Taten und selbst in gewisser Weise für das, was uns passiert, die Verantwortung.

Dabei gab es auch immer Menschen, die das Spiel durchschaut haben. Doch wurden ihre Worte allzu oft missverstanden und verfälscht. Die Mächte, die nicht dem Göttlichen dienen, ergriffen jede Gelegenheit, die Worte dieser Menschen zu verzerren."

„Und der Islam in alledem?"

„Viele im Westen blicken heute abfällig auf den Islam", sagte Mahmood. „Gerade weil sie darin einen Gegensatz zu ihren freiheitlich-liberalen Grundwerten sehen."

„Und was denkst du?"

„Ich denke zunächst, dass man im Islam drei Dinge unterscheiden muss. Seine Lebenshaltung hat religiöse, politische und kulturelle Aspekte, die sich auf verschiedenste Weise überschneiden und ergänzen. Anders als die Religion und Staatsverfassung, ist die Kultur des Islam ein Konglomerat vieler Kulturen, der arabischen, der altgriechischen und der indisch-persischen. Nach der Eroberung Persiens beispielsweise, beeinflusste diese so reiche Kultur praktisch jeden Aspekt im Leben der Moslems. Während der Abbasiden-Regierung in Bagdad kamen die Kunst, die Architektur und Dichtung in Berührung mit den Werken sehr viel älterer Zivilisationen, deren Ideen und Kulturen den Nahen Osten durchdrangen. Griechischer Rationalismus, indische Philosophie, persische Hofliteratur: Eine kulturelle Synthese, die über Spanien und Sizilien maßgeblich die Weiterentwicklung Europas vorbereitete.

Während des Mittelalters hatte der Islam keineswegs unrecht, den Westen als Zivilisation zu betrachten, die in sehr vieler Hinsicht weniger entwickelt war. In den Kreuzzügen hatten die Moslems nicht so sehr eine Herausforderung durch Gleichrangige sehen können als vielmehr den Einbruch von Barbaren. Erst in der späten Renaissance begann ein Austausch der Rollen. Obwohl ein neuer und mächtiger islamischer Staat – das Osmanische Reich – entstand, ging auf den Gebieten der Wissenschaft und der Kultur die Führung auf Europa über."

„Was war passiert?", fragte Rachel.

„Sicherlich hat auch der Islam, so wie die anderen monotheistischen Religionen auch, seine im Dualismus wurzenden Probleme“, sagte Mahmood. „Im Fall des Islam gibt der Glaube vor, dass der Koran das Wort Gottes sei.“

„Also unfehlbar“, stellte Rachel fest.

Mahmood nickte. „So wie dies auch heute noch vom Papst behauptet wird. War das Wort Gottes ewig wie Gott selbst oder nicht? Etwa 22 Jahre lang genoss im Islam das rationalistische Denken, das der Islam von den Griechen der späthellenistischen Zeit geerbt hatte, die offizielle Unterstützung des Staates. Es war die Zeit, die das intellektuelle Erwachen des Islam ermöglichte. Die Überzeugung der alten Griechen, dass dem offenbaren Chaos der Welt eine fundamentale Ordnung zugrunde liegt, war die Grundlage der islamischen Wissenschaft.

Auch viele orthodoxe Intellektuelle sahen in den logischen Methoden des griechischen Rationalismus ein Werkzeug, das wirksam dazu benutzt werden konnte, die Lehren des Islam zu verdeutlichen. Doch im Jahre 849 wurde der öffentliche Widerstand so groß, dass der damalige Kalif die offizielle Politik revidierte und den Traditionalisten den Sieg zusprach.

Dennoch hielten moslemische Chemiker, Ärzte, Astronomen, Mathematiker und Geografen vom 9. bis ins 14. Jahrhundert die Disziplinen der griechischen Wissenschaft nicht nur am Leben, sondern erweiterten sie und verstärkten somit die Fundamente, auf denen heute noch die moderne Wissenschaft ruht. Doch muss man gewiss auch sagen, dass die orthodoxen Theologen sich immer mehr durchsetzten und weitgehend verhinderten, dass der Islam sich im Sinne der Vernunft weiter entwickelte.

„Das hört sich doch wieder nach den Asuras an“, bemerkte Rachel. „Sie schließen den Geist in ihre Machtstrukturen ein.“

„Man könnte auch sagen“, fuhr Mahmood weiter aus, „dass die Stärke des Islam zugleich seine Schwäche war. Die dauerhafteste Stärke war immer seine Religion gewesen.

Das rassen- und klassenüberbrückende Gefühl der Bruderschaft schuf eine menschliche Solidarität, in der Sklave und Sultan vor Gott gleich sind. Ein großer Fortschritt! Doch waren die Moslems eben auch überzeugt, im Koran das endgültige Dokument der Wahrheit zu besitzen."

„Fatal", sagte Rachel.

„Zu dieser Überzeugung", sagte Mahmood, „kam die Doktrin, dass der Koran ewig und ungeschaffen sei. Diese beiden Faktoren zusammen führten zu einem sehr konservativen theologischen Denken. Als im 9. Jahrhundert bereits die Lehren der von Griechenland inspirierten Gelehrten von den konservativen Ulemas verworfen wurden, gewann diese Einstellung nach und nach die Oberhand. An Stelle der Rationalisten traten orthodoxe Moslems, die in späteren Jahrhunderten ihre Macht gebrauchten, um sich allen Neuerungen und Experimenten zu widersetzen. Letztendlich sind wir aber alle Teile des einen göttlichen Wesens. Früher oder später erwachen wir zu unserem göttlichen Kern, ob wir nun Moslems, Christen, Buddhisten oder Atheisten sind. Und auch der Islam könnte von seinem inneren Wesen her eine weltoffene Kraft sein, kulturschöpfend und wissenschaftsfreundlich. Durchaus nicht fanatisch, sondern in dem Sine „absolut", dass er integrierend wäre, da der letztendliche Kern des Islam theistisch ist in seiner Betonung, dass Gott nicht nur Energie ist, sondern ein Individuum mit Bewusstsein und Willen., wodurch auch wir als Teile Gottes über Bewusstsein und Willen verfügen."

„Unterdessen", sagte sie, „wütet der Nihilismus und löst bei so vielen Menschen einen unwiderstehlichen Todestrieb aus. Wie bei mir selbst in meinem vorherigen Leben als Yoshi. Ein unwiderstehlicher Antrieb, die gesamte Welt in den Abgrund zu reißen. Je größer die Zerstörung, umso größer der Ruhm. Eine Freude an der Zerstörung um der Zerstörung willen. Seit dem 19. Jahrhundert leben wir eigentlich in einer Kultur des Todes.

Und die fundamentalistischen Nihilisten? Von allen Attributen Gottes interessieren sie sich nur für eines nicht: Für seine Liebe, seine Weisheit, nur für seine Wut. Die Terroristen verehren einen Gott der

Rache, grausam und erbarmungslos, und das Feuer einer radikalen Auslöschung. Was ist Gott für einen Nihilisten? Der Rachegott der Apokalypse. Der gläubige Nihilist liebt keinen Schöpfergott, er liebt den Gott, der alles zurück ins ursprüngliche Nichts zurückführt. Ist nicht der islamische Nihilismus, der nihilistische Islamismus nicht eben vor allem eine spezifische Form des Nihilismus? Der Wille zu zerstören ohne klares Konzept, welches an die Stelle des Zerstörung gesetzt werden könnte?“

Mahmood rieb sich über das Gesicht und fragte dann zurück: „Haben sie denn wirklich kein Ziel?“

„Nun, welches Ziel haben sie denn?“, fragte Rachel weiter.

„Ein weltweites Kalifat zu errichten“, antwortete er. „Einen Gottesstaat, der sich über die ganze Welt erstreckt.“

„Aber sie suchen doch nur den Tod!“, rief sie aufbrausend.

„Insofern ist der Todestrieb bei ihnen sicherlich auch sehr groß“, sagte er zustimmend. „Aber es hat auch gewiss mit der Öffnung der islamischen Gesellschaften gegenüber der Wissenschaft, der Technologie und dem westlichen Lebensstil zu tun. Damit einhergehend die Angst, dass sich die traditionellen Gesellschaften auflösen könnten, und mit ihr der Glaube, die Religion, die festen Wurzeln.

Die Weltanschauung der Terroristen dreht sich um die nicht direkt hinterfragte Vorstellung vom verlorenen, vergessenen, beschädigten Gesetz. Wie besessen erscheinen sie vom Verlust des Sinnes. Dieser Kontrast zwischen einer eher sittenstrengen und traditionalistischen Kultur und einem teilweise verwestlichten gesellschaftlichen Milieu, ist sicherlich eines der zentralen Elemente, aus denen sich der Terrorismus zum Teil erklären lässt. Gerade das Internet hat dazu geführt, dass alte Normen und Verpflichtungen zwar noch vorhanden sind, aber ihre zwingende Selbstverständlichkeit verloren gegangen ist. Die Wertesysteme und die an sie gekoppelte Identität der Menschen sind völlig destabilisiert. Die Entwurzelung ist universell.“

„So wie der Nihilismus“, sagte Rachel.

„Gewiss", sagte Mahmood. „Der muslimischen Jugend, vor allem in der arabischen Welt, aber auch in den europäischen Metropolen mangelt es an Idolen und Idealen und die Fundamentalisten versuchen, diese Lücke zu füllen. Die Persönlichkeiten vieler Terroristen erscheinen wie leer. Und diese Leere wollen sie ausfüllen mit einem unumstößlichen Ideal.

Wie du weißt, befinden wir uns in einer Epoche eines tiefgreifenden und weltweiten Umbruchs, eines Wertewandels und seit Jahrhunderten schon des Verlusts bisheriger Verbindlichkeiten, eine Epoche der generalisierten Ungewissheit. Die Bedrohung bisheriger Normen und Weltanschauungen kann eine Entwicklung in mehrere Richtungen auslösen: Das akzeptierte Nebeneinander der Weltanschauungen oder ihre Abwehr."

„Und das ‚sich Öffnen' für die universelle Liebe in uns allen", fügte Rachel ernst hinzu.

Mahmood nickte lächelnd. „Im Fall der Abwehr wird die Vielfalt als Bedrohung gesehen und verworfen. Die Globalisierungsprozesse haben eine sehr stark entwurzelnde Wirkung. Der Nihilismus von dem du sprachst, wird durch die Wertevielfalt und das materialistische Weltbild des Westens verursacht.

Immer wieder entstehen gegen die Vielfalt und die Freiheit, die sie mit sich bringt, alternative Richtungen mit besonderem Gültigkeitsanspruch. Das Bedürfnis nach einer eindeutigen Identität ist wohl eine treibende Kraft hinter dem Streben nach unverrückbar klaren Wahrheiten und Zielen. Der Pluralismus und die Freiheit führen zu einer äußert prekären Identität, wie auch zu einer Bewegung hin zur fundamentalistischen Eindeutigkeit und Festlegung und zum fanatischen Willen, diese durchzusetzen. Eine heftige Reaktion gegen die Angst, keine Basis, kein Fundament mehr zu haben. Eine Überkompensation im Dienst der Angstbewältigung und des Identitätsverlustes. Eine Kompensation, bei der sich der gesamte Lebensinhalt auf eine bestimmte Idee, auf ein Ideal fixiert, sei es das weltweite Kalifat, die perfekte kommunistische Gesellschaft oder die Reinheit der Rasse. So kann man Fundamentalismus letztendlich als Unglauben, als ‚Nihilismus' entlarven, wobei sicher nicht jeder Anhänger einer fundamentalistischen Richtung von einer solchen Dynamik bestimmt ist. Es gibt auch ein naives Hineinwachsen in solche Denkweisen, wie dies bei so vielen Kindern in der Hitlerjugend zu sehen war.

Nach ‚außen' führt der fundamentalistische Wille zu Abwehrkämpfen gegen die Bedrohung durch gesellschaftliche Entwicklungen, zum Kampf gegen einen äußeren Kampf, zum ‚Dschihad gegen die Ungläubigen', nach innen zu einer Fixierung auf eine Idee.

In vielen islamischen Gesellschaften kommt hinzu, dass die fehlende demokratische Kultur die Jugend daran hindert, altersgemäße Kritik zu äußern oder sich auch nur selbst auszudrücken und frei zu entwikkeln. Mangelnde Bildung ist dabei nicht einmal das Hauptproblem, sondern die Arbeitslosigkeit und Perspektivlosigkeit besonders unter den Akademikern. Der politische Islam und sein Dschihad verdeutlichen das Unvermögen einer ganzen Generation, am gesellschaftlichen Leben teilzunehmen. Sie ist die ‚Revolte der Überflüssigen'.

Viele von ihnen sind auch noch einer sexuellen Frustration ausgesetzt. Das Ausleben der Sexualität ist mit großen moralischen Vorbehalten verbunden und wird gesellschaftlich tabuisiert. Eine sehr große Belastung für die Jugendlichen vor allem. Kinder und Jugendliche stehen ganz unten in der gesellschaftlichen Hierarchie. Sie müssen ihre körperlichen Bedürfnisse und Triebansprüche unterdrücken. Die dennoch vorhandenen Bedürfnisse aber erzeugen Angst und Schuldgefühle, die ihrerseits Unterwürfigkeit und Abhängigkeit von den Autoritäten verstärken. Eine Unterwerfung unter eine externe Disziplin und Autorität, die bei so manchem Ablehnung und Hass gegenüber den Eltern und jeder anderen Autorität erzeugt."

„Wie unterscheidest du eigentlich ‚Fundamentalismus' von 'Fanatismus?', wollte Rachel wissen.

„Was den Fanatiker vom Fundamentalisten für mich unterscheidet", sagte Mahmood, „ist die fanatische Energie, das Bedürfnis nach konsequenter Durchsetzung mit allen Mitteln. Der Fundamentalismus begründet die Lehre oder Bewegung und stellt ihre Verbindlichkeit her; der Fanatismus kämpft für diese Verbindlichkeit und versucht, sie mit hohem energetischen Einsatz durchzusetzen. Es ist wie ein ‚luziferischer Sturz' von hohen Wertidentifikationen, Idealen und Beglükkungsphantasien in tiefe Inhumanität und Tyrannei. Der Impuls zur extremen Verwirklichung ursprünglich positiv erlebter, hoch gesteckter Ziele. Von daher kann man nicht sagen, dass die Terroristen keine Ziele hätten und lediglich auf Zerstörung aus sind.

Die Menschen, die fanatisch ergriffen werden, haben hohe Werte und Ideale auf ihre Fahnen geschrieben. Sie sind überzeugt, hinter einer hohen Sache zu stehen, den wahren Fortschritt voranzutreiben, an der Schaffung einer besseren Zukunft und an der Beglückung der Menschheit mitzuwirken. Das Zentrum der Bewegung ist die Mobilisierung höchster Werterlebnisse, eine energetische Aufladung, die auch die Opferbereitschaft bis ins Extrem, bis zur Selbstaufgabe zu steigern vermag. Ohne diese Identifikation mit bestimmten Ideen oder ‚Fundamenten', ist der Fanatismus gar nicht denkbar.

Die intensive Identifikation mit einem Ideal ist wie ein Ausbruch aus persönlicher und sozialer Enge und aus einem zu gering erlebten Selbstwertgefühl. Sie kann auch archetypische Muster aus der Tiefe der Seele aktivieren und somit zu einer völligen Besetzung des Ichs mit archetypisch-kollektiven Inhalten und Kräften. Kräfte und Energien wie sie im Sternzeichen Skorpion zum Ausdruck kommen. Der Skorpion und sein Planet Pluto, der als Gott der Unterwelt den Menschen vom Leben fernhalten möchte. Die Versuchung besteht darin, dass er dem Menschen vorgaukelt, wie das Leben zu sein hätte. Er präsentiert ihm, wie Mephisto, ein wunderschönes Bild seiner Zukunft. Und der Mensch versucht dann, diese so einleuchtenden Bilder, diese Ideen zu verwirklichen, koste es, was es wolle. Und er setzt seine gesamte Lebenskraft dafür ein – allerdings für etwas Totes, für ein Bild, wie es in der Zukunft sein sollte, um glücklich zu sein. So setzt der Mensch all seine Energien ein und entfernt sich immer mehr aus dem jetzigen Leben. Der Mensch opfert sich der Energie und der Macht der Unterwelt. Er wird zu einer Art Untoter.

Der klassische Fanatiker hält sich für ‚rein' und ‚gut', weil das ‚Unreine' und ‚Böse' auf die Gegenseite projiziert wird und dort bekämpft wird im Sinne eines Sündenbocks. Der Islam als die ‚wahre und bessere' Religion führt dann zur Verpflichtung der Bewahrung und Wiederherstellung in reiner koranischer Form. Der Dschihad als Form der Durchsetzung dieser Verpflichtung, und der ‚Westen' als das ‚Böse' und Ort des Unglaubens, der religiösen und sittlichen Dekadenz. Dabei wird als besonders unerträglich und blasphemisch vor allem die militärische Präsenz westlicher Mächte auf islamischen Boden erlebt, sei es in Jerusalem oder Saudi Arabien. Der Ur-Gedanke vom ‚Heiligen Boden', der von den Ungläubigen entweiht werde, wird im Rahmen der fanatischen Durchsetzung dieser Reinheit und Bereinigung als göttlichem Auftrag zur klaren Verpflichtung.

Der Ausgangspunkt ist also die absolute Identifikation mit einem Wert, einer Idee unter der fatalen Überzeugung, dass nur die perfekte, vollkommene, also extreme Verwirklichung des Ideals akzeptierbar ist. Das Gefährliche daran ist, dass nur die totale Erfüllung des Ideals, dass alles oder nichts, zum Glück führen könnte, eine absolute Destruktivität des Ideals ist, die auch zur Ausschaltung des Gewissens führt. Allen Andersdenkenden muss dann notfalls mit Gewalt das geglaubte Glück gebracht werden. Wenn dies nicht gelingt, so müssen sie eben aus dem Weg geräumt werden.

Der Suizid-Terrorismus, im Sinne einer über den eigenen Tod als Selbstopfer für ein höheres Ziel wirksamen und durchorganisierten Tötung möglichst vieler Menschen, findet genau hier seinen Ursprung. Man kann also nicht sagen, dass diese Menschen keine Ziele hätten, im Sinne des Nihilismus. Gerade die totale Einschwörung auf ein höchstes Ziel bildet die emotionale Basis der Selbstmordattentäter. Dieses Ziel übersteigt vermeintlich den Wert des eigenen Lebens. Dass allerdings der Nihilismus dabei eine sehr große Rolle spielt, ist kaum zu bestreiten. Es heißt, ja auch: Wenn die Götter den Tempel verlassen, ziehen die Dämonen ein. So geschieht die fanatische Identifikation mit einer Idee auch erst nachdem alle Ideen und Werte in Frage gestellt wurden.

Rachel schmiegte sich noch näher an ihn und sagte schließlich:

„Mahmood, du überraschst mich. Lass uns doch bitte über schönere Dinge sprechen. Erinnerst du dich an Achet-Aton...?"

„Natürlich", flüsterte er und drückte sie an sich.

„Als wir ein Paar waren?"

„Natürlich", flüsterte er.

„Wie war doch meine Name…?", überlegte sie. „Tarée."

„Ja, meine Blume. Und ich hieß Banthu", sagte er lächelnd und drückte sie noch fester an sich.

Achet-Aton, etwa 1.350 vor Christus. Echn-Aton und Nofretete hatten einige der Neophyten gebeten, sich noch im kleinen Tempel zu versammeln. So saßen oder lagen nun 330 meist junge Leute und Junggebliebene, teilweise ineinander umschlungen und ganz in Weiß gekleidet zwischen den Becken rund um ihre Meister Echn-Aton und Nofretete, die sich an den Händen hielten. Weine und Datteln wurden umhergereicht und Diener fächerten ihnen etwas frische Luft zu. Auch Banthu und Tarée saßen Arm in Arm bei den anderen. Um sie waren Äffchen, Pfaue mit kleinen Glöckchen an den Füßen, Hunde und Katzen.

Echn-Aton und Nofretete trugen selbst einfache weiße Kleidung und unterschieden sich so nicht von ihnen. Sie hatten alle die Augen geschlossen, versenkt in der Stille ihrer selbst – Freunde unter Freunden, Liebende unter Liebenden, die im inneren Kreise keine hierarchischen Unterschiede lebten. Gerüche von erlesenen Ölen, Papyrus und Lotus erfüllten die Luft, während Musiker sanfte Melodien spielten.

Nach einer Weile öffneten sie ihre Augen. Eine ungemein starke Liebesenergie umspülte und durchdrang sie. Echn-Aton blickte jedem von ihnen nacheinander in die Augen, atmete tief durch und begann zu sprechen: „Meine Liebsten, wir freuen uns so sehr über eure

Anwesenheit. Seit Anbeginn verbindet uns alle eine so tiefe Liebe. Wir stammen alle aus einer Quelle und wir alle sind hier, um Großes unter den Menschen zu bewirken. Einige von euch haben uns bereits mehrere Male gefragt, was es mit dem Aufstieg ins Licht auf sich hat. So möchten wir euch heute davon berichten. Was bedeutet Aufstieg und wer kann ihn vollbringen?

Zunächst können wir sagen, dass es die Fähigkeit ist, den Vorgang des physischen Todes zu überwinden. Die Menschheit ist heute davon überzeugt, dass sie den physischen Tod durchlaufen muss. Doch lasst uns sagen, dass diese Art des Hinübergehens ein Ergebnis unserer eigenen Schöpfung ist. Die Menschheit hat den Tod einst selbst erschaffen, beziehungsweise hat sie zugelassen, dass er geschaffen wurde. Von unserer Veranlagung her könnten wir so lange im physischen Körper leben, wie wir dies wünschen. Einst dauerte ein normales Menschenleben Hunderte von Jahren. Doch als die Menschheit zu glauben begann, dass der Tod zum Leben gehöre, wurde er für sie eine Wirklichkeit.

Wie kam es nun, dass die Menschen an den Tod als eine Notwendigkeit zu glauben begannen, meine Freunde? Es begann durch Manipulation, als die außerirdischen Kriegsherren die Oberhand gewannen. Sie veränderten auf Atlantis die innere Struktur der menschlichen Körper und somit auch das Bewusstsein der Menschen, um sie umso besser beherrschen zu können. Jene Mächte wollten nicht, dass sie sich ihrer eigenen Kräfte bewusst sind. In Wirklichkeit aber hat der Mensch das Potenzial, mit seinem gesamten Körper in die höheren Realitäten hinüberzuwechseln, also ohne sterben zu müssen... Habt ihr Fragen dazu?“

„Ja“, sagte Tarée. „Wie können wir dieses Potenzial nutzen?“

Echn-Aton sah zu Nofretete, woraufhin sie die Frage beantwortete: „Es hängt alles mit unserer göttlichen Liebesfähigkeit zusammen“, sagte sie mit ihrer sanften und melodiösen Stimme. „Es ist die Liebe, welche dieses Potenzial erblühen lässt, so wie das Wasser unsere wunderschönen Gärten. Die Liebe ist es, die den Aufstieg bewirkt. Die Liebe, die uns so sehr wachsen lässt, dass diese Schwingung immer aus uns erstrahlt wie das Licht aus der Sonne. Dies verändert uns bis in jede Zelle unseres Körpers hinein, sodass wir in der Liebe keine Stimmungsschwankungen mehr erleben. Wir empfinden sie dann Tag und Nacht. Das einzige, was also wirkt und unser göttliches Potenzial zur Entfaltung bringt, ist die Liebe, bedingungslose Liebe.

Dann schwingen wir uns mit den Flügeln der Isis in die lichteren Regionen hinauf, hinaus über unsere Begrenzungen. Dann kommt es zum Aufstieg und das Individuum wird auf die nächste oder übernächste Stufe der geringeren Verdichtung erhoben. So überwindet ihr die Dimension der Dualität.

Dies bedeutet nicht unbedingt, dass ihr für die anderen unsichtbar werdet. Ihr habt aber nicht mehr die gleiche seelisch-geistige noch körperliche Struktur und könnt Dinge vollbringen, die anderen Menschen wie Wunder erscheinen werden. Ihr werdet weder Krankheiten noch physische Schmerzen mehr haben, und ihr werdet auch nicht mehr altern, es sei denn, dass ihr dies wünscht.

Während der persönliche Aufstieg in unserer Zeit eine mögliche Alternative ist, wird in der Zukunft der Menschheit wiederum eine Zeit kommen, da sie für sehr viele Menschen möglich sein wird, in Tausenden von Jahren, wenn sich große Erdveränderungen ereignen werden. Es wird Einzelaufstiege geben und es wird kollektive Aufstiege geben, wie damals auf Atlantis.

Ein Großteil aber derjenigen, die den kollektiven Aufstieg wählen werden, sind Sterngeborene, die bereits zahlreiche Leben auf der Erde verbracht haben, um sich auf eben diese Zeit vorzubereiten. Viele von euch werden unter ihnen sein. Und ihr werdet euch gerade in diesen Zeiten alle wieder treffen, um dies für euch selbst, für die Menschheit und des Planeten zu vollbringen. Und auch dann werden die Dunkelmächte alles daran setzen, diese Entwicklung zu verhindern.

Doch werden sie nichts tun können, um die Kräfte des Lichts aufzuhalten."

Nach einer Weile der Stille schloss Echn-Aton wieder seine Augen. Er spürte in die Gruppe der Versammelten und konnte allein dadurch erkennen, wie es um jeden bestellt war, wie frei er oder sie war, wie sehr die Wunden sie noch plagten und wie weit noch körperliche Leidenschaften sie bewegten. Daraufhin ließ er sein Herzchakra immer schneller rotieren, aus dem heraus eine leuchtende Welle goldenen Lichtes strömte. Eine Energie, die durch ihre Körper und Seelen drang und die gesamte Schwingung erneut anhob. Die Liebe – ihr wahres Wesen – ließ sie in der Einheit erstrahlen… so hell, dass ihre Konturen kaum noch zu erkennen waren…

Auf der Raumstation. Fleur öffnete ihre Augen, blickte ungläubig auf die Erde gegenüber der Raumstation, dann an sich herab und sah, dass sie eine blau-weiße Uniform trug.

„Sei gegrüßt, meine liebe Freundin“, hörte sie eine weibliche Stimme hinter sich sagen. Ein überwältigender Duft erfüllte den ganzen Raum, als seien sie in einem Garten aus tausenden von Rosen.

Fleur drehte sich schlagenden Herzens um und sah… Misja. „Wie komme ich hierher?“, fragte sie erschrocken die Leiterin des universellen Transformationsprozesses.

Misja schwebte hinüber zu ihr und antwortete: „Mach dir keine Sorgen, Fleur. Dein Körper liegt noch immer schlafend bei den anderen unten auf der Erde. Dein Geist aber ist erfüllt von den Erinnerungen an deine Zeit mit Echn-Aton, Nofretete und all deinen Gefährten.“

„Ja, Misja. Ich erinnere mich. Und ich weiß auch wieder, dass wir die Vereinbarung hatten, dass ich in diesem Leben immer wieder mal zu dir auf die Raumstation komme. Aber ich bin auch so verwirrt. Einerseits sehe ich mich im alten Ägypten ganz deutlich als junger Mann. Als Mahu, der mit seinen Freunden und Gefährten an den Einweihungen teilgenommen hat. Doch da ist noch mehr…“

„Ja, Fleur, da ist noch mehr... Vielmehr... Damals schon bist du aus den Urschöpferquellen gerufen worden“, erklärte Misja. „Nennen wir diese Quelle doch einfach wie damals: Aton. Diese Vision eines Lebens in Liebe und Erfüllung gingen von Eje und Teje aus, zu deren Ursprungsfamilie du ebenfalls gehörtest. Aus dieser heraus wurden schon damals diese Kodierung, diese Vision und auch diese Chromosomenanteile und Gene in dir angelegt, und zwar in dem Wissen, dass es in entfernten Zeiten eine Möglichkeit geben würde, diese Qualität von Aton auf Gaia zu etablieren und zu manifestieren.

Dabei hat dir in Achet-Aton niemand vermittelt, wer als deine körperlichen Eltern ausgesucht worden waren. Außer dir gab es noch einige andere Fälle. Einer davon ist Jamal, dem du gestern wieder begegnen durftest. Daher ist auch diese Begegnung so intensiv für deine Zellerinnerung und auch dein kosmisches Herz. Mit anderen Worten, du kannst in seinen Spiegel schauen und er in deinen. Das kannst du auch heute noch, so wie er sich in dir erkennen kann. Auch ihm ist es noch auf einer ganz anderen Schicht bewusst geworden, wo ihr beiden herkommt.

Deshalb warst du schon ganz jung im selben Frequenz- und Schwingungsfeld wie Echn-Aton und Nofretete, weil du als Mahu dieselben Eltern wie sie hattest. Dieses war die so genannte Urmelodie, genauso wie ich hier, Misja, in dieser Schwingung lebe. So war es für dich nicht nur so, dass dein liebendes Herz alles in der Einheit erlebte, sondern auch, dass du dich eigentlich nie von Aton oder dem Schöpfer, der Schöpferin, der Quelle, je getrennt fühltest.

Als ihr dann Achet-Aton verlasen musstet, geriet dein Zellsystem sehr in Unruhe und dein energetisches System und dein Lichtkörper gerieten sehr durcheinander. Dieses wurde in einigen Inkarnationen mehr und mehr wieder geheilt. Aber auch noch in diesem Leben gibt es einige Ebenen, die wir, wenn du es uns erlauben möchtest, wieder in die Heilung bringen können.“

„Ja“, sagte Fleur leise und blickte fasziniert zur Erde herab. „Bitte... tut es für mich.“

Misja schloss für einen Moment lang die Augen. Dann öffnete sie diese wieder und sprach weiter: „Du warst so eins mit Echn-Aton und er so eins mit dir, dass du natürlich auch in diesem Rahmen oder in diesem Leben, in dieser Zeit jeden Gedanken, jedes Gefühl, jede Trauer, jeden Schmerz, jede Freude, jede Hymne an Aton in dir genauso erlebtest und empfangen hast wie er selbst. Also auch den Schmerz zum Beispiel, sagen wir mit Nofretete oder wenn er sich einließ mit Kia oder mit den Frauen. All dies, ob du wolltest oder nicht, ging dann auch durch dein Körpersystem und deinen Lichtkörper. Hast du das verstanden?"

„Mehr als zuvor", antwortete Fleur. „Ist es also so, dass wir, in zwei Körpern lebend, ein gemeinsames Bewusstsein hatten? Eine Art transpersonalen Einheitsbewusstseins? Könnte es so gewesen sein?"

„Das stimmt haargenau. Nur zu deinem Verständnis: Dadurch, dass Echn-Aton wieder an den Ursprung von Aton zurückgekehrt ist, damals wieder eingegangen ist in das Ur-Schöpfermeer, wieder in die Einheit mit Aton, ist er dadurch auch zu Aton geworden, strahlt er aus diesem Aton-Körper, so würde ich es lieber nennen, aus diesem Aton-Körper wieder in dich hinein und verbindet und erhöht dich in dieser Art und Weise zusätzlich!

Du trägst schon in deinem Lichtkörper und in deinen Zellerinnerungen diese Einheit mit ihm. Und diese Ur-Schöpferkreation, die du ebenfalls bist, trägst du auch in dir. Und jetzt wird es noch einmal in einer anderen Art über dein Bewusstsein und über das Erwachungserlebnis, was sich immer mehr in dir jetzt ausbreitet, dein eigenes Lichterlebnis, gemeinsam mit der Aton-Erfahrung, erhöht sich in diesem Sinne, in diesem Sinne, der Echn-Aton-Anteil in dir. Es ist ein sehr ungewohntes Einheitsleben... Möchtest du fragen?"

„Ja. Ist es so, als würden wir verschmelzen zu einem Wesen, oder ist es so, als würden zwei Wesen in einem Körper leben?"

„Die göttliche Quelle ist immer eins", sagte Misja. „Also kann es immer nur eins sein. Nur der Anteil in dir, der denkt, nicht die Quelle zu sein, nicht zu ihr zu gehören, bildet dann noch einen zweiten Teil.

Und je mehr das entschwindet über dein bewusstes Erfahren, wird auch das sich im Lichte von Aton auflösen. Wir bitten dich, lass es geschehen. Erlebe diese Erfahrung gemeinsam mit uns."

„Heißt das, ich bin einfach Aton, der sich seiner selbst bewusst wird?", wollte Fleur wissen.

„So wahr und so wahr wird es sein und ist es. Dabei musst du dir immer wieder vor Augen halten, dass ‚Aton' nur ein Name ist."

„Ich danke dir", flüsterte Fleur ergriffen.

„Wir sind bei dir", sagte Misja. „Wir sind eins mit dir. Wir haben dich auch wieder gerufen. Und wir haben euch hierher gebracht und ihr seht, dass wir unsere Versprechen eingehalten haben. Und wir sehen, dass ihr die euren immer mehr erfüllt und lebt. Und das ist unsere größte Freude und unser immenses Glückseligkeitsgefühl im Lichte der einen Quelle und der Wahrhaftigkeit dieses Platzes, dass ihr wiedergekommen seid, so wie ihr es von Anbeginn erschaffen und manifestiert habt."

„War ich dann als Mahu ein leiblicher Sohn von Eje und Teje?", wollte Fleur wissen.

„Es war genauso wie bei Echn-Aton."

„Heißt das dann, dass ich sein Bruder war, ein leiblicher Bruder, von dem doch geschichtlich nichts berichtet wird?"

„Das sollte auch nicht so sein", sagte Misja. „Denn sonst wäre diese Vision und diese Manifestation der 300 Menschen und dieser Bruderschaft, die vorbereitet wurde für Jesus Christus hier zu wandeln und diese Einweihungen auch mitzuführen, so nicht möglich gewesen. Das wäre einfach nicht ratsam gewesen. Die Menschen von damals hätten es nicht verstanden. Deshalb wären der Hass und die Angriffe gegen dich zu vehement gewesen."

„Könnt ihr mir noch etwas zu Rachel sagen?"

„Auch sie ist so kreiert worden wie du", sagte Misja. „Aus derselben Essenz, aus demselben von Aton. Und auch sie war von Anbeginn in Lemurien mit Eje und Teje. Sie hat sich danach einige andere

Inkarnationen gewählt. Alles in Verbindung mit der Quelle.

Bei ihr war es so, dass wir dem femininen Prinzip, der Wahl des Frauenkörpers folgen mussten. Was du mit dem männlichen Prinzip, mit Echn-Aton in dem Emotionalkörper, in Gefühlen und Gedanken erlebtest, hat sie mit den Töchtern von Echn-Aton, hauptsächlich mit Beket-Aton erlebt.

Die größte Einheit der Emotionen und Einheit des Geistigen und des Gedankengutes verband sie, mehr noch als mit Nofretete, mit Beket-Aton. Deshalb können wir sagen, dass die Beiden ebenfalls eins waren und sind.

„Hast du das verstanden?"

„Ich verstehe jetzt immer mehr, wie ein Prinzip in mehreren Körpern leben kann. Und letztendlich ist es ja so, dass alles eins ist. Aber dann muss es zwischen einzelnen Bewusstseinen noch eine spezifischere Beziehung geben, da ja alles Aton die Quelle, ist."

„Alles ist Aton", bestätigte Misja. „Aber dieses ist in den Anlagen der Chromosomen, der Zellen und der DNS bei euch beiden noch einmal ganz anders angelegt worden. Genauso ist dann, als Beket-Aton durch die Geburt des Kindes starb, auch Rachel als Tarée fast gestorben; es war sehr, sehr schwierig, sie damals am Leben zu erhalten. Sie wollte gehen und sich mit Beket-Aton auflösen. Der Schmerz der Geburt und der Verlust des Babys waren auch ihr Verlust. Sie hat den Unterschied nicht gespürt und sie wollte zurück zu den Sternen gehen. Wir haben uns alle dafür eingesetzt, dass sie damals blieb.

Mit der voranschreitenden Schwingungserhöhung wird eure Zellerinnerung immer mehr aktiviert und die Tore zu eurem Unterbewusstsein geöffnet. Dass ihr euch nun in Achet-Aton befindet, ist kein Zufall. Ihr habt hier nun nicht nur erfahren, wie ihr Ziodenes wiederfinden könnt. Es ist auch wichtig, dass ihr euch an dieses Leben erinnert, weil es eures war. Ihr müsst die Weichen stellen, was heute mit der Erde und euch selbst geschieht. Die Erinnerung gibt euch die Kraft im Heute zu handeln. Sie gibt euch Zuversicht und Selbstvertrauen."

„Wieso aber habt ihr zugelassen, dass Ziodenes entführt wurde?“, fragte Fleur.

„Es ist uns hier oben nur in den seltensten Fällen gestattet, direkt einzugreifen. Systeme können nur von innen her verwandelt werden. Deshalb seid ihr für uns hinab gestiegen und wir sind auf euch angewiesen. Wir sind ein Team.“

Fleur nickte. „Ich danke dir für alles.“

„Und ich dir, meine Sternenschwester“, sagte Misja. „Wir reisen mit euch für Gaia und die Erde und verbinden uns mit euren strahlenden Lichtkörpern im Glanze des ewigen Seins. Und so ist es. In Liebe.“

Tel El Amarna, in den Ruinen des kleinen Aton-Tempels. Fleur öffnete ihre Augen und sah plötzlich eine merkwürdige Szene: Rachel lag, wie im Fieberwahn, auf dem Rücken neben dem Feuer, während die anderen um sie herum standen, allen voran Mahmood. Er füllte sie mit einem farbigen Schutzstrahl auf und Rachel sah vor ihrem inneren Auge, wie eine riesige Lichtsäule installiert wurde. Sie zitterte, fror und schwitzte zugleich.

„Was ist mit ihr?“, flüsterte Fleur fassungslos neben Sam kommend.

Er atmete schwer und antwortete: „Ich weiß auch nicht, wie es begonnen hat. Als ich aufgewacht bin, kümmerte sich Mahmood bereits um sie. Rachel ist in einer Art von Delirium. Übrigens warst auch du völlig weg. Dieser Ort ist einfach nur unheimlich!“

„Auf jeden Fall scheint er sehr viel in uns auszulösen“, sagte sie.

Plötzlich hörten sie wie aus weiter Ferne ein zartes Stimmchen aus Rachel zu ihnen sprach: „Ich bin die Tochter des Pharao.“ Rachel selbst verspürte dabei einen heftigen Stich im Herzen.

„Wer bist du?“, fragte Mahmood äußerst erstaunt.

„Beket-Aton.“

Beket-Aton? Fleur hatte diesen Namen doch eben erst gehört. *Oh, ja! Auf dem Raumschiff. Da war doch… Misja! Ja, ich war dort! Und sie sagte, dass Rachel-Tarée im Bewusstsein verschmolzen gewesen sei mit… Beket-Aton!*

Nach einer Weile fragte Mahmood schließlich: „Wer? Wer ist der Pharao?“

„Echn-Aton. Mein Vater!“ Rachel bewegte sich hin und her, während Beket-Aton weiter aus ihr sprach. „Tarée, ich liebe dich. Wir sind eins. Ich will in dir bleiben.“ Dann weinten Rachel-Tarée und Beket-Aton in gemeinsamer Verzweiflung, in Trauer und Schmerz.

Mahmood bemerkte, dass sich in Beket-Aton etwas bewegte und intuitiv wusste er, dass sich energetisch auch noch ein Baby in ihr befand. Somit lagen nun drei Wesen vor ihm!

„Beket-Aton hat ihr Kind, einen Jungen, bei der Geburt verloren und ist dabei gestorben“, hörte er plötzlich die Stimme Misjas in seinem Geist.

Daraufhin wandte er sich an Beket-Aton selbst: „Ist es dein Kind? Ist es wahr, was ich sehe?“

Beket-Aton jammerte: „Oh ja! Ich wollte doch meinem geliebten Pharao den männlichen Thronfolger schenken. Doch habe ich versagt. Ich habe ihn so enttäuscht, seine Hoffnung, endlich einen Knaben zu bekommen… und alles ist verloren…“

„Glaube mir“, sagte er behutsam. „Du hast dein Bestes gegeben. Und noch ist nicht alles verloren. Im Gegenteil. Doch ist es nun für dich an der Zeit, ins Licht zu gehen, Beket-Aton.“

Doch ihre Seele wollte nicht gehen und klammerte sich am Lichtkörper Rachels fest.

„Es ist an der Zeit, zurück in deine wahre Heimat zu gehen, Beket-Aton. Zurück in die wunderbaren Welten des Lichts, die dich erwarten. Dort wirst du dich auch mit deinem Vater im Geiste wiedervereinigen können.“

Doch auch Rachel musste sie loslassen, sie gehen lassen. Es war, als würde ein Teil ihrer selbst aus ihr herausgerissen werden… Schließlich aber fand sie den Mut dazu. Sie tat es einfach, ließ sie einfach los, sodass Beket-Aton mit ihrem ungeborenen Kind von Mahmood mit liebenden Lichthänden wie bei einer natürlichen Geburt aus Rachels

Unterleibskanal ganz langsam herausgezogen wurde. Die geistigen Helfer legten Beket-Aton energetisch auf Rachels Bauch. Drei Herzen pulsierten gemeinsam.

Schließlich kamen lichtvolle Wesen und begleiteten die Lieblingstochter des Pharao mit außerirdischen Klängen in die goldene Lichtsäule. „Geliebte Schwester, reise in die Freiheit…“, sagte Rachel völlig erschöpft.

Mahmood nahm sie sanft in seine Arme, wo sie weinte und schluchzte, bis sie endlich einschlief.

Theben, etwa 1350 vor Christus, im ehemaligen Hauptpalast Echn-Atons. General Haremhab saß, umgeben von einigen Wachleuten, in einem der großen Nebensäle und empfing Bittsteller. Er war kräftig, mittelgroß und saß, die Stirn runzelnd, über einige Dokumente gebeugt. Da kam vom Eingang her ein Schreiber gelaufen. Als er vor dem Heerführer zu stehen kam, sagte er mit leiser Stimme: „Ihr werdet es nicht glauben, wer um eine Audienz bittet.“

Haremhab hob seine dunklen, aufrichtig blickenden Augen. „Nun?“

„Es ist Ptahmosis“, sagte der Schreiber, „der ehemalige Prophet und Hohepriester des Amun, ehemaliges Oberhaupt der thebanischen Priester, mit einem seiner ehemals Untergebenen, einem zweiten Priester.“

„Ist es so erstaunlich, dass sie sich hier blicken lassen?“, fragte Haremhab. „Jetzt, da wir sie vollends entmachtet haben, kommen sie herbeigekrochen. Schick sie rein.“

Bald ging die Türe wieder auf und die beiden Amun-Priester kamen in gewöhnlichen, wenn auch eleganten weißen Gewändern, mit feierlichem Gehabe, bis zu Haremhab, vor dem sie sich tief verbeugten.

Haremhab konnte sich ein Lächeln nicht verkneifen und sagte: „Ptahmosis! Ich habe euch kaum wiedererkannt in dieser Kleidung.“

Der ehemalige Hohepriester kochte innerlich vor Wut. Doch bezwang er sie und antwortete höflich: „Wie Ihr wisst, verehrter Haremhab, Befehlshaber des ruhmreichen Heeres, ist es uns verboten worden, dass wir uns in unserer standesgemäßen Kluft zeigen."

„In der Tat", bestätigte Haremhab und blickte zum zweiten Priester, der etwas mager war. Seine Augen aber konnten nicht verhehlen, welchen Hass er in seiner Brust trug. „Die Amun-Priesterschaft ist aufgelöst worden und so gibt es auch keinen Grund mehr dafür, diese Kleidung zu tragen. Was kann ich für Euch tun?"

„Es steht schlimm um Ägypten", begann Ptahmosis.

„Es steht schlimm um die Amun-Priester", unterbrach ihn Haremhab sofort.

Doch der Hohepriester blieb ruhig und fuhr fort: „Wir wissen es zu schätzen, dass wir da einer Meinung sind. Die Priesterschaft hat dem Land seit undenklichen Zeiten gedient. Nun sind wir enteignet, entehrt, und dürfen uns nicht einmal mehr um die Menschen kümmern, die Amuns Rat so sehr bedürfen."

„Wie können sie den Rat eines Gottes suchen, den es nicht gibt?", fragte Haremhab und stützte sich auf den Tisch auf.

„Wie könnt ihr da so sicher sein?", fragte der junge Priester erbost. Doch Ptahmosis hob die Hand und gebot ihm Einhalt.

„Verehrter Haremhab", fuhr er fort. „Ihr selbst habt noch vor einigen Jahren, als Ihr noch jung wart, Amun Opfer gebracht."

„Damals wusste ich auch nicht, was mir mein Pharao inzwischen offenbart hat. Das Aton der einzige Gott ist."

„Glaubt Ihr denn wirklich an Aton?", fragte der Hohepriester höhnisch. „An einen Gott der Liebe, der Freude und des Tanzes als einziger Gott? Mir scheint, er ist mehr ein Gott der Frauen."

„Ich glaube", sagte Haremhab und stand auf, um im Raum hinter seinem Schreibtisch umher zu gehen, „an meinen Pharao."

Der junge Priester konnte nicht mehr an sich halten und sagte wutentbrannt: „Echn-Aton ist ein Phantast, ein Verrückter. Er fantasiert von einem weltfremden Gott der Liebe. Doch hat er ihn sich einfach nur erfunden, weil er voller Hass ist gegen jeden, der Stärke hat. Man braucht sich ihn ja nur anzusehen. Wie stattlich war noch sein Vater! Unser Pharao aber ist zur Hälfte ein Weib. Weibisch sind seine Gefühle, weibisch seine Gedanken. Kein Wunder, dass die Frauen ihm in Scharen zulaufen."

Haremhab würdigte ihn keines Blickes und sagte zu Ptahmosis: „Wer ist dieser Wurm? Ich sehe, was Ihr für einen Umgang pflegt. Vielleicht wären an dieser Stelle 50 Peitschenhiebe fällig? Ihr könnt Euch glücklich schätzen, dass wir in Ägypten nun einem Gott der Milde und der Barmherzigkeit huldigen. Und was Echn-Aton angeht, so kann ich nur sagen: Für jemanden, der angeblich so schwach ist, verfolgt er seine Ziele aber mit übermäßiger Sicherheit. Ich habe an ihm weder Zögern noch Zweifel erkennen können."

„Bitte verzeiht meinem jungen Freund", sagte Ptahmosis. „Es ist die Verzweiflung und das Unverständnis, die aus ihm sprechen. Deshalb sind wir gekommen, um Klarheit zu bekommen. Manche behaupten, Echn-Aton sei inspiriert. Andere, dass er verrückt sei. Ich jedoch glaube, dass er einfach nur in höchstem Maße schlau ist. Er hat einfach nur zu Ende gedacht, was seine Eltern begonnen hatten: Aus politischen Gründen Aton immer mehr in den Mittelpunkt rücken, um AMUN und die heilige Priesterschaft zurückzudrängen. Doch da wo seine Eltern noch besonnen waren, als sie sagten, dass auch Aton ein wichtiger Gott sei, hat Echn-Aton eines Tages, durchtrieben wie er ist, beschlossen, dass Aton der Einzige sei. Welch eine Ketzerei! In Wirklichkeit will er alles nur nach seinem eigenen Willen neu formen. Er beleidigt AMUN und bricht die heiligen Gesetze der MAAT, der Bewahrerin der Kosmischen- wie der Staatsordnung und aller Tugenden, der Gerechtigkeit und Ordnung.

„Ihr Priester seid doch selbst schuld", entgegnete Haremhab. „Seitdem Amun zum höchsten Gott in Ägypten erklärt worden ist, heuchelt ihr zwar Askese, doch habt ihr immer mehr Reichtümer gehortet: Gutshöfe, riesige Viehherden, Bergwerke und selbst die Tributzahlungen einiger unterworfener Städte. Mit der ahnungslosen Unterstützung durch das Volk, das euch geglaubt hat, seid ihr praktisch ein eigener Staat geworden, der selbst den Pharaonen gefährlich werden kann. Das ist absolut inakzeptabel! Während Echn-Aton und sein Vater noch versucht haben, diese immer größer werdende Übermacht einzudämmen, habt ihr euch gegen den Pharao verschworen und versuchtet, ihn zu stürzen. Seid froh, dass er so gnädig mit euch ist. Es ist mir unbegreiflich, mit welcher Frechheit Ihr hier noch so auftreten könnt!"

„Aber verehrter Haremhab", sagte der ehemalige Hohepriester des Amun, „wir möchten Euch doch lediglich auf die Missstände in Ägypten aufmerksam machen. Seitdem Echn-Aton auf dem Thron sitzt und durch das Land reiste, um seinen Gott der Liebe zu verkünden, sind wir zusehends umgeben von Heuchlern, die sich den Anschein geben, an diesen einen Gott zu glauben. Nun, da alle anderen Tempel geschlossen und die Priester vertrieben worden sind, wird alles immer schlimmer. Die Moral im Lande verfällt zusehends. Was wir von Achet-Aton hören ist eine Schande. Und die Menschen? Früher konnten sie noch Trost und Rat in den Tempeln finden. Sie konnten opfern und ihr Herz erleichtern. Nun sind sie wie Blätter im Wind: Orientierungslos lassen sie sich tragen, wohin er weht."

Haremhab musste lachen und sagte: „Die Menschen können auch heute opfern und nach Rat fragen. Nur eben in den Tempeln des Aton."

Ptahmosis fasste sich ans Kinn und fragte: „Ist das wirklich so? Was kann Aton ihnen bezüglich des Lebens nach dem Tod sagen? Wer führt sie in die andere Welt? Versteht Ihr nicht, welche Katastrophe über die Seelen der Menschen hereinbricht?"

Haremhab musste sich wieder setzen. Er war zutiefst geschockt. Er stand so sehr im Leben, dass er noch nie daran gedacht hatte, dass Aton beziehungsweise Echn-Aton nichts über das Leben nach dem Tod gesagt hatten.

Als einer der Wachleute hinter ihm bemerkte, dass der General nicht wusste, was er sagen sollte, näherte er sich ihm respektvoll von der Seite. Und als er sah, dass der ihn gewähren ließ, flüsterte er Haremhab ins Ohr: „Ich habe einst einen Priester des Aton sagen hören, dass wenn wir ATON in unserem Herzen entdecken würden, wir nicht mehr daran würden zweifeln können, unsterblich zu sein. Er sagte, dass wir eines Tages mit IHM gemeinsam in der Sonne leben würden."

Haremhab nickte und hob die Hand, woraufhin der Wachmann zurück zu seinem Posten ging.

Ptahmosis Augen leuchteten. Er fühlte, dass er den General an einem wunden Punkt getroffen hatte. So fügte er hinzu: „Und wenn nicht jede Stadt und jedes Dorf seinen Gott hat, der die Dinge des alltäglichen Lebens regelt, ist alles dem Untergang geweiht."

Haremhab hatte jedoch seine Sicherheit wiedererlangt und erwiderte: „Das sagt Ihr doch nur, weil Ihr um Euren eigenen Reichtum, um Eure eigene Macht fürchtet."

„Unser Reichtum und unsere Macht sind uns genommen worden", wandte der Hohepriester ein. „Was wir sagen, sagen wir aus Einsicht und Erfahrung. Von Anbeginn an führten unsere Götter Ägypten weisheitsvoll zu immer mehr Größe und Entfaltung. Eingebettet in die göttliche Ordnung der MAAT. Seht doch nur, was sich vor unseren Augen abspielt. Echn-Aton und seine Gefolgschaft aus Dichtern und Musikern säen Zwietracht unter den Menschen und das Reich droht, auseinander zu fallen. Glaubt Ihr denn wirklich, dass die Götter nicht existieren? Dass AMUN nicht existiert? Wir Priester führten in den Tempeln jeden Tag Zwiegespräche mit ihm."

„Ach, ja? Und was hat er Euch gesagt?"

„Dass wir uns an Euch wenden sollen. Weil Ihr uns verstehen würdet. Weil Ihr einsehen würdet, wenn auch nicht sofort, dass Echn-Aton Ägypten in den Untergang führt."

„Das ist Hochverrat, ehemaliger Hohepriester des Amun. Wenn Echn-Aton es mir nicht ausdrücklich befohlen hätte, würde ich an Euch und Eurem kleinen Krokodil dort einen Schauprozess veranstalten. Preist ATON in seiner Barmherzigkeit und geht mir aus den Augen."

„Wir denken nur an das Wohl Ägyptens", sagte Ptahmosis trocken. „Wir wollten Euch nur warnen. Keiner von uns will einen blutigen Krieg zwischen Ägyptern." Daraufhin drehte er sich um und beide Amun-Priester gingen, ohne weiter zu grüßen, hinaus. Haremhab aber blickte ihnen nur düster schweigend und voller Wut im Herzen hinterher…

Paris, Tausende von Jahren später. Paul wachte aus seinem Traum auf und blickte nachdenklich in die Dunkelheit seines Zimmers. Dann machte er das Licht an, stand unvermittelt auf und begab sich zu einem großen Schrank in einer der Zimmerecken, dessen Tür er öffnete. Er zog eine kleine Kiste hervor, die er seit langer Zeit nicht mehr angerührt hatte. Schließlich entdeckte er den in ein Tuch gewikkelten Gegenstand, nahm ihn in die Hand und wickelte das Tuch ab: Es war eine kleine Statue Echn-Atons. *Eigentlich doch nur ein unbedeutendes Andenken,* dachte Paul. *Doch diese Erinnerungen! Ich kenne das. Ein General… das war ich. Aber dann war ich ja ein Vertrauter dieses Echn-Atons, dieses Schwärmers… Und habe nach der Entmachtung der Amun-Priester eine Weile im Auftrag des Pharaos über Theben geherrscht… Aber wie kann es sein, dass ich auf der Seite Echn-Atons gestanden habe? Auf der Seite dieser Träumer und Liebesbesessenen…?*

Tel El Amarna, Ägypten. Bei Sonnenaufgang machten sich die Horai mit ihren zwei Wagen auf den Weg zum Nil. Es waren wenige Kilometer. Dort angelangt verabschiedeten sie sich von Jamal, seiner Familie und von Malak, die auch gekommen war, und stiegen in ein großes Motorboot ein, um in Richtung Kairo zu fahren. Mahmood übernahm das Steuer.

Es wehte sanfter Wind. Rachel, die hinten saß, kam es so vor, als plätscherte das goldene Sonnenlicht auf den leichten Wellen des Nils. Und sie hörte innerlich ätherisch-weibliche Gesänge, die im Wind, die mit den Winden tanzten. Ihr Herz öffnete sich wieder und sie verschmolz mit der lebendigen Umgebung. Dabei fühlte sie gleichzeitig auch eine immense Traurigkeit wegen des Verlusts von Beket-Aton.

Das Motorboot fuhr gerade los und niemand bemerkte den Mann auf der anderen Seite des Flusses, der hinter einer Palme saß. Es war der blinde Hödur, der mit einem angeborenen Sonarsystem alles mitbekam. Als das Boot weggefahren war, aktivierte er geistig das Kommunikationssystem, das über seinen im Gehirn implantierten Chip lief.

Fleur drehte sich besorgt zu Rachel, die einen plötzlichen Stich im Herzen verspürte. Und erneut und wie ein mächtiger Strom aus der Tiefe wurden Erinnerungen in ihr hochgespült…

Achet-Aton, früh am Morgen. Sanft weckte Mahu Tarée. Sie öffnete ihre Augen und blickte ihn wie aus weiter Ferne an. Es war der erste Morgen nach ihrer gemeinsamen Liebeseinweihung.

„Oh Mahu, welche Welten haben wir gesehen? Welche Töne haben wir gehört? Welche Farben erblickt? Welche Klänge schwingen noch in meinem Herzen?“

„Ja, meine liebe Tarée. Wir waren eins, wie wir es nie zuvor erlebt haben und sind es immer noch. Welten in Welten, eine solche Freiheit.“

Dann weckten sie nach und nach Banthu und die anderen auf. Da bemerkten sie, dass Aeoliah nicht aufwachte. Banthu ging liebevoll zu ihm, nahm ihn beim Arm und drückte ihn. Doch er rührte sich nicht. Dann rief er: „Aeoliah, wach auf! Aton steht am Horizont!“ Aeoliah wachte nicht auf. Banthu legte sein Ohr auf seine Brust und fühlte seinen Puls. Er blickte die anderen an und schüttelte nur den Kopf.

Daraufhin weckte Sina den Leibarzt Echn-Atons, der noch unter einer Palme schlief. Manu rannte zu Echn-Aton und Nofretete, die eng umschlungen unter einem Baldachin, befächelt von einem Bediensteten sich noch weit in anderen Welten befanden. Bald versammelten sie sich alle um Aeoliah. Doch öffnete er nie wieder seine blauen Sternenaugen…

Am gleichen Tag reinigten sich alle, in Körper, Geist und Seele, tief berührt von ihren kosmischen Erlebnissen und dem Tod ihres Weggefährten. Während die Bediensteten und die Einbalsamierer sich um den Körper Aeoliahs kümmerten, versammelten sich die restlichen Neophyten, so wie dies nach der großen Einweihung üblich war, im allerheiligsten Raum der inneren Weisheit im Kleinen Tempel des Aton. Von diesem waren inzwischen sowohl das Dach als auch die Wände entfernt worden, sodass alle in der strahlenden Sonne saßen.

Ihre Herzen waren aufgewühlt. Gerade noch hatten sie erlebt, dass sie nicht ihre Körper sind und mussten doch Abschied nehmen von einem Freund, der seinen Körper verlassen hatte.

Echn-Aton saß neben Nofretete, umrahmt von der Sängerin Lotus, dem Schreiber Stylo. Doch auch die Priesterlehrer und die Seher waren heute anwesend.

Echn-Aton blickte jedem und jeder in die Augen und sprach: „So sind wir nun hier versammelt, um das Sonnenorakel nach eurer Initiation zu befragen."

Daraufhin trat die Nubierin Ramaeah vor und tanzte ihren Schmerz des Verlustes und der Trauer vor allen. Nach einer Weile hielt sie inne, blickte dem Pharao in die Augen und sagte: „Geliebter Pharao, wir sind so weit gereist. Und haben auf dieser Reise einen unserer geliebten Gefährten verloren. Was will uns Aton damit sagen?"

„So drehe das Sonnenrad, Ramaeah. Was ist mit Aeoliah geschehen?"

Die Nubierin berührte den einzigen längeren Strahlenarm auf der goldenen Scheibe vor ihr und ließ sie sich drehen. Sie drehte und drehte sich immer weiter – die vier Elemente durchstreifend.

Schließlich blieb der eine verlängerte Strahlenarm genau auf Echn-Aton stehen. Dies bedeutete, dass die Antwort nicht in einem der vier Elemente zu finden war, sondern genau in der Mitte, im Zentrum. Echn-Aton schloss also die Augen und Ramaeah trat zurück in die Gruppe.

Nach einer Weile begann der Pharao zu sprechen: „Der Tod kommt, aber nur als eine vorübergehende Erscheinung, das Leben selbst ist unsterblich und existiert vom Anfang bis zum Ende. Am Ende müssen Leben und Licht immer Tod und Dunkelheit besiegen. Der Tod wünscht, dass das Licht seine Macht vertreibt, denn sogar der Tod entspringt dem Licht.

Im höchsten Moment der Ekstase, als er wie ihr seinen Körper verlassen hatte, verschmolz er für eine Weile so sehr mit dem Kosmos, dass er zunächst nicht mehr zurück wollte und anschließend nicht mehr den Weg zurückfand. Als er schließlich zurückkam, war es zu spät und seine Hülle war nicht mehr am Leben."

„Wo ist er jetzt?", fragte Sina.

„Er ist hier in diesem Raum und beobachtet uns", antwortete der Pharao.

„Was soll denn nun mit seinem Körper geschehen?", wollte Ramaeah wissen. „Soll er nun mumifiziert werden?"

„Nein!", rief Tarée. „Das würde er niemals wollen! In seiner Kultur werden die Leichen alle verbrannt."

„Verbrannt?", rief erschrocken Glypho, der Schreiber, der hinter Echn-Aton stand. „Aber dann wird er doch niemals mit seinem Körper in das Paradies eingehen können."

Echn-Aton hob die Hand und sagte: „Es ist ein Irrglaube in Ägypten, dass die Mumifizierung des Körpers dazu dienen könnte, dass der Mensch ins Paradies eingehen könnte."

„Frevel . . .", entfuhr es Stylo, der sich zugleich dafür zu Tode schämte.

Echn-Aton drehte sich kurz zu ihm um und wandte sich daraufhin gleich wieder zu seinen Schülern: „Die Mumifizierung dient in erster Linie dazu, die Seele an die Materie zu fesseln. Das ist das Geschenk, das Aeoliah uns allen und ganz Ägypten gemacht hat: Er hat uns daran erinnert, dass der Körper eine vergängliche Hülle ist, ein Gefährt, mit dem wir durch dieses Leben hier auf der Erde unseren Weg gehen. Hiermit ist entschieden, dass Aeoliahs Körper heute bei Sonnenuntergang auf einer Barke auf dem Nil verbrannt werden soll."

Am Abend versammelten sich die Freunde mit Echn-Aton und Nofretete am Nil, wo die Verbrennungszeremonie stattfinden sollte. Sie alle standen mit jeweils einer Fackel in der Hand vor der kleinen Barke, die prächtig vorbereitet worden war. Aeoliahs Körper lag sanft in seidenen Tüchern und Blüten gebettet. Links und rechts war Stroh verstreut worden.

Echn-Aton trat mit seiner Fackel in der Hand einen Schritt vor und sagte: „Geliebter Aeoliah, nun ist der Tag gekommen, da wir uns von dir verabschieden. Du kamst aus einem fernen Land zu uns und wir nahmen dich auf als einen Bruder des Lichts. Wir geben nun deine Seele zurück in die liebenden Hände Atons. Mögest du in Frieden zurück ins Licht gehen."

Daraufhin legte Echn-Aton seine Fackel in die Barke. Nofretete tat es ihm gleich. Und jeder von ihnen legte seine Fackel ins kleine Boot, woraufhin es in den Fluss geschoben wurde und lichterloh brennend, langsam davon schwamm. Niemand bemerkte, dass Aeoliah nicht ins Licht gehen wollte. Seine Seele war so unter Schock, so verzweifelt, dass sie auf diese Weise unvermutet ihren Körper verloren hatte, dass sie sich im Lichtkörper Tarées einnistete und dort Jahrtausende unbemerkt bleiben sollte.

Unterdessen hatten sich viele Bewohner der Stadt in gewisser Ferne eingefunden. Unter ihnen waren auch ehemalige Amun-Priester, die voller Hass auf die Zeremonie blickten.

„Sieh nur, wie sie mit ihren Toten umgehen", sagte ein hochgewachsener Mann mit grauem Bart zu seinem Begleiter. „Sie verbrennen sie einfach. Welch ein Frevel an der Seele. Welch eine Beleidigung der Götter. Welch Verbrechen an den ewigen Gesetzen Ägyptens."

„Ja“, bemerkte der andere. „Schon sehr bald werden sie alle dafür büßen müssen.“ Dann drehte er sich um und blickte Zoha in die Augen, der mit versteinerter Mine zur brennenden Barke sah. „Nicht wahr, Herr Hofdekorateur?“, fragte der ehemalige Amun-Priester ihn. „Ist dies nicht ein Frevel an der ewigen kosmischen Ordnung? Ein Verrat am heiligen Dogma?“

Zoha nickte nur finster blickend und wandte sich ab.

Paris, spätes 21. Jahrhundert. Elektra fuhr in ihrem schwarzen Sportwagen zum Flughafen, während bei ihr uralte Erinnerungen hochgespült wurden. Intuitiv wusste sie, dass sie selbst jener Dekorateur gewesen war, Zoha…, so unfassbar es ihr nun auch erscheinen mochte. All zu lange konnte sie sich jedoch mit diesem Gedanken nicht beschäftigen, da sie plötzlich über den Chip in ihrem Gehirn kontaktiert wurde. „Hödur, was gibt es?“, fragte sie den Norweger.

„Die Horai haben gerade Tel El Amarna mit einem Motorboot verlassen.“

„Welche Richtung?“

„Sie fahren nach Norden, Richtung Kairo“, antwortete er.

„Und wo ist dein Kommando?“

„Sie sind kürzlich in Kairo angekommen und warten“, sagte der Mann.

Elektra beschleunigte ihren Wagen „Das Kommando soll sie dort angreifen.“

Kurz darauf teleportierte sich Hödur vom Ufer weg, als sei er nie dort gewesen...

Offenbach am Main. Die Dschihadisten saßen, wie so oft, beisammen und erwarteten Dschafar bin Muhammed, auf dass er ihnen predige. Und so erschien er wieder vor ihnen als holografische Projektion im Schneidersitz.

„Friede sei mit euch“, begann er mit sanfter, väterlicher Stimme. „Gefährten des Islam, Nachfahren Saladins, freie Männer, ihr, die ihr eure Heimat verlassen habt, um den Heiligen Krieg zu führen und bei der Verteidigung eurer Religion zu sterben, die ihr Vater und Sohn, Familie, Vaterland verlassen habt, euch alle grüße ich, und euch allen sage ich: Ihr seid die Soldaten Gottes, die Speerspitze des Islam und heute die erste Verteidigungslinie der internationalen muslimischen Gemeinschaft.

Gottes Segen und Barmherzigkeit. Brüder, die Zeit ist gekommen, auf die Zukunft unserer heiligen Dschihad-Bewegung in der Welt zu schauen. sage euch gleich: Mit unserem verheerenden Angriff werden wir eine vollständige Anarchie in Europa erreichen!“

Die Männer jubelten. Dschafar trank gemächlich einen Schluck Tee und genoss die Atmosphäre unter seinen „Gotteskriegern“. Dann fuhr er fort: „Wenn dann alles in Barbarei versinkt, werden die Islamisten als ordnende Kraft einziehen können. Die Situation wird dabei mehr als nur chaotisch werden. Diese Zone wird direkt im Anschluss vom Gesetzt des Dschungels der primitivsten Art regiert werden, vergleichbar mit der Lage in Afghanistan, bevor die Taliban an die Macht kamen. Sowohl die guten Menschen als auch die intelligenten der bösen Fraktion werden sich nach jemandem sehnen, der diese Barbarei verwaltet. Sie werden mit jeder Organisation einverstanden sein, die Ordnung schafft und klare Orientierung gibt.“

„Inshallah!!!“, riefen die Männer.

„Wir müssen dann zunächst die notwendigen Interessen der Menschen erfüllen“, sagte Dschafar. „Durch die Bereitstellung von Lebensmitteln und anderen sozialen Gütern, wie Medizin und Bildung, festigt sich die Verwaltungseinheit und macht sie unverzichtbar. Auf dieser Grundlage können wir die Einflusssphären mit der Zeit erweitern.

Die Aufgaben einer solchen Verwaltungseinheit sind: Sicherheit, Bereitstellung von Medizin und Lebensmitteln, Schutz der Grenzen vor Angriffen von Feinden, Schaffung einer Justiz, die nach Gottes Gesetz der Scharia Recht spricht, Festigung des Glaubens und Erhöhung der Kampfbereitschaft in der Zone der Barbarei, sodass wir eine kämpfende Gesellschaft schaffen durch Propaganda und Bildung, durch die Schaffung eines Geheimdienstapparates und den Unterhalt von Spionen, die Materialisten unter ihnen mit etwas Geld kaufen. Abwehr von Heuchlern, und Unterdrückung ihrer Meinung mit aller Gewalt, sich vorbereiten, bis man in der Lage ist sich auszuweiten und die Kraft hat, Angriffe gegen Feinde zu starten, um sie abzuwehren, ihr Geld zu erbeuten und sie im Zustand der Angst zu halten, damit sie sich jederzeit auf Verhandlungen einlassen.

Wir müssen sodann den Menschen eine auf Grundlage der Scharia fußende rationale Erklärung liefern, sodass deutlich wird, dass darin ein Nutzen im Diesseits wie auch im Jenseits vorhanden ist. Diese Erklärung müssen wir den Menschen und Völkern vermitteln, sodass jede Propaganda gegen uns somit entgegnet wird. Diese Propaganda wird unser Schutzschild sein.

Brüder, unsere Schlacht ist lang, doch euer Verlangen nach Martyrium zeigt mir, wie sehr ihr im Glauben gefestigt seid. Der Tag, an dem ihr Gott ins Antlitz schauen dürft, ist nah. Wie ihr wisst, toben die Kämpfe im Land der zwei heiligen Moscheen. Wir werden die Amerikaner, möge Gott sie verfluchen, sehr bald in die Knie zwingen.

Die Christen haben sich unter dem Banner des Kreuzes versammelt, um die Gemeinschaft des geliebten Mohammed – Gott schenke ihm Gebet und Heil! – zu bekämpfen. Gebt euch mit eurem Heiligen Krieg zufrieden. Kein Muslim ist würdig euch voranzugehen, denn Gott selbst ist das, worauf ihr vertraut, und die gewaltigen Hoffnungen, die nach Gott in euch gesetzt werden, machen den Muslimen heute keine Schande. Wartet ein wenig, das Getümmel wird dem Angriff folgen, wenig bedeutet der Tod, wenn eure Stunde gekommen ist.

Ja, wenig bedeutet der Tod, wenn die Stunde herannaht. Gott, das ist einer deiner Ruhmestage, trage die Herzen der jungen Muslime und ihre Häupter zum Heiligen Krieg für deine Sache! Wenn der Tag gekommen ist, und ich sage euch noch einmal, dass er nun sehr bald kommen wird, so besinnt euch auf den unbedingten Gehorsam, denn ihr werdet mit entscheidenden Situationen konfrontiert sein, in denen es 100 % auf unbedingten Gehorsam ankommt. Gott – er ist erhaben – sagt: „Und gehorcht Gott und seinem Gesandten und streitet euch nicht, sonst gebt ihr damit auf und seid zur Untätigkeit verurteilt! Und seid geduldig! Gott ist mit denen, die geduldig sind."

Wenn der Tag gekommen ist, so betet um Hilfe zum Sieg, Stärkung, klarer Triumph, Erleichterung des Vorhabens und unsere Unentdecktheit. Reinigt eure Herzen und säubert sie von den Makeln und vergesst oder ignoriert das, dessen Name Welt ist. Die Zeit des Spielens ist vorbei, es ist die wahre Verabredung gekommen. Seid heiter, wenn zwischen euch und eurer Hochzeit nur wenige Augenblicke liegen, mit denen das glückselige, gottgefällige Leben und die ewige Gnade mit dem Propheten, den Rechtschaffenden, den Märtyrern und den Frommen beginnt. Welch gute Gefährten sind das! Seid optimistisch, denn der Prophet – Gott segne ihn und schenke ihm Heil – liebte den Optimismus in allen seinen Angelegenheiten.

Dann richtet euer Augenmerk darauf, wie ihr reagiert, wenn ihr in eine schwierige Lage geratet, wie ihr dort standhaltet und immer wieder besteht. Und wisset, dass das, was euch zugestoßen ist, euch nicht verfehlen konnte, und das, was euch verfehlt hat, euch nicht zustoßen konnte und dass die Prüfung von Gott – er ist erhaben und groß – stammt, um euren Rang zu erhöhen und euch für eure Sünde Sühnung zukommen zu lassen.

Darüber hinaus sollt ihr wissen, dass dies nur wenige Augenblicke dauern wird und dann mit Gottes Erlaubnis schnell vergehen wird. Glückwunsch dem, der der großen Belohnung Gottes teilhaftig wird. Er, der Erhabene spricht: „Oder meint ihr, ihr würdet ins Paradies eingehen, ohne dass Gott vorher diejenigen von euch, die um seinetwillen Krieg geführt haben, in Erfahrung gebracht hat, und ohne dass er diejenigen in Erfahrung gebracht hat, die geduldig sind?

Dann denkt an das Wort Gottes, des Erhabenen: „Ihr habt euch ja den Tod gewünscht, noch ohne ihm begegnet zu sein. Nun habt ihr ihn leibhaftig zu Gesicht bekommen. Wenn Gott euch zum Sieg verhilft, gibt es niemanden, der über euch siegen könnte."

Betet das Gebet in der Gruppe und verlasst sodann eure Wohnungen nur nach ritueller Waschung, denn die Engel bitten für euch um Vergebung, solange ihr rituell rein seid, und beten für euch. Und rezitiert Gottes Wort: „Meint ihr denn, wir hätten euch zum Zeitvertreib geschaffen?"

Gott, nun kommt wahrlich einer Deiner Ruhmestage! Trage die Herzen der jungen Muslime und ihre Häupter zum Heiligen Krieg für deine Sache! Festige unseren Glauben und stärke unsere Schritte, lass uns gut zielen und eine unsere Herzen. Brüder! Der Moment ist ganz nah! Haltet euch bereit!

Oh Gott, lass Deine Geschöpfe überall im Kampf siegreich sein, in Palästina, im Irak, in Europa, in Tschetschenien, in Kaschmir, auf den Philippinen, im Land der zwei Moscheen und letztlich überall auf der ganzen Welt.

Befreie unsere Brüder, die von Tyrannen gefangen gehalten werden in Amerika, in Europa, in Ägypten, in Israel und an jedem Ort, denn du bist der Allmächtige!

Herr, gebe uns Geduld, stärke unsere Schritte und schenke uns den Sieg über die Ungläubigen. Gott grüße unseren Propheten Mohammed, seine Familie und seine Gefährten!

Und schließlich Lob sei Gott, dem Weltenherrscher!"

Und wieder jubelten seine Gotteskrieger: „Allahu Akbar!!!"

Auf dem Nil. Als die Horai eine Weile gefahren waren, lehnte sich Sam zu Mahmood, der das Motorboot gekonnt manövrierte und fragte: „Was ist eigentlich gestern mit Rachel geschehen?"

„Es nennt sich: Clearing!", rief Mahmood in den Fahrtwind. „Eine Methode zur Befreiung von Fremdwesen, die sich im Licht- oder Seelenkörper jahrtausendelang einnisten konnten."

Sam musste das erst einmal verdauen. Nach einer Weile fragte er: „Das ist ja fürchterlich. Wieso tun sie das?"

„Es gibt einen Zusammenhang“, erklärte Mahmood, „zwischen Verdrängung, verlorenen Seelenanteilen und Besetzungen durch Fremdwesen. Denn die Fremdwesen docken sich an verlorene Seelananteile an, die wiederum aus seelischen Wunden entstehen.“

„Wie hängt das zusammen?“

„Der Kelch unserer Empfänglichkeit“, erklärte der Ägypter, „ist durch jene seelischen Wunden versiegelt, die ursprünglich durch die Illusion der Trennung entstanden sind. Wir sind nur solange empfänglich und offen, solange unser Selbstwert voll intakt ist. Ist unser Selbstwert aber wegen seelischer Wunden verletzt, so verschließen wir uns.“

„Und wodurch werden denn solche Verletzungen bewirkt?“, wollte Sam wissen.

„Oft werden wir dadurch verletzt, dass unsere Gaben nicht angenommen werden. Von Menschen. Oft sind es einfach unsere Eltern, die selbst verletzt und also verschlossen sind. Vor allem Kinder können stark dadurch verletzt werden, dass wir ihre Gaben nicht annehmen. Sie verschließen sich dann mit einem Gefühl, weniger Wert zu sein.“

„Ich frage mich nur“, sagte Sam traurig, wie zu sich selbst, „warum es so schwer ist, die Gaben anderer anzunehmen?“

„Vielleicht weil wir Angst haben, dem anderen etwas zu schulden“, erklärte Mahmood, „weil wir befürchten, die Kontrolle zu verlieren. Es kommt dann alles aus unserer unteren Persönlichkeit, nicht aus dem Herzen und der Kraft, nicht aus unserer wahren Individualität, die voller Licht ist. Um wieder empfänglich zu werden, müssen wir unsere Wunden heilen, indem wir die Abspaltungen zurück ins Licht führen.

So wie Isis die einzelnen Stücke von Osiris zusammensuchte und sie wieder zu einer Einheit verband. Wenn wir diese Wunden erlösen, so lösen wir die Siegel, öffnen sie und somit uns selbst, für die Befruchtung durch den Geist.

Der Gott in uns kann uns mit seinem Licht, seiner Liebe und seinem Leben nur befruchten, wenn unsere innere Göttin auch empfänglich dafür ist."

„Und die Besetzungen?"

„Die Seele, die den physischen Tod nicht akzeptieren möchte, so wie Beket-Aton, fühlt sich haltlos und einsam", sprach Mahmood weiter. „Sie beginnt, Gleichgesinnte zu suchen. Auf ihrer Suche begegnen ihr auch die abgespaltenen Persönlichkeitsaspekte der Menschen. Also die verlorenen Seelananteile. Diese fühlen sich genauso vom irdischen Leben ausgegrenzt und unverstanden, wie auch die Seele sich fühlt. So gehen sie eine Verbindung ein, um das Gefühl der Einsamkeit zu überwinden. Die körperlose Seele und die ungesehene Abspaltung eines physischen Menschen verbinden sich in ihren ungelösten Wunden. Wenn es nun wie bei Rachel dazu kommt, dass eine solche Seele aus dem Lichtkörper eines lebenden Menschen befreit wird und ins Licht geht, so ist es wahrscheinlich auch ein Zeichen dafür, dass die entsprechende Verletzung bei der lebenden Person geheilt werden kann. Allerdings ist es auch sehr schmerzhaft und wird von den Betroffenen wie ein großer Verlust erlebt, als sei ein Teil ihrer selbst gestorben."

Fleur, die hinter Sam sitzend den beiden konzentriert zugehört hatte, lehnte sich mit geschlossenen Augen zurück... Erneut reiste ihr Geist in die Zeiten, als sie ein junger Neophyt Namens Mahu gewesen war.

Achet-Aton, im kleinen Tempel, etwa 1.350 vor Christus. Mahu begegnete auf seinem Weg zum Allerheiligsten dem Alchemisten und Seelenkundigen Amotis, der gerade an einem Altar Weihrauch entzündete. „Ich grüße Euch, weiser Amotis."

„Sei gegrüßt, Mahu. Wirst du das Orakel heute wieder befragen?"

„Ja", antwortete er. „Darf ich Euch zuvor auch eine Frage stellen?"

„Natürlich", sagte der Amotis und lächelte. „Es ist mir eine Ehre."

„Zu Beginn war das Orakel noch unterdacht. Wie kommt es eigentlich, dass seit einiger Zeit das Dach und die Wände weggenommen wurden?“

Amotis, ein großgewachsener, etwas hagerer Mann, ging kurz in sich. Dann antwortete er: „Echn-Aton führt uns von der Dunkelheit ins Licht. Zu Beginn war es durchaus angebracht, einen sehr geschützten Raum für diese Seelenarbeit zu haben. Es entsprach auch noch unserer seelischen Entwicklung. Inzwischen haben die meisten von uns einen weiten Weg hinter sich gebracht. Nun müssen wir die Sonne immer mehr in uns erstrahlen lassen. Wenn der heiligste Raum in der Sonne erstrahlt, können auch die Schatten sehr viel schneller erlöst werden.“

„Ich danke Euch für diese Antwort“, sagte Mahu ernst und verbeugte sich.

Kurz darauf befand er sich im heiligen Raum der inneren Weisheit. Der junge Mann stand vor dem horizontal auf dem Altar liegenden Sonnenrad und blickte hinauf in die Sonne. Ihm gegenüber saß wie immer Echn-Aton auf seinem Thron, flankiert vom Schreiber Glypho und der Sängerin Lotus. Zusätzlich stand nun auch Maamitti neben dem Pharao, der „Verkünder des Orakels“, der von Zeit zu Zeit Echn-Atons Worte vermittelte oder für Fremde übersetzte.

„Welche Frage möchtest du heute an das Orakel stellen?“, fragte der Pharao.

Mahu streckte sich etwas, richtete sich innerlich noch weiter auf und fragte: „Auf welche Bühne muss ich gehen, um den Geist in mir, immer mehr erstrahlen zu lassen?“ Dann drehte Mahu die Sonnenscheibe. Und ihm war, als würde er in sich selbst ein Drehen verspüren, eine Spirale, die Himmel und Erde verband... Das Rad blieb schließlich stehen und zeigte in die gelbe Ecke des Raumes.

„Um den Geist in dir erstrahlen zu lassen“, sagte Echn-Aton, „musst du dich auf die gelbe Bühne des Luftelements begeben.“

Mahu ging also in die Raumecke, die sich im Osten befand, während Echn-Aton seinen Sessel von Glypho zurecht rücken ließ, damit er in die entsprechende Richtung sehen konnte. Dort ging eine kleine Türe auf und der Diener übergab Mahu das gelbe Gewand...

Mahu war nun ganz in Gelb gewandet und schritt gleitend, von den sanften Melodien der Sängerin begleitet, durch den gelben Raum. Nach einer Weile fragte Echn-Aton: „Was nimmst du wahr?"

„Ich fliege über die Landschaft", antwortete Mahu lächelnd, breitete die Arme aus und lief so mit geschlossenen Augen im Raum umher. „Bin so leicht, so frei und beweglich... Blicke weit über das ganze Land. Gerade geht die Sonne auf. Der Wind weht durch mein Haar... Nun sehe ich Hieroglyphen, die vor mir aufleuchten. Ich fliege ihnen entgegen... Sie kommen von einem Tempel dort unten... Schwebe hinab... lande vor dem großen Eingangsportal des Tempels... und gehe hindurch... Nun sehe ich...", fuhr Mahu zögernd fort, während er ruhig vor Echn-Aton stand „einen grünlich schimmernden Marmorboden... Ein langer Gang taucht vor mir auf, der von farbig bemalten Säulen gebildet wird..."

Echn-Aton hob die Augenbrauen, drehte sich leicht zu Glypho und flüsterte ihm zu: „Er scheint im Osiris-Tempel zu sein." Dann mit lauter Stimme zu Mahu: „Was geschieht?"

„Mir gegenüber flutet weißes Licht herein", antwortete Mahu und streckte seine Arme vor sich aus. „Und ich höre Schritte von dort auf mich zukommen... Eine schlanke Gestalt kommt auf mich zu. Sie scheint fast durchsichtig. Das Licht umflutet ihn... Ich sehe jetzt... Er trägt ein blau-weiß gestreiftes Tuch auf dem Kopf und einen großen Kragenschmuck in leuchtenden blau-türkisen Tönen... Nun sehe ich sein Gesicht. Mein Pharao! Ihr seid es selbst... Ihr sprecht zu mir...

Echn-Aton sah Mahu an, verdrehte kurz die Augen nach oben und begann zu sprechen: „Osiris ist der Geist Atons, der am Anfang über den Wassern der Isis schwebte. Der Wind, der die weiblichen Fluten befruchtet und sie in Wallung bringt. Wellen über Wellen, die ineinander übergehen. Alles ist noch eins, alles in fließend-lebendiger Harmonie. Wir sind Wellen unter Wellen und das Wellenmeer, Isis-Osiris, existiert nur durch all diese Wellen… Doch eines Tages wurde Osiris von seinem dunklen Bruder Seth zerstückelt…"

„Oh!", erschreckte sich Mahu plötzlich, „es ist nun ganz dunkel… Nur noch Dunkelheit… Ich liege… Kann mich nicht bewegen… liege da im bleiernen Todesschlaf einbalsamiert in einem Sarkophag. Immer neue Bandagen sind um mich gewickelt. Meine Seele ist ganz dicht geworden…"

Auf ein Handzeichen Echn-Atons hörte Lotus auf zu singen und Mahu legte sich mit den Armen am Körper auf den Boden. „Liege im Tod des solaren Bewusstseins. Nur in meinem Astralkörper schwebe ich in der dunklen Grabkammer umher und sehe mich durch all die prächtigen, umherstehenden Gegenstände an mein altes Leben erinnert. Mir graut… Ich erkenne nicht einmal, was mit mir geschieht! Denn ich lebe nur noch einen Traum des Lebens, immer und immer wieder den gleichen Traum! Ich erkenne nicht, dass ich in Wirklichkeit schon längst tot bin! Dass ich da liege…"

„Eingewickelt in die Bandagen eines zerstückelten Bewusstseins…", fügte Echn-Aton hinzu. Nach einer Pause fragte der Pharao: „Was geschieht nun?"

Doch Mahu antwortete nicht.

„Was nimmst du wahr?"

Keine Antwort. Echn-Aton wartete. Er wartete eine halbe Ewigkeit… Dann drehte er sich fragend zu Maamitti, der nur die Schultern hob.

Da durchzuckte es Mahus Körper und er begann wieder zu sprechen: „Lärm dringt in die Grabkammer! Die schwere steinerne Platte wird beiseite geschoben und Licht dringt herein! Ich schrecke auf… Dies darf doch nicht geschehen!

Ich klammere mich an meine Erinnerungen, will doch eigentlich nur ungestört so weitermachen wie bisher. Weitermachen wie die vergangenen Jahrtausende. Es ist ein Grabräuber! Er gibt keine Ruhe. Er beginnt alles zu stehlen, was mich in diesen Traum einsperrte. Es ist entsetzlich! Und nun öffnet er sogar die Bandagen an meinem Kopf! Was passiert? Welch ein Frevel! Welch ein Werk der Zerstörung findet hier statt? Bandage für Bandage wird entwickelt bis ich ganz nackt vor ihm liege…

Aber… ich sehe in das Gesicht des Grabräubers… Es seid wieder Ihr, mein Pharao! Eure Augen leuchten so hell wie die Sonne… Ihr beugt Euch sachte über mich und… blast mir Euren geistigen Atem in den Mund. Ich atme tief ein… Ich atme!!! Nach so langer Zeit… Atmen… Endlich wieder atmen.

Ihr lächelt mir zu und nehmt mich bei der Hand. Ich richte mich wieder auf… Nun stehe ich da und gehe mit euch hinaus. Hinaus, hinauf ans Licht! Die weiße Sonne steht im Mittag!“

Auf das Zeichen Echn-Atons begann Lotus wieder ihren Gesang, so rein und klar wie ein Engel und sie sang Mahus Auferstehung …

„Meine Augen gewöhnen sich langsam wieder an das Licht. Sanfter Wind umweht mich. Ihr blickt mich an, oh mein Pharao, und sprecht wieder zu mir. Auch diesmal begann Echn-Aton tatsächlich durch Eingebung zu reden: „Osiris ist der Atem Atons. Aton erschafft die Welt im Klang des singenden Osiris. Alle Dinge sind durch seine Lieder entstanden. In ihm, Osiris, dem Gesang des Aton, ist das Leben, und das Leben ist das Licht der Menschen. Und es scheint in die Finsternis der Menschen.“

„Meine Augen sind nun weit geöffnet“, sagte Mahu. „Alles ist ganz neu und schimmert in einem eigentümlichen Lichte… Etwas Goldenes kommt vom Himmel herabgeschwebt… Es ist… eine ganze Stadt! Das neue Achet-Aton, bereitet wie eine geschmückte Braut… Sie ist so wunderschön… Ihr Licht ist gleich dem alleredelsten Stein, klar wie Kristall… Die Stadt hat eine große und hohe Mauer und hat zwölf Tore und auf den Toren zwölf Weise und Namen darauf geschrieben.

Von Osten drei Tore, von Norden drei Tore, von Süden drei Tore, von Westen drei Tore. Und die Mauer der Stadt hat zwölf Grundsteine. Ihr Mauerwerk ist aus Jaspis und die Stadt aus reinem Gold, gleich reinem Glas... Der Marktplatz der Stadt ist aus reinem Gold wie durchscheinendes Glas. Und die Stadt bedarf keiner Sonne noch des Mondes, dass sie ihr scheinen; denn die Herrlichkeit Atons erleuchtet sie!“

Als Mahu den Raum der inneren Weisheit verließ, sah er Merire unter einer Palme sitzen, den Hohepriester des einzigen und all-einigen Aton. Er war schlank, etwa 45 Jahre alt und hatte dunkelbraune Haut.

Mahu ging zu ihm und begrüßte ihn: „Hallo ehrenwerter Merire, wie geht es Euch?“

„Die Frage muss ich doch vielmehr an dich richten, lieber Mahu. Wie geht es dir? Was hat dir Aton denn heute offenbart? Komm setz dich einen Moment zu mir.“

„Danke, Ehrenwerter“, sagte Mahu und setzte sich neben den Hohepriester. „Ich fragte heute, auf welche Bühne ich gehen müsse, um den Geist immer mehr in mir erstrahlen zu lassen.“

„Eine weise Frage“, bemerkte Merire. „Und? Welche Antwort hast du bekommen?“

„Das Sonnenorakel hat mir den Weg gen Osten gewiesen. Bin dort Osiris begegnet und lag sogar als Mumie in einem Grab.“

„So? Interessant. Und dann?“

„Echn-Aton ist mir in der Vision begegnet und hat mich wieder befreit. Er nahm die Bandagen wieder von mir; ich ging ans Licht und sah eine Sonnenstadt.“

„Das ist ganz wunderbar!“, sagte Merire. „In der Tat hat die Mumifizierung sehr viel mit Osiris zu tun.“

„Ehrenwerter Merire, könntet Ihr mir bitte erklären, inwiefern? Was genau hat es mit Osiris auf sich?“

Merire lächelte und antwortete: „Ich will dir die alte Geschichte erzählen…

Osiris und Isis, das leuchtende Pharaonenpaar, herrschte über das ganze Land, tauchte das ganze Land in ein strahlend weißes Licht der Liebe und Eintracht. Doch Osiris' Bruder Seth, der Dunkle, war so neidisch auf all die Pracht und Liebe. Und also heckte er einen dämonischen Plan aus, Osiris zu entthronen. Er bereitete ein fürstliches Bankett vor und ließ einen Sarkophag herrichten, genau nach den Maßen von Osiris. Als das Fest in vollem Gange war, erhob sich Seth und sprach in die Runde: Wer in diesen Sarg hineinpasst, dem will ich ihn schenken!

Einer nach dem anderen legte sich nun hinein, doch war ein jeder zu klein dafür. Als letzter begab sich Osiris in den Sarg und er passte natürlich wie angegossen. Da schlug Seth den Deckel zu, nahm den Sarkophag und schmiss ihn in den Nil.

Isis musste so sehr weinen, dass der Nil das gesamte Land überschwemmte. Dann begab sie sich auf die Suche nach ihrem Geliebten und fand den Sarg schließlich in Libyen. Sie brachte ihn wieder zurück. Doch erschöpft von den vielen Jahren der Suche, war sie so müde, dass sie den Sarg im Schilf verstecken musste und einschlief. Seth, von Entsetzen gepackt, erfuhr davon, kam herbeigeeilt, riss Osiris hinaus. Er zerstückelte ihn in 14 Einzelteile und zerstreute sie in alle vier Himmelsrichtungen. Als Isis wieder aufwachte und erkannte, was geschehen war, war ihr Leid nun umso größer. Und wieder begab sie sich auf die Reise…

Nach vielen, vielen Jahren erneuter Suche, während denen Seth seine spalterische Schreckensherrschaft festigte, fand sie jedes einzelne Stück wieder, bis auf den Phallus von Osiris, den ein Fisch verspeist hatte. Mit Hilfe von Anubis und seiner magischen Fähigkeiten, vereinten die beiden Schwestern Osiris Körper wieder und balsamierten ihn ein, sodass Osiris zur ersten Mumie wurde. Anstelle seines Phallus nahmen sie einen Stein. Die Liebe zu ihrem Bruder war so unermesslich groß, dass sie sogar den Tod überwand. Denn in der anderen Welt konnte er wieder auferstehen. Isis verwandelte sich in einen Falken und schaffte es, von Osiris befruchtet zu werden. Die Frucht dieser magischen Verbindung war der Falkenköpfige Horus, der die Schreckensherrschaft des Seth in lang andauernden Kriegen beendete.

Nun werde ich dir erklären, was es mit der Mumie auf sich hat. Bevor durch Echn-Aton das Sonnenorakel eingeführt worden ist, wurde im Osiris-Tempel der Mysterienschlaf praktiziert. Dabei lag der Einzuweihende drei Tage lang in einem Sarkophag. Sein Körper schlief. Doch der Mystagoge führte ihn in eine feinstoffliche Welt der Bilder, aus der dieser verborgene Schätze an die Oberfläche zurückholte, wie Isis die verlorenen Stücke des Osiris. Heute hat, wie gesagt, das Sonnenorakel diese Aufgabe übernommen.

Doch die Mumifizierung, die wir auch heute noch in Ägypten praktizieren, hat noch eine andere Bedeutung, die weit in die Zukunft reicht. Ägypten bereitet die Menschheit darauf vor, sich immer weiter zu verdichten, immer tiefer in die Welt der vier Elemente hinabzusteigen und die Polarität zu erfahren. Das Bewusstsein der Einheit wird so immer weiter verloren gehen."

„Aber warum tut Ägypten dies?", fragte Mahu überrascht.

„Die Menschheit ist auf einem verschlungenen Pfad im Dienste des Höchsten. Der All-Eine versenkt sich immer tiefer in die grobstoffliche Dualität, um den Zustand der Trennung zu erfahren – der Trennung von der Liebe, vom Licht und der lebendigen Einheit. Die Trennung zwischen Geist und Körper, Himmel und Erde, Licht und Schatten. Die Kulturen vor Ägypten lebten noch zum großen Teil in dieser Einheit. Ägypten bereitete noch, bis Echn-Aton kam, die Trennung vor. Das ganze Land symbolisiert sie bereits schon rein geografisch durch den Nil, der wie eine Grenze Osten und Westen aufteilt.

„Wie aber wird die Menschheit durch Ägypten auf diese Trennung von der Einheit vorbereitet?", wollte Mahu wissen.

„Eben durch die Praxis der Mumifizierung", antwortete der Hohepriester und lächelte sanft. Durch die Mumifizierung, durch die Fixierung und den Erhalt des Körpers über eine sehr lange Zeit, wird die Seele des Verstorbenen gezwungen, bei ihrem Körper zu bleiben. Alles in der Grabkammer erinnert die Seele an ihr vergangenes Leben. Und all dies gaukelt der Seele vor, noch zu leben oder zu glauben, dass das Leben nach dem Tode tatsächlich identisch sei mit dem Leben auf der Erde. Jede Bandage, die den toten Körper einschnürt, wird so zu einer weiteren Schicht, die das Bewusstsein des Göttlichen immer mehr verdunkelt und in die Dichte führt. Auf diese Weise bereitet die Praxis der Mumifizierung den Weg vor, auf dass die Menschheit eines Tages jegliches Bewusstsein des Einen verliert."

„Aber wieso?", fragte Mahu weiter. „Ist das nicht sehr grausam?"

„Es ist notwendig", erwiderte Merire. „Nicht einfach nur um seiner selbst willen, sondern auch um der Menschheit die Möglichkeit zu schenken, dass sich jeder Mensch in seinem individuellen Wesen stabilisieren kann. Denn nur wenn der Mensch auf diese Weise stabil ist, kann er sich aus seinen Ich-Kräften heraus wieder emporschwingen als Horus und die grobstoffliche Erde zurückführen ins Licht, indem er sich wie eine Zwiebel schält und Bandage für Bandage seines verdunkelten Bewusstseins ent-wickelt.

Damit dies aber geschehen kann, haben die hohen Eingeweihten nicht nur die Mumifizierung nach Ägypten geholt, sie legen auch die Samen für den Aufstieg, der auf den Abstieg in die polare Trennung folgen wird. Kaum ein Ereignis in Ägypten wird so viele Samen des Wiederaufstiegs in die Welt setzen, wie die Ankunft Echn-Atons und Nofretetes und das Leben hier in Achet-Aton. Hier bereiten wir nichts anderes vor, als das Erblühen des Horus-Bewusstseins in Tausenden von Jahren.

Natürlich wurde dies auch vor uns in den Mysterienschulen vorbereitet. Wir aber tun es auf einer viel größeren Ebene, indem wir eine ganze Stadt gebaut haben, die diesem Ziele dient. Der Horus bringt den weiblichen und den männlichen Pol wieder zusammen. Im Horus-Bewusstsein wird sich ATON seiner selbst im einzelnen Menschen bewusst. So wird der Mensch in Körper, Seele und Geist wieder auferstehen.

Du aber wirst einst… in Tausenden von Jahren", sprach Merire weiter, „nach Achet-Aton zurückkehren."

„In Tausenden von Jahren? Wie meint Ihr das? Und wird Achet-Aton tatsächlich so lange fortbestehen?"

„Mein armer Mahu“, sagte der Hohepriester und wischte sich den Schweiß vom Kopf. „Achet-Aton wird wahrscheinlich schon in den kommenden Jahren untergehen… Und dies muss so sein, damit Ägypten seiner Aufgabe, die Menschheit in die Trennung zu führen, gerecht werden kann.“

„Das kann doch nicht sein!“, rief Mahu und sprang auf die Füße. „Die Armee wird uns doch beschützen!“

„Ja, die ruhmreiche Armee… Weißt du nicht, dass Echn-Aton ihr verboten hat, Blut zu vergießen, was es ihr zusehends unmöglich macht, die Grenzen Ägyptens zu verteidigen?“

„Doch Echn-Aton hat doch gesagt“, sagte Mahu verzweifelt, „dass die Liebe über alle Feindschaft obsiegen wird! Dass die Liebe aus allen Feinden Brüder und Schwestern machen wird! Dass die Liebe…“

„Die Liebe… die Liebe Atons“, unterbrach ihn Merire, „wird in der Tat künftig alle Grenzen überwinden und die Menschheit vereinen. Doch werden noch Tausende von Jahren vergehen bis dahin. Die Menschheit ist noch sehr unreif. Und du, mein lieber Mahu, bist sehr naiv. Wie die meisten von euch jungen Leuten, die ihr euch hier eurer seelischen Entwicklung widmet, wofür ich euch von ganzem Herzen liebe, seid ihr doch blind für das, was um euch geschieht – in Achet-Aton und im Rest des Landes.

Ihr lebt tatsächlich einen Traum, der in Zukunft für die gesamte Menschheit, dank Aton Realität werden wird. Heute aber geht es um Erkenntnis: Und die Wahrheit ist, dass die Armee und die Amun-Priester sich wohl zusammen tun, dass die Amun-Priester Achet-Aton durch und durch infiltriert haben, dass ganz Ägypten uns hasst. Es gibt auch viele Verräter . . .“

„Wer denn?“, fragte Mahu erschrocken.

„Zoh . . .“, Merire biss sich auf die Lippen. *Bei Aton!* dachte er. *Warum sage ich ihm das nur?*

„Zoha?“, erriet Mahu den Namen. „Das glaube ich niemals!“

„Ich sage diesbezüglich kein einziges Wort mehr“, sagte Merire über sich selbst verärgert.

„Aber warum hassen sie uns denn so?“, wollte Mahu wissen. „Bringt ihnen denn Echn-Aton nicht die Liebe, die Freude und das Licht?“

„Echn-Aton hat es aufgegeben, sie erreichen zu wollen. Er kümmert sich kaum noch um die Belange des Landes. Sein Blick ist nur noch auf die Zukunft gerichtet, die Zukunft der gesamten Menschheit und des Planeten. Er bereitet den Weg für ein noch viel umfassenderes Ereignis vor. Echn-Aton bereitet den Weg vor, für die, die nach ihm kommen, auf dass alle Menschen in ferner Zukunft ihr Herz öffnen und erkennen, dass jeder und jede Einzelne Aton ist, dass sie alle Gott, dass sie alle die Liebe sind. Deshalb hat er diese Stadt erbaut. Eine Stadt, die der reinste Gesang ist, ein Gedicht, eine Hymne, wie reines Licht.“

Mahu setzte sich mit Tränen in den Augen zurück zu Merire und hörte weiter zu.

„Bald“, fuhr dieser fort, „werden die Samen alle gesetzt sein. Auch wenn Achet-Aton untergeht, unter dem Wüstensand begraben und sich niemand mehr erinnern wird an die Schönheit und Freude, die hier noch herrschen, so sind doch nun das Licht und die Liebe unwiderruflich gesetzt. Aton wird und kann niemals untergehen. Die kleine Flamme ist nun wieder angezündet worden in den Herzen einiger Menschen. Immer ist er es, das Licht, die Liebe, der Einzige!“

„Was aber meint Ihr“, fragte Mahu, der seine Tränen kaum noch zurückhalten konnte, „als Ihr sagtet, ich würde in Tausenden von Jahren zurückkehren?“

„Ja, das wirst du wohl und viele deiner Freunde aus Achet-Aton. Wenn die Samen der Liebe aufgehen, wird bald das goldene Zeitalter zu blühen beginnen. Eure Seelen werden sich dafür entscheiden, dass ihr alle, mehr oder weniger zur gleichen Zeit, zurückkehrt auf die Erde, um den Kult der Liebe und des Lichtes wieder ins Leben zu rufen. Mit deinen Gefährten wirst du sogar das Sonnenrad wieder hierher bringen, nachdem es neu empfangen werden wird.

Jeder von euch wird gerufen, das Licht Aton, das Licht des Göttlichen auszustrahlen – alle vereint in dem einen Ziel: der Wiederkehr des Lichts zu dienen, die Menschheit dabei zu unterstützen, in das Reich des Herzens einzugehen."

Auf dem Nil, tausende von Jahren später. Im letzten Moment bemerkte Mahmood zwei Gestalten am rechten Ufer und betätigte einen Knopf, der ein starkes Kraftfeld um das Motorboot aufbaute. Da flog auch schon eine Panzerabwehrrakete auf sie zu und explodierte Sekundenbruchteile später über ihnen, ohne jeglichen Schaden anzurichten.

„Was war das?", schrie Fleur und kam vor zu Mahmood.

„Freischärler!", rief Mahmood. „Aber keine Sorge! Ich kenne diese Gegend nur allzu gut. Sie sprengen die Boote an dieser Stelle gern in die Luft und holen sich aus dem Nil, was übrig bleibt. Unser Boot ist bestens darauf vorbereitet, nicht wahr?! Entspannt euch also. Das ist ganz normal hier." Sam musste dröhnend lachen.

Paris, Innenministerium. Ein fast zwei Meter großer Mann mit kurzen blonden Haaren ging zielstrebig durch einen der Gänge, der zum Büro Paul Kohns führte. Auf einem seiner Arme war eine große Lanze zu sehen, die gerade einen Mann durchbohrte. Nach der üblichen Sicherheitskontrolle fuhr die Tür wie eine Schleuse in die Höhe. Der Mann trat herein.

„Ja, Frank?", fragte Paul mit dem Kopf nickend, „Was gibt's?" „Wir haben Bordon in der Wohnung tot aufgefunden."

„Verdammt!" Paul sprang von seinem Sessel auf. „Wie kann sie es wagen? Und was ist mit der Kleinen, die ihn begleitet hat?"

„Keine Spur von ihr", sagte Frank. „Genauso wenig wie von Elektra."

„Dann sucht nach einem ihrer Mitarbeiter und schnappt ihn euch. Die stecken sicher alle unter einer Decke, was auch immer sie vorhaben."

Frank nickte mit dem Kopf, drehte sich um die eigene Achse und verließ das Büro. Schwere Wolken lagen über dem nächtlichen Himmel.

Kairo. Die Horai, inzwischen in der Hauptstadt angekommen, übergaben das Boot einem Mittelsmann, einem einarmigen, der Mahmood noch eine Tasche übergab. Mahmood rief die anderen herbei, und öffnete sie: Darin waren Objekte, die aussahen wie die Griffe von Schwertern. „Nehmt euch, was ihr braucht", sagte er zu den Horai. Anschließend fuhren sie mit zwei Taxis durch den hektischen Verkehr zum Markt an der Al-Ghuri-Moschee.

Paris. Elektra saß am Steuer eines kleinen Flugzeuges und hob gerade ab. Neben ihr: Zaina. Als sie eine gewisse Höhe erreicht hatten, stellte Elektra den Autopiloten an. Sie drehte sich kurz zur Seite und strich ihrer neuen Kampfgefährtin zärtlich über die Wange. Da hörte sie plötzlich, dass eine Nachricht über ihren Chip rein kam. „Warte", sagte sie, lehnte sich etwas zurück und schloss ihre dunklen Augen. „Ja, Hödur. Schick mir die Bilder." Kurz darauf übersandte der Norweger ihr die Satelliten-Bilder direkt über den Chip ins Gehirn. Sie sah von oben die beiden Taxis und rief „Ja!", in den Raum. „Folgt ihnen, wohin sie auch fahren mögen!"

Dann stand sie im Cockpit auf, blickte der hübschen Zaina in die Augen und sagte ihre Hand auf das Knie der jungen Frau legend: „Jetzt haben wir ein wenig Zeit für uns, du Schöne..."

Zaina errötete nur.

Kairo. Die Horai stiegen vor der Al-Ghuri-Moschee aus und betraten den Markt und seine verwinkelten Gassen. Von der einen Seite zur anderen waren bunte Tücher gespannt. Darunter die Händler und ihre vielfältigen Waren: Schmuck, Lampen, Skulpturen, Stoffe, Kräuter, Brillen, Parfüm, Hühner in Käfigen...

„Und hier sollen wir ein Flugzeug chartern?", fragte Rachel ungläubig Mahmood, der einfach nickte.

„Geh nur immer geradeaus bis zum großen Platz", sagte er zu Sam. „Ich sichere nach hinten ab." Der Hüne bestätigte und ging voran.

Gleichzeitig drückte Mahmood auf einen Ring an seiner linken Hand und sprach hinein: „Roni! Wir sind in zehn Minuten bei dir. Mach den Flieger startklar!"

Es war ein ständiges Gebrabbel um sie herum. Händler, die sie in ihre Läden locken wollten: „Have a look!" „Welcome! Where do you come from?" Frauen, die ihre Waren auf dem Kopf trugen und sich mit Zischlauten bemerkbar machten.

Sam bildete die Spitze, während die Menschen, beeindruckt von seiner Körpergröße, Platz machten. Wenige Meter versetzt liefen links Julien und rechts Fleur. Hinter Fleur wiederum zwängte sich Mila durch die Menschenmenge, hinter Julien Mahmood und Rachel.

Auf dem Lehmboden lagen Plastiktüten, Zigaretten, Dreck, Papier und sonstiger Müll. Touristen saßen in Restaurants, andere neben Ägyptern in Teestuben, ganze Gruppen von Frauen und Männern, Familien, die sich ägyptische Filme ansahen. Hier und da eine Katze, die durch die Beine der Passanten huschte. Arbeitende Kinder, Laternen, Farben, Gerüche, Stoffe – eine Flut an Sinneseindrücken.

Unterdessen beobachtete der blinde Hödur auf einem der Dächer stehend mit seinem Radarblick das Treiben, wobei er die Horai genau unterscheiden konnte.

Plötzlich kreischte eine Frau! Fleur blickte nach vorn die Gasse entlang und erschrak! In etwa 15 Metern Entfernung stand ein Mann, der zusehends Feuer zu fangen schien und große Hitze um sich verbreitete. Es war ein Asura: Tyr. Auch er war Norweger um die 1,85 Meter mit gelockten blonden Haaren und über und über tätowierten Armen.

„Wow! Was zum...?", fragte Sam und blieb unvermittelt stehen.

Tyr sah ihn böse von unten lächelnd an, wobei er immer mehr Hitze um sich her generierte. Plötzlich streckte er die Arme und Hände kerzengerade vor sich und schoss auf Sam einen geballten Energiestrahl ab! Fleur schrie auf und manövrierte telekinetisch ein großes Messingtablett von einem Stand, senkrecht wie einen Schild, vor Sam.

Der Energiestrahl setze mehrere Männer und Frauen in Brand, bevor er auf das Tablett traf, das für einen Bruchteil einer Sekunde wie ein Schild vor Sam schwebte. Von hier aus wurde der Feuerstrahl abgelenkt, schoss durch die Scheibe eines Ladens mit arabischen Tüchern und setzte dort alles kurzerhand in Brand. Das Tablett aber knallte voll gegen Sam und warf ihn zu Boden, wobei er fünf völlig vermummte Frauen mit sich zu Boden riss. Kurz darauf torkelte ein Mann wie eine Fackel brennend aus dem Laden und stürzte zu Boden. Er war 1,90 Meter groß, hatte kurze blonde Haare und gehörte zu den Asuras. Einer von fünf Klonen, der sich in genau diesem Geschäft auf seinen Angriff vorbereitet hatte.

Gleichzeitig rannte Julien blitzschnell auf Tyr zu und zog aus seinem Gürtel hinterm Rücken einen etwa 20 cm großen Gegenstand hervor, der sich auf Knopfdruck innerhalb kürzester Zeit vom Knauf her zu einem japanischen Schwert „auffaltete". Julien hob es, rennend, in die Höhe. Bevor er Tyr jedoch erreichen konnte, wurde er selbst hart von einem Arm am Kopf getroffen, sodass er durch die Wucht einen Salto rückwärts machte und auf dem Bauch landete. Das Schwert, das dabei senkrecht nach oben geschleudert wurde, fing der Angreifer locker auf, als es wieder herabsauste. Es war Hao, ein Chinese mit kurzen schwarzen Haaren, eine Lederjacke tragend. Gerade wollte er mit der Schwert nach Julien schlagen, als Rachel ihn voll mit der Impulswaffe traf und in ein Lampengeschäft durch die Scheibe schleuderte, wo er bewusstlos liegen blieb.

Gleichzeitig hatten zwei der Klone von hinten links angegriffen. Einer von ihnen hatte Mahmood am Arm gepackt und ihn gegen eine Mauer geschleudert. Als Mahmood zu Boden fiel, trat ihm der andere in den Magen. Rachel drehte sich um und rief: „Julien! Hilf mir!" Ihr Freund war schon wieder auf den Beinen, drehte sich ruckartig um und griff mit Rachel zusammen die zwei Hünen an, während Mahmood noch am Boden lag.

Der vierte Klon schoss mit Projektilen auf Mila, die jedoch im letzten Moment instinktiv ihre Aura so verdichtet hatte, dass die Schüsse einfach abprallten und zwei der Passanten trafen. Nun zog auch sie ihr Schwert und begann gegen ihren Angreifer zu kämpfen, der auch das seine zog. Die Passanten waren in hellem Aufruhr und versuchten panikartig aus der Gasse zu kommen.

Sam rannte nun auf Tyr zu, wobei ihm der fünfte Klon den Weg versperrte. Sam, der übermenschliche Kräfte hatte, schlug ihn einfach nieder und ging weiter auf den Feuerbändiger zu, während Hödur immer noch oben auf dem Dach stand und alles beobachtete. Als Tyr schon wieder auf Sam einen geballten Feuerstrahl abschießen wollte, sprang Fleur herbei, die an Sam regelrecht hoch gerannt war und nun aus der Luft ihre Impulswaffe auf Tyr abfeuerte. Der aber rollte sich nach vorne ab und wollte gerade zurück schießen. Doch als er gerade im Begriff war wieder aufzustehen, schlug ihn Sam mit voller Wucht ins Gesicht, sodass er im hohen Bogen wieder zurück flog und ebenfalls bewusstlos liegen blieb.

Einige Meter weiter duckte sich Julien unter dem Hieb seines Angreifers und erwischte diesen mit einem tiefen Schnitt voll am Bein. Dann sprang er in die Höhe, drehte sich um die eigene Achse und schleuderte dem anderen seinen Fuß voll ins Gesicht. Der Mann fiel zu Boden und blieb liegen. Unterdessen kam Fleur Mila zu Hilfe und Sam Rachel, sodass die beiden letzten Klone schnell ausgeschaltet waren.

Langsam kam Mahmood wieder zu Bewusstsein und hielt sich den Kopf. Julien war schnell zur Stelle, half dem Ägypter hoch und stützte ihn. „Wir müssen bis zum Ende der Gasse und dann rechts“, sagte Mahmood und kam immer mehr zu sich. Kurz darauf rannten die Sechs durch die inzwischen quasi menschenleeren Gassen.

Als sie um die Ecke bogen, kam ihnen bereits Roni, ihr jüdischer Pilot, aufgeregt entgegen gelaufen. Ein Israeli, Mitte 30, mit rötlichen Haaren. „Was bin ich froh, dass ihr es geschafft habt! Ich habe den Lärm gehört. Scheinbar ging alles sehr schnell!“

„Wir sind alle ok!“, sagte Mahmood, ihn an den Unterarmen haltend. „Lass uns weiter! Die Polizei wird hier gleich aufkreuzen!“ Sie rannten noch einige Meter weiter, bogen mehrere Male in kleine Gassen ab, bis Roni eine kleine Türe öffnete, die auf einen großen

Hinterhof führte. Als Sam als letzter hindurch gehen wollte, knallte die Eingangstüre jedoch plötzlich vor ihm zu.

Julien, der gerade vor ihm durchgegangen war, drehte sich um und versuchte die Türe wieder zu öffnen - vergeblich. Er schlug gegen die Tür und rief nach seinem Kampfgefährten. Die anderen eilten herbei.

Langsam drehte sich Sam um und erblickte plötzlich den blinden Hödur vor sich. Sofort schlug er nach dem Norweger. Hödur aber teleportierte sich kurzerhand auf die andere Seite, zog ein Stillet aus der Scheide und stach Sam in die linke Schulter. Der drehte sich schreiend um und schlug noch mal zu... wieder ins Leere! Hödur materialisierte sich erneut an einer anderen Stelle und stach Sam in den Bauch, der in sich zusammensackte.

Dann verschwand der Asura, die Tür ging auf und Julien und die anderen sahen, wie Sam, auf dem Boden liegend, um sein Leben kämpfte. Roni rannte schnell zurück und holte eine Tragbahre, mit der sie Sam, zu viert, durch den Eingang hievten und in den im großen Hinterhof stehenden Flieger brachten.

„Macht ihn hier mit den Gurten in der Nische fest!", rief Roni und rannte vor ins Cockpit, wo er ohne Zögern die Maschine startete. Kurz darauf hob der kleine Düsenjet senkrecht ab und schwebte in die Höhe. Fleur und Julien legten ihrem Kameraden notdürftig Verbände an. Die anderen setzten sich und schnallten sich an. Dann begannen sie zu beschleunigen und flogen davon. Auf dem Dach stand Hödur und „blickte" ihnen nach.

Paris. Paul war in seiner Wohnung und saß der holografischen Projektion eines Beraters des US-Präsidenten gegenüber: Georg Huntington.

„Wie wird sich nun der Präsident entscheiden?", fragte Paul mit düsterer Stimme.

„Das steht noch nicht fest“, antwortete der Amerikaner, ein kleiner Mann mit runder Nickelbrille. Wir stocken zunächst einmal nur unser Truppenkontingent auf, um die Stützpunkte zu sichern. Eine Invasion wäre äußert riskant.“

„Außerdem wird es sich doch auch kaum noch lohnen für die paar Tropfen Öl, die sich da noch befinden.“, bemerkte Paul ironisch lächelnd.

„Natürlich nicht“, sagte Huntington gereizt. „Dabei geht es aber ja nicht nur um das Öl! Der eigentliche Exportschlager Saudi Arabiens ist inzwischen sowieso der Terrorismus geworden. All die Jahre konnten wir die Aufständischen noch einigermaßen kontrollieren. So wie in Palästina. Dass es nun so gekommen ist...“

„Mich wundert, dass es nicht schon viel früher geschehen ist“, sagte Paul.

„Ja, wir können von Glück sagen, dass wir zu so weiten Teilen auf Lithiumbatterien umgestiegen sind. Doch auch das Lithium geht eines Tages zu Ende…“

„Warum werft ihr nicht einfach ein Paar Wasserstoffbomben auf Saudi Arabien? Dann haben wir dort endlich Ruhe.“

„Das würde den 3. Weltkrieg auslösen“, erwiderte Huntington kopfschüttelnd und schob seine Brille hoch.

Paul nickte: „Ein gelungener Auftakt für die endgültige Durchsetzung der neuen Weltordnung…“

„Sie glauben da noch dran?“, fragte der Amerikaner erstaunt.

Paul griff sich an die Schläfen: „Wir werden sehen. Wir hier in Europa tun auf jeden Fall weiterhin alles, um den jahrtausende alten Plan der Bruderschaft endlich durchzusetzen.“

„Halten Sie mich auf dem Laufenden“, sagte Huntington kurz angebunden, woraufhin sein Hologramm verschwand und Paul alleine ließ. Plötzlich schossen Bilder einer längst vergangenen Szene in seinen Geist…

Theben, vor etwa 1.350 Jahren. Erneut kam der Schreiber zu General Haremhab in die große Halle herein, der noch immer mit den Enteignungen der Priester beschäftigt war, und sagte: „Ein Jude bittet um Audienz."

„Lass ihn eintreten", rief Haremhab mit einem Lächeln.

Kurz darauf betrat ein gutaussehender Mann festen Schrittes den Raum. Er trug ein langes, einfaches Gewand, das den ganzen Körper bedeckte und hatte einen äußerst klar-durchdringenden Blick. Es war Moses.

Der General sah ihn ungläubig an, stand auf und sagte: „Moses! Heute sehen alle anders aus, als gewohnt. Es ist so lange her, dass ich dich das letzte Mal sah. Was trägst du für Kleider? Du bist doch ein Aton-Priester" Dann umarmte er ihn.

Nach einer Weile blickte Moses ihm in die Augen und sagte: „Ich trage die Kleider meines Volkes."

„Was meinst du?", fragte Haremhab ihn weiter an den Armen haltend.

„Wir kennen uns, seitdem wir Kinder waren", erklärte Moses. „Wusstest du nicht, dass ich vom Vater Echn-Atons adoptiert worden bin? Dass ich von meiner wahren Herkunft her jüdisch bin?"

Haremhab ließ Moses los und blickte ihm fassungslos in die Augen. „Das ist… erstaunlich… Ich hätte nie gedacht…, dass du…"

„Es war geheim", erklärte Moses. „Sonst hätte ich als Kind von Sklaven nie an den Einweihungen teilnehmen dürfen…"

„Und nun?", wollte Haremhab wissen.

„Nun bin ich zu meinem Volke zurückgekehrt."

„Aber du bist doch Aton-Priester!"

„Ich war es von ganzem Herzen", bestätigte Moses. „Und es war Aton, der mir sagte, zu ihnen zurückzukehren."

Haremhab ließ sich zurück in seinen Sessel fallen und zeigte auf den Stuhl ihm gegenüber. Moses setzte sich und Haremhab stellte fest: „Aber die Juden huldigen doch einem anderen Gott. Ist Aton nicht der Einzige?"

„Ja", bestätigte Moses. „Aton ist der Einzige. Aton ist der Name, den die Ägypter nun dem Einzigen geben. Doch ist es nun einmal meine Rolle, diejenigen, die aus meinem Volk hören wollen, zu führen und zu leiten. Für sie ist Aton ein fremder Gott, denn sie beten JAHWE an. Auch mir ist Aton in der Wildnis erschienen und erfüllte mich mit überwältigender Liebe. Und er teilte mir universelle Wahrheiten mit: das Gesetz von Ursache und Wirkung, Liebe im Gegensatz zu Gewalt und Negativität. All dies schrieb ich nieder und offenbarte es einem führenden Gremium und dann dem Volk. Mir wurde aufgetragen, es an alle weiterzugeben, die es hören wollen."

„Und haben sie dich erhört?"

„Einige hören und erkennen meine Worte als von Gott stammend. Einige sind sogar dem Aton-Kult beigetreten. Doch sind die meisten nicht bereit, die Liebe einfach zu akzeptieren. Sie können sie nicht erleben, geschweige denn ihr folgen, da sie an starre, enge und kontrollierte Gebets- und Lernsysteme gewohnt sind.

Es ist wie unter den Ägyptern: Einige Wenige können Liebe in sich erleben, die meisten aber nicht."

Haremhab nickte und sagte: „Deine Situation ist mit der von Echn-Aton vergleichbar."

„Nur, dass er an der Macht ist." Moses lächelte milde. „Ich habe nur das Wort, um die Menschen zu überzeugen."

„Aber du kannst sie nicht überzeugen, nicht wahr?", fragte der General.

„Ich habe viele Freunde unter den Nomaden. Und ich verbringe viel Zeit damit, Menschen unter den Juden zu suchen, die mich verstehen können. Doch gibt es viele Machtkämpfe zwischen den verschiedenen religiösen Gruppierungen. Manche dieser Gruppen sind besonders machtorientiert und sie schließen jeden aus, der ihrem System nicht genau auf den Buchstaben folgt. Wenn ich meine Mission erfüllen will, die Juden als Ganzes zum Einen zu führen, so bleibt mir nichts anderes übrig, als mich an ihre Systeme anzupassen."

„Wie?", wollte Haremhab wissen.

„Ich erkläre ihnen einfach, dass JAHWE der Einzige sei und sie selbst das von ihm auserwählte Volk. Nur dann hören mir ihre Priester wirklich zu."

„Was?" Haremhab lehnte sich auf seinem Stuhl auf. „Das kannst du doch nicht tun? Das führt doch zu einem erneuten Konflikt!"

„Was bleibt mir anderes übrig?", fragte Moses traurig. „Selbst unter dieser Voraussetzung wollen es nur wenige glauben."

Nach einem kurzen Moment musste Haremhab lachen: „Da tun wir alles, um der Vielgötterei ein Ende zu bereiten. Und nun kommst du, unser alter Freund, und erklärst einfach, dass der Gott der Juden auch der Einzige sei."

„Ja", bestätigte Moses. „So ist es…"

„Das wird Echn-Aton sicherlich nicht dulden können", stellte der Heerführer fest. „Du bringst alles durcheinander. Du weißt, dass alle anderen Götter neben Aton verboten worden sind."

„Manche werden geduldet", wand der Aton-Priester ein.

„Aber sicherlich kein Gott, von dem behauptet wird, er sei der Einzige", erwiderte Haremhab.

„Ja, leider", fügte Moses hinzu. „Und ich weiß auch, dass Echn-Aton damit die Menschen zu sich selbst zurückführen und die Menschen in Liebe verbinden will. Aber du musst verstehen, Freund, dass es Aton selbst war, der mir in der Wüste erschien, als ich meditierte und mich aufforderte, die Juden zum Einen zu führen. Für die Juden heißt der Eine eben JAHWE…"

Haremhab versenkte sich in sich selbst und überlegte. Da kam ihm plötzlich ein Gedanke: „Moses, ich glaube, dass der wahre Grund ein anderer ist. Sie mögen sehr starrköpfig sein, deine Juden. Doch ist mir plötzlich auch klar geworden, was es bedeuten würde, wenn sie Aton annehmen würden. Über kurz oder lang würden sie einfach aufhören zu existieren. Denn was würde sie dann noch von den Ägyptern unterscheiden? Hat Echn-Aton ihnen nicht angeboten, frei zu sein, wenn sie Aton in ihre Herzen nehmen?"

Moses errötete: „Ja, du hast Recht, mein weiser Freund. Die Juden dürfen sich nicht einfach auflösen..."

„Warum nicht?", wollte Haremhab wissen.

„Weil der Höchste noch viel mit ihnen vorhat. Sie sind für die Entwicklung der Menschheit von großer Bedeutung."

„Das kann ich mir nicht vorstellen", sagte Haremhab ernst. „Denn so bleiben sie nichts weiter als Sklaven."

Moses stand von seinem Stuhl auf und ging einen Moment sich sammelnd auf und ab. Dann blieb er stehen und blickte Haremhab in die Augen: „Deshalb bin ich zu dir gekommen, mein Freund. Um dich zu bitten, uns die Freiheit zu schenken, auch wenn wir den Einzigen „JAHWE" nennen."

Haremhab wurde wütend und antwortete: „Das ist ausgeschlossen! Ganz davon abgesehen, dass dies nicht in meiner Befugnis liegt. Stell dir nur vor, was dies für Konsequenzen hätte! Da würden doch nun die alten Priester auf den gleichen Trichter kommen. Sie bräuchten nur zu behaupten, dass ihr jeweiliger Gott der Einzige sei und schon könnten sie ihre Tempel wieder öffnen. Dann hätten wir nichts gewonnen! Wir wären wieder da, wo wir angefangen haben. Alles wäre nur noch viel schlimmer, weil nun alle behaupten würden, dass ihr Gott der Einzige sei!"

„Ich bitte dich, mein alter Freund, lasst uns gehen", wiederholte Moses nur.

„Das ist unmöglich. Bekehrt euch zu Aton und dann könnt ihr tun und lassen, was ihr wollt."

„Mein Freund“, sagte Moses, „wir werden sehen, wie sich das Schicksal entwickelt. Ihr tut, was ihr tun müsst und ich tue es ebenso. Großer Heerführer, ich verneige mich vor deiner Klarsicht. Doch bitte ich dich, es zu überdenken.“

Haremhab ging auf seinen alten Freund zu und umarmte ihn. Dann flüsterte er ihm ins Ohr: „Ich kann nicht... und nun geh...“

Paris. Hao, der chinesische Gefährte Elektras, betrat seine Wohnung im 5. Arrondissement und schmiss wütend seine Lederjacke auf einen Stuhl. Der Kampf in Kairo hatte ihn schwer mitgenommen. Er setzte sich an den kleinen Küchentisch und vergrub sein Gesicht in den Händen.

In Pauls Wohnung. Paul wurde plötzlich aus seinem Tagtraum gerissen. In Gedanken fragte er: *Ja, Frank, was gibt es?*, während der Chip in seinem Gehirn seine Gedanken an seinen Mitarbeiter weiter leiteten.

„Hao ist gerade nach Hause gekommen“, hörte er Frank sagen. *„Er hat von den Kameras, die wir installiert haben, nichts mitbekommen.“*

„Und?“ fragte Paul durch Gedankenübertragung.

„Er sieht nicht gut aus. Als hätte er einen schweren Kampf hinter sich.“

„Gut“, sagte Paul. *„Behaltet ihn im Auge! Wir werden ihn sicher noch brauchen, um Elektra auf die Schliche zu kommen. Irgendwie hat sie es geschafft, ihren eigenen Chip abzuschirmen.“*

Über dem Mittelmeer. Fleur gab Sam, der schlafend auf einer Liege lag, eine Spritze in den Arm. „Wie geht es ihm?“, fragte Julien und hielt sich an der Wand fest. Der Flug wurde langsam unruhiger.

„Ich habe gerade die Verbände gewechselt. Wir konnten seine Blutung stoppen. Kein größeres Gefäß wurde getroffen“, antwortete Fleur und verstaute die Spritze in einer Vorrichtung in der Wand.

„Gott sein Dank! Sobald wir in Frankfurt ankommen, wird er ins Krankenhaus gebracht.“

„Setzt euch bitte hin“, rief Roni nach hinten. „Wir fliegen geradewegs in einen Sturm hinein!“ Die beiden begaben sich an ihre Sitzplätze, während es bereits immer unruhiger wurde.

Normandie. Unterdessen nahm im Inneren des Gebäudes der geistige Kampf zwischen Ziodenes und Dschafar seinen Lauf. Dschafar ibn Muhammed drang immer mehr in den Geist des Kristallbringers ein, verstärkte zusehends seine Illusion im alten Atlantis zu sein. Und tatsächlich tat sich ihm ein innerer Raum auf, das vertraute Gefühl in einer anderen Zeit zu leben, glücklich zu sein.

Ziodenes sah nun den Tempel der Heilung vor sich, atemberaubend schön. Er bestand aus reinen Kristallen und leuchtete wie ein Kaleidoskop, dessen Farben sich harmonisch immer wieder veränderten und neue Muster und Farbsymphonien ergaben. Sieben Stufen führten zum Eingangsportal, auf das er nun zulief. Jede Stufe aktivierte eines seiner Energiezentren im Körper, eines seiner Chakren, die nicht nur jeweils aufleuchteten, sobald er eine Stufe betrat, sondern auch wundersame Töne von sich gaben. Bei jedem Schritt wurde der Besucher auf die kosmischen Energien vorbereitet, die im Inneren des Tempels auf ihn warteten.

Als Ziodenes vor das Portal gelangte und seine Chakren in wundervoller Harmonie um sich selbst kreisten, sah er nun auch die leuchtend-flüssige Essenz, aus der das Portal bestand. Als er hindurch schritt, floss diese Energie in ihn über, und er tauchte in sie hinein wie in ein Meer der Glückseligkeit, um ein Teil des Tempels zu werden.

Drinnen richtete er den Blick hinauf und sah an der Decke riesige Kristalle, die in der Luft schwebend rotierten. Auch die kristallenen Wände schienen ein reines Spiel der Farben zu sein – ineinander übergehend gaben sie sphärische Klänge von sich.

„Hallo Ziodenes“, hörte er plötzlich eine Stimme hinter sich und drehte sich um. Dort stand ein kleines Mädchen und lächelte ihm zu.

Er musste lächeln und sagte: „Misja? Bist du es?“

„Natürlich, mein Lieber.“

„Aber du bist ja ein Mädchen! So habe ich dich noch nie gesehen!?“

„So erscheine ich dir, um es dir noch deutlicher vor Augen zu führen“, sagte sie ruhig lächelnd.

Ziodenes blickte hinauf und sah, wie die Kristalle an der Decke nun stärker rotierten.

„Mein Freund, es sieht alles genau so aus, wie du es in Erinnerung hast“

„Wieso in Erinnerung?“, fragte er sie. „Es ist wunderbar, vollkommen.“

„Und doch ist es eine Illusion, Ziodenes. Es ist nicht real. Sieh her!“

Plötzlich sah sich Ziodenes auf dem Meeresgrund und schnappte nach Luft. Die Illusion löste sich auf. Er realisierte nun wieder, dass er ein Gefangener war, gefangen und manipuliert von Dschafar, der ihn böse ansah. „Dieses Mal noch konnte dich Misja zurück bringen.“, sagte der Saudi mit erhobenem Zeigefinger. „Das wird ihr nicht noch mal gelingen!“

Im Flieger. Langsam beruhigte sich der Sturm über dem Mittelmeer wieder. Kurz darauf flogen sie auf die spanische Küste zu und Roni hörte über seine Kopfhörer: „Willkommen in Spanien, Hoheitsgebiet der Atlantischen Gemeinschaft.“

„Wie geht's ihm?“, fragte Rachel, die ein Magazin auf dem Schoß liegen hatte.

„Sein Zustand hat sich stabilisiert“, antwortete Fleur neben Roni sitzend. „Ich frage mich, ob wir wirklich irgendetwas in Offenbach finden werden...“

„Zweifelst du an deiner Vision?“

„Ehrlich gesagt…, ich habe keine Ahnung. So habe ich es noch nie erlebt. Wollen wir es hoffen. Es ist unsere einzige Spur..." Dann blickte Fleur hinüber zu ihrer Freundin und sah, dass Rachel auf das Bild eines Babys blickte. Die beiden Frauen lächelten sich an. „Bist du bereit?"

Rachel lächelte, schlug das Magazin zu und antwortete: „Ganz sicher nicht."

Fleur nickte, lehnte sich zurück und schloss die Augen. Vor ihrem inneren Auge entstand das Bild der aufgehenden Sonne.

Achet-Aton, Altägypten. Nachdem Echn-Aton vom großen Tempel aus die Sonne beim Aufgehen begrüßte hatte, ging er mit Mahu durch den Großen Tempel. Da warf sich der Schreiber Stylo vor die Füße des Pharao und sagte völlig aufgelöst: „Mein Pharao! Kia hat ihr Kind im gleichen Moment mit der aufgehenden Sonne zur Welt gebracht!"

Echn-Aton machte einen Schritt auf ihn zu, nahm ihn bei den Armen und sagte: „Steh auf Stylo! Und sage mir: Ist es ein Junge oder ein Mädchen?"

„Ein Junge!", sagte der Schreiber. „Aton hat euch endlich einen Sohn geschenkt! Eure Gebete wurden erhört!"

Echn-Aton lief durch den Tempel, rief dabei nach seiner Karosse und bestieg sie freudestrahlend, um zum Nordpalast, in dem Kia lebte, davon zu preschen. Er sprang vom Wagen herab, nahm kaum all die Schaulustigen wahr, die sich vor dem Palast versammelt hatten und betrat den Hof. Schnellen Schrittes überquerte er ihn, betrat die große Eingangshalle, lief die Treppen hinauf und kam nun endlich in das Schlafzimmer Kias.

Zu seiner Überraschung saß Nofretete bereits dort neben der schlafenden Kia auf dem Bett. In ihren Armen hielt sie den Neugeborenen.

Als Nofretete ihren Gemahl sah, legte sie den Finger auf den Mund. Echn-Aton ging leise zu ihr hinüber, woraufhin Nofretete ihm den

Jungen in die Arme legte. Voller Freude sah er den Jungen an und küsste ihn. Er lächelte Nofretete zu und küsste anschließend der schlafenden Kia auf die Stirn. Sie war eine schöne, vornehme Asiatin, die den offiziellen Titel „Große geliebte Frau des Pharaos“ trug, der sie über alle anderen Haremsdamen emporhob. Als sie nun erwachte und ihn sah, sagte sie leise: „Oh, mein Geliebter… Es ist vollbracht. Ein Junge…“

„Ja“, sagte Echn-Aton sanft. „Ich weiß. Wir werden ihn Tut-ench-Aton nennen. Ich liebe dich. Schlaf nun weiter. Der Horus ist da. Die Zukunft Ägyptens ist gesichert.“

Nofretete aber senkte den Blick zu Boden… In diesem Augenblick betrat Echn-Atons Mutter Teje das Schlafgemach, verneigte sich voller Hochachtung vor Kia und umarmte ihren Sohn. Nofretete warf ihr einen schlangenartigen Blick zu. Teje aber beachtete sie nicht, nahm den Säugling in die Arme und wiegte ihn sanft, eine zärtliche Melodie singend.

Über den Wolken im Flieger. Elektra saß am Steuer der Maschine, Zaina neben ihr. Da meldete sich erneut Hödur. *„Ja, was gibt es?“*, fragte sie mit einem herrischen Unterton.

„Wir konnten sie nicht aufhalten“, sagte Hödur. Elektra biss sich auf die Lippen.

„Aber ich habe kürzlich über das Netzwerk gehört, dass ein Privatjet aus Kairo die spanische Grenze überflogen hat. Jemand fliegt in Richtung Frankfurt. Das dürften sie sein!“

Elektra unterbrach die Kommunikation und meldete sich nun über ihren Chip im Gehirn bei Dschafar in der Normandie. *„Elektra! Ich glaube, ich habe ihn sehr bald geknackt!“*

„Hör zu Dschafar! Sag deinen Leuten in Offenbach, dass die Horai ihnen vielleicht auf die Schliche gekommen sind. Sie sollen in ihren Wohnungen Bomben scharf machen. Falls die Horai bei einem von ihnen auftauchen, schaltet sie aus!“

„Ich werde es sofort weiter geben“, hörte sie Dschafar sagen und klinkte sich aus.

Im Flieger der Horai. „Macht euch bereit!“, rief Roni nach hinten. „Wir sind in 15 Minuten in Offenbach!“

Fleur öffnete die Augen und ging besorgt vor zu Roni. „Kümmerst du dich um Sam?“

„Du kannst dich darauf verlassen“, sagte er. „Ich fliege direkt zum Frankfurter Flughafen. Dort wartet bereits ein Krankenwagen auf ihn. Macht euch bereit. Da vorne zeichnet sich bereits Offenbach ab. Ich werde direkt über das Dach des Gebäudes fliegen...“

Fleur klopfte ihm auf die Schulter und ging zu den anderen.

Wenig Minuten später näherte sich fast lautlos der Flieger langsam der Neubausiedlung an. Julien öffnete die Luke, worauf Fleur, Mahmood, Rachel, Mila und Julien sich nacheinander an zwei Seilen aufs Dach hinunter ließen.

Über eine Tür gelangten sie in ein Treppenhaus und liefen die Stufen bis in den 11. Stock hinunter. An den Wänden Graffitis mit der Aufschrift: Freiheit für Saudi Arabien! Tod den Amerikanern! „Da hinten ist es!“, flüsterte Fleur Mahmood zu und spürte ihr Herz klopfen. „Es ist genauso, wie ich es in der Vision gesehen habe!“ Plötzlich stockte ihr der Atem. Ihr Kreislauf spielte verrückt, sie musste sich hin knien.

„Was ist los?“, fragte Julien besorgt.

„Schon wieder diese Erinnerungen... Ich kann... mich erinnern...“

Alt-Ägypten, Achet-Aton, im kleinen Tempel. Echn-Aton lag alleine auf seinem Lager in einem kleinen Nebenraum, wo er von Zeit zu Zeit übernachtete, und wälzte sich hin und her. Träumend sah er, wie seine geliebte Kia von zwei kräftigen Männern in der Nacht, als sie schlief, entführt wurde. Unbehelligt schafften sie es, die „Große geliebte Frau des Pharaos“ aus ihrem Palast im Norden hinauszuschaffen, in dem sie ihr einen Sack übergestülpt hatten. Nun ritten sie auf zwei Pferden gen Westen immer weiter in die Wüste. Kia lag immer noch schlafend auf dem Rücken des einen Pferdes, nachdem sie am Abend betäubt worden war.

Nach einigen Stunden hielten sie an. Sie legten Kia auf den Boden und befreiten sie aus dem Sack. Da sie immer noch nicht aufwachte, schüttete einer der beiden Männer ihr Wasser ins Gesicht. Als sie nun langsam erwachte, blickte sie ungläubig um sich: „Wo bin ich? Wer seid ihr?“

„Dies, Große geliebte Frau des Pharaos“, sagte der zweite der Männer, „ist der Tag an dem sich alles für Euch ändern wird.“

„Wie könnt ihr es wagen!?“, rief Kia und stand noch etwas benommen auf. „Was habt ihr mit mir vor? Steckt Nofretete hinter all dem?“

Die Männer blickten zu Boden.

„Sie hat euch geschickt, nicht wahr?“, schrie Kia sie nun an. „Wagt es nicht! Ich werde alles meinem Gemahl, dem Pharao, berichten und ihr! Ihr werdet dafür büßen!“

Da atmete der größere der beiden Männer tief durch. Sein Blick war unendlich traurig. Er ging einen Schritt auf Kia zu, die ihn stolz anblickte und schlug der Armen mit voller Wucht auf den schönen Mund. Sie wurde zu Boden geschleudert und hielt sich schmerzverzerrt die Hand vor den Mund. Entsetzt blickte sie nun auf ihre Hand, in der einige Zähne lagen.

„Verzeiht mir…“, flüsterte der Mann. „Aber Ihr habt gegen unsere Herrin eine böse Zunge gehabt. Wir folgen nur ihren Befehlen…“ Dann machten sie sich über sie her. Der eine hielt sie fest, während der andere ihr den Mund aufriss, nach ihrer Zunge griff und sie herausschnitt. Dann ritten sie einfach davon und ließen die Unglückliche zurück, die ihnen weinend hinterherlief. Und sie schrie in Gedanken: „Verflucht seid ihr! Verflucht sei Nofretete! Und Verflucht auch mein geliebter Gemahl Echn-Aton!"

Echn-Aton wachte schreiend auf. Sein ganzer Körper war schweißgebadet. „Kia! Oh, Kia! Was ist dir geschehen!" Seine kleine Hündin kam zu ihm und leckte ihm das Gesicht, um ihn zu trösten.

Dann preschte er mit seiner Karosse zum Nordtempel. Doch Kia war nicht mehr da. Er ging in alle Räume und suchte sie. Doch hatte niemand seine geliebte Gemahlin, die Mutter des Thronfolgers gesehen.

Echn-Aton ritt zurück ins Zentrum, wo er im großen Palast Nofretete aufsuchte, die sich gerade herrichten ließ. Leichter Wind zog durch die Gemächer. Echn-Aton befahl schroff ihren Ankleidedamen hinauszugehen. Dann nahm er Nofretete an den Armen, hob sie auf ihre Füße und schrie: „Was hast du mit Kia gemacht? Wo ist Kia?"

„Woher soll ich das wissen?", fragte Nofretete erschrocken. Nie zuvor hatte sie ihn so wütend erlebt.

„Ich habe alles im Traum gesehen!", rief Echn-Aton erneut und schüttelte sie. „Du hast sie in die Wüste fortschaffen lassen."

Da wurde der Druck zu stark für sie. Nofretete sank auf die Knie, hielt sich die Hände vors Gesicht und brach in heftiges Schluchzen aus.

Echn-Aton blickte sie mit weit aufgerissenen Augen an. „Nofretete! Wie konntest du mir das nur antun!? Warum?"

Da blickte sie ihm in die Augen und schrie: „Du hast sie mehr geliebt als mich! Weil sie dir einen Sohn gebar und ich nur Töchter! Immer wieder nur Töchter! Warum konnte denn Merit-Aton nicht die Thronfolgerin werden!? Warum denn nicht?"

„Das weißt du genau!", rief Echn-Aton außer sich. „Sie wäre nicht legitimiert worden!"

„Das sagst ausgerechnet du!“, sagte Nofretete nun selber wutentbrannt. „Du, der in Ägypten alles umgeworfen hat, hältst ausgerechnet daran fest! Und nun hältst du an Tut-ench-Aton fest als Thronfolger. Und früher oder später hättest du Kia zur „Großen königlichen Gemahlin“ erklärt an meiner statt! Und was wäre dann aus mir geworden?“

„Wo ist Kia!“, fragte Echn-Aton erneut. „Wo ist sie!“

„Es ist zu spät, Echn-Aton“, sagte sie verbittert und blickte hinaus auf den Nil.

Echn-Aton stand über ihr, ballte die Fäuste zum Himmel hinauf und schrie aus Leibeskräften! Dann blickte er ihr wutentbrannt in die Augen und sagte: „Was ist nur aus dir geworden? Was ist aus unserem kosmischen Auftrag geworden? Hast du alles vergessen? Seit vielen Monden gibst du dich immer mehr dem Weltlichen hin. Nicht nur deinen Liebhabern! Du bist immer politischer und traditioneller geworden. Wen verrätst du eigentlich? Aton? Unser geliebtes Ägypten? Und wen förderst du? Amun! Das, was jetzt mit Kia geschehen ist, hätte nicht geschehen müssen, wärst du in der Einheit unseres Auftrages geblieben!“

Offenbach, tausende Jahre später. Fleur stand schwitzend wieder auf. *Mein Gott,* dachte sie bei sich. *Nun erinnere ich mich an Ägypten, Nicht mehr nur aus Mahus Sicht, sondern auch aus der von Echn-Aton!* Sie atmete tief durch uns sagte zu Mila: „Es tut mir Leid. Ganz schlechtes Timing, ich weiß. Aber was kann ich machen? Diese Erinnerungen…“, flüsterte sie weiter „Es sind immer mehr… Wie eine Flut, die mich mit sich reißt!“

„Ich kann dich verstehen“, sagte die Mila, während die anderen darauf achteten, dass sie nicht überrascht wurden. „Mir geht es ähnlich.“

„Ja“, sagte Fleur ihre Stirn massierend. „Das weiß ich. Komm! Lass uns sehen, was sich hinter dieser Türe verbirgt!“

Vor der Wohnung der Terroristen machte Mahmood den anderen ein

Zeichen ihn durchzulassen. Dann hielt er seine rechte Hand gegen die Tür. *Nur das Türschloss ist verriegelt,* übermittelte er telepathisch und zeigte auf den Griff. Fleur vernahm seine Gedanken und öffnete das Schloss telekinetisch, ganz behutsam. Dann betraten sie langsam mit den Impulswaffen im Anschlag die 2-Zimmer-Wohnung.

Im gegenüber liegenden Reihenhaus standen die beiden Terroristen, Rachid und Giacomo, im Treppenhaus und beobachteten die Eindringlinge. „Die kommen tatsächlich bei uns rein!", rief der Italiener und wollte schon den Auslöser betätigen, einen kleinen Knopf an einem Gerät, das so aussah wie eine Fernbedienung. „Warte noch!", sagte Rachid mit seiner dunklen Stimme. „Noch sind sie vielleicht nicht alle in der Wohnung."

Vorsichtig betrat Julien das Schlafzimmer - zwei einfache Betten, akkurat gemacht, ein Foto der Kaaba in Mekka, ein kleiner Schreibtisch, ein Stuhl… Da sprang plötzlich etwas Schwarzes vom Schrank auf ihn herab, um sich fauchend in seinen Kragen zu verkrallen. Julien schrie erschrocken auf, packte es am Nacken und hielt es vor sich in die Luft. Mila musste laut lachen, als sie sah, dass es eine Katze war. Sie betrat nun selbst das Zimmer und klopfte ihm wohlwollend auf die Schulter.

„Ich habe etwas gefunden!", rief Mahmood aus dem Wohnzimmer. „Einen Flyer. Wartet..." Während die Horai sich um ihn versammelten, schloss der Ägypter, den Flyer in der Hand, seine Augen und sah vor sich die versammelte Gruppe der Terroristen, wie sie noch vor wenigen Stunden beschlossen hatten, Abends die Diskothek zu besuchen. Als er seine Augen wieder öffnete, stand Rachel vor ihm – sie war plötzlich kreidebleich. „Was ist mit dir?", fragte er sie besorgt.

Giacomo drückte den Knopf. Da schrie Rachel panikartig: „Eine Bombe! Jetzt!!!" Die Wohnung explodierte.

„Das dürfte es gewesen sein", sagte Rachid lächelnd.

„Inshallah", ergänzte sein Kampfgefährte.

Normandie. Die kleine Maschine mit Elektra und Zaina näherte sich dem Anwesen der Asuras und landete, senkrecht herabschwebend. Zur selben Zeit saßen sich Dschafar ibn Muhammed und Ziodenes wieder einmal gegenüber. Der „Kristallbringer" schien äußerst müde zu sein, sodass Dschafar noch tiefer in dessen Geist eindringen konnte, um eine Region zu erreichen, die ihm bis dahin verschlossen geblieben war. Ziodenes Gesichtsausdruck entspannte sich; er lächelte sogar, als die Illusion seines alten Lebens in Atlantis wieder Besitz von ihm ergriff…

In seinem Geist stand er nun in einer Art von Kathedrale aus reinen, aus sich selbst leuchtenden Kristallen. Sie waren in erster Linie Licht und Farbe, die sich in bestimmten Mustern bewegten, als seien sie flüssig. Über dem Altar schwebte der Große Quarz aus reiner Quellenergie, gleichzeitig ein interdimensionales Tor, das zu anderen Sternensystemen führte. Der Große Quarz war auch ein Generator, der mit einem ganzen System von Kristallpyramiden verbunden war, die in Dreiecksformationen hoch über der Erde in der Ionosphäre schwebten und Energie aus dieser bezogen. Die Pyramiden mit dem Quarz im Zentrum als mächtige Verteilerstation versorgten Atlantis. Das gesamte System befand sich dabei noch unter einem riesigen Schirm hochfrequenter Energie, innerhalb dessen sowohl die Elemente als auch die Atmosphäre gesteuert werden konnten.

Plötzlich spürte Ziodenes die Anwesenheit zwölf mächtiger Wesen und verbeugte sich vor ihnen. Es waren die ALTA, Hohepriester von Atlantis. „Wir grüßen dich, Ziodenes"; sagte würdevoll eine der Frauen. Heute ist der große Tag, an dem du deine Prüfung zum Magier ablegen wirst." Ziodenes nickte, während sich die Zwölf ihm gegenüber im Halbkreis auf den Boden setzten. Plötzlich war er sehr aufgeregt. „Du weißt, was du zu tun hast?", fragte ihn die Priesterin.

„Ich werde versuchen zwölf Kristalle zu manifestieren", sagte er.

„Und wir werden dich mit unseren Energien dabei unterstützen." Die Frau zeigte mit der offenen Hand auf eine Stelle innerhalb des Halbkreises und Ziodenes setzte sich nun den ALTA gegenüber in den Schneidersitz, er schloss die Augen und begann sich zu konzentrieren.

Nach einer Weile öffneten sich ineinander verschachtelte Zeit-Räume, jeder mit einem eigenen Duft und Geschmack. Ziodenes vernahm hoch schwingende Chöre und fühlte zusehends, wie er in die „Energie dazwischen" eintauchte. Sein Verlangen, die Kristalle zu materialisieren, wurde immer stärker, und er visualisierte sie in zusehends stärkerer Klarheit und Plastizität. Visionen, die er durch seine unumstößliche Erwartung, dass es ihm gelingen würde, immer mehr materialisierte. Unendliche Spiralen kreisten umeinander, Dimensionen spiegelten einander und zogen immer mehr Energie durch einen Vortex, einen Energiestrudel hindurch…

Und dann war es vollbracht! Ziodenes hatte die zwölf Kristalle „erschaffen", aus dem reinen Energiepotenzial. Diese Formen und Muster, diese wundervollen kristallinen Strukturen hatte er manifestiert! Doch als er den ALTA zulächeln wollte, sah er zu seiner unermesslichen Bestürzung: Dschafar!

Als dieser nun realisierte, was geschehen war, dass Ziodenes tatsächlich die Kristalle aus dem göttlichen Geist verwirklicht hatte, zwölf Kristalle, die im Halbkreis nebeneinander lagen, sprang er jubelnd auf und bevor Ziodenes handeln und die Kristalle wieder dematerialisieren konnte, nahm er einen großen Impulsstrahler aus einer Halterung an der Wand und feuerte mehrere Male auf Ziodenes, der in seiner Verwirrung voll getroffen, mehrere Meter in die Luft geschleudert wurde und bewusstlos gegen die Wand prallte, wo er liegen blieb. Die Wissenschaftler kamen nun von ihren Geräten und beugten sich voller Bewunderung, voller Erstaunen über die Kristalle.

Der Ionen-Spezialist, ein kleiner Mann mit runder Nickelbrille, nahm einen der Kristalle in die Hand und hielt ihn in die Höhe. Da öffnete sich die Türe zum Labor und Elektra kam herbei gerannt. „Ist es wahr?", rief sie.

Der Ionen-Spezialist hielt ihr den Kristall entgegen. Elektra nahm ihn triumphierend in die Hand und sagte: „Das ist genau, was wir brauchen! Ich bin sicher, dass ich die Maschine nun sehr schnell vollenden kann. Wenn wir HAARP in Alaska planmäßig übernehmen und die Kristalle mit den Antennen verbinden, wird der Strahl den entscheidenden Schlag verursachen können! Dschafar, teile deinen Leuten mit, dass es nun sehr bald losgeht! Sie sollen morgen früh zum Flughafen kommen. Ich lasse sie dort abholen!"

Dschafar nickte und sagte: „Ich weiß Bescheid!"

Dann drehte sich Elektra zur Seite, schloss ihre Augen und kontaktierte über ihren implantierten Chip ihre Kampfgefährten.

Paris. Hao war gerade unter der Dusche, als ihn Elektras Botschaft erreichte, dass er und die anderen mit dem Flieger in die Normandie kommen sollten. Hao stellte augenblicklich das Wasser aus und trat aus der Dusche, um sich vorzubereiten.

Im Innenministerium. Paul blickte hinaus auf die Fußgängerzone und trank einen Kaffee. „Ja, Frank, was gibt es?", fragte er unvermittelt in den Raum.

„Hao wurde offensichtlich gerade kontaktiert", hörte er seinen Mitarbeiter über den Chip. „Er scheint es sehr eilig zu haben."

„Dann schnappt ihn euch!", sagte Paul nun laut in den Raum. „Ich komme dazu."

Offenbach am Main. Im benachbarten Haus hatte die Detonation die gesamte Außenwand weg gefetzt, sodass sich die dunkle Rauchwolke langsam verziehen konnte. Die Horai standen unversehrt um Rachel, deren Aura gleißend rot leuchtete und alle wie eine schützende Kuppel umgab.

„Rachel...", flüsterte Fleur, „du hast uns alle gerettet!" Doch die junge Frau schien große Schmerzen zu haben und schrie!

„Was hast du?", fragte Mahmood bestürzt.

„Lasst mich!", befahl Rachel und torkelte zum Loch in der

Häuserwand. Kurz darauf entlud sie schreiend die geballte Explosionsenergie, in dem sie die Arme in den Himmel streckte.

„Verflucht sollen sie sein“, sagte Giacomo, sich hinter der Wand versteckend. „Wie haben sie das nur geschafft!?“

„Ich habe keine Ahnung“, antwortete Rachid. „Nur dass wir weg müssen!“

„Aber wohin?“, fragte der Italiener gestikulierend. „Warte! Dschafar kontaktiert mich gerade!“ Giacomo schloss die Augen und sagte in Gedanken: *„Efendi! Sie sind in unsere Wohnung gekommen!“*

„Und sind sie tot?“, fragte ihr Anführer, der sich immer noch in der unterirdischen Anlage in der Normandie befand.

Giacomo musste schlucken. *„Leider haben sie die Explosion überlebt. Keine Ahnung, wie sie das gemacht haben. Was sollen wir jetzt tun?“*

„Wir dagegen haben unser Ziel nun endlich erreicht“, sagte Dschafar.

„Elhamdulillah“, rief Giacomo überschwänglich.

„Ja, mein Freund“, sagte Dschafar. *„Gelobt sei Gott. Was machen die Horai jetzt?“*

Der Italiener lugte um die Ecke und sagte. *„Sie verlassen gerade die Wohnung.“*

„Dann haltet euch versteckt. Wir holen euch morgen am Flughafen ab.“

„Ja, Efendi“, sagte Giacomo. *„Allahu Akbar!“*

Nachdem die Verbindung unterbrochen war, wandte sich der Italiener an Rachid: „Dschafar sagte, es würde sehr bald losgehen. Sie haben wohl alles, was sie für die Waffe benötigen. Wir sollen bis morgen untertauchen.“

„Die Wohnungen unserer Gefährten sind auch nicht mehr sicher“, gab Rachid zu bedenken.

„Dann schlage ich vor“, sagte Giacomo, „dass wir heute Abend, wie geplant, in die Disko gehen…“

Im Süden Achet-Atons, etwa 1.350 vor Christus. Teje, die Mutter Echn-Atons, Haremhab, der Oberbefehlshaber der Streitkräfte, Eje, der Stadthalter und Berater Echn-Atons, Maho, der Polizeichef und Nachet, der Minister, saßen im fruchtbaren und von Palmen umsäumten Garten des Palastes der Königinmutter.

„Wie weit ist es mit uns gekommen“, fragte Eje in Gedanken versunken, „dass unsere Feinde uns in unserer eigenen Stadt herbeizitieren können?“ Seine Augen waren müde, sein Gesicht vom Alter gezeichnet.

„Und wie unverschämt dieser Ptahmosis sein muss, dass er so lange auf sich warten lässt“, ergänzte Polizeichef Maho traurig, ein kräftiger Mann Anfang vierzig mit kleinen Augen.

Teje berührte zärtlich die Hand Ejes, der neben ihr saß und ihr tiefsinnig in die Augen sah.

„Sicherlich will er uns ein Angebot unterbreiten“, sagte Nachet nervös, ebenfalls um die vierzig. Er hatte eine helle, leicht rötliche Haut.

„Uns ein Angebot?“, fragte Maho, der Polizeichef, verbittert. „Wer ist er, dass er uns ein Angebot machen kann? Wie können wir auf einen Verräter eingehen? Einen Mann ohne offizielle Funktion? Ein Niemand?“

„Wie kann uns ein Niemand hierher zitieren?“, fragte Teje zurück. „Er hat nie aufgehört Hohepriester des Amun zu sein. Über all die Jahre ging der Widerstand ganz gewiss von ihm aus.“

„Es war ein großer Fehler ihn am Leben zu lassen“, sagte Nachet.

„Da sieht man, wohin die Liebe führt“, pflichtete Haremhab ihm trocken bei. „Die Liebe, das Licht… all dies vermag nichts gegen einen Dolch, der uns in der Nacht hinterrücks überfällt. Im ganzen Land werden die Aton-Priester inzwischen ermordet. Nur Narren glauben noch an die Liebe.“

Alle sahen Haremhab bestürzt an und empfanden große Hilflosigkeit.

Ptahmosis lief in einen Umhang gehüllt von einer bewaffneten

Eskorte begleitet durch die Straßen Achet-Atons. Die Bewohner blickten der Gestalt misstrauisch nach. Sie fühlten, dass Unheil auf sie zukam…

Als er den Hintereingang des Gartens der Königinmutter erreichte, standen dort bereits die Soldaten des Polizeichefs Maho und hielten Wache. Sie ließen Ptahmosis passieren, der den Garten mit einem zweiten, älteren Priester betrat. Ein Diener führte die beiden zu Teje und den vier Männern an die Fontaine. Ptahmosis und sein Begleiter setzten sich ihnen gegenüber. Sie begrüßten sich durch Kopfnicken. Die Diener verschwanden im Haus.

Schließlich erhob Eje das Wort: „Seid gegrüßt, ehrenwerter Ptahmosis. Sagt unumwunden, was Euch hierher führt."

„Ehrenwerter Eje", erwiderte der Hohepriester die Höflichkeiten, „es zeugt von Eurer großen Weisheit, die im ganzen Lande berüchtigt ist…"

„Berüchtigt?", unterbrach ihn Maho.

„Die im ganzen Land bekannt und geschätzt wird", fuhr Ptahmosis fort, „dass Ihr meinem Ruf gefolgt seid. Wie Ihr wisst, droht das gesamte Reich auseinander zu brechen. Hohe Weisheit hat Euch am heutigen Tage bewogen, hierher zu kommen, um eine Lösung zu finden."

„Welche Lösung sollte dies wohl sein?", sagte aufbrausend Maho. „Wie könnt Ihr es wagen, so mit uns zu sprechen? Wir sollten…"

Doch Teje erhob sich in diesem Augenblick in ihrer Würde und blickte jeden Einzelnen in der Runde an. „Es geht nicht nur um unser geliebtes Ägypten, es geht um alle unter der Sonne", sagte sie.

„Verehrte Königinmutter", ergriff Ptahmosis wieder ruhig das Wort. „Als wir das letzte Mal mit General Haremhab sprachen, waren wir gerade gänzlich entmachtet worden. Unsere Tempel waren geschlossen, wir selbst entehrt. Schon damals wollte ich ihn vor den Konsequenzen warnen. Schon damals wies ich ihn daraufhin, dass

MAAT nicht ungestraft übergangen werden kann. Seht nur in welchem Chaos unser Land versinkt!"

Haremhab biss sich auf die Lippen und Teje setzte sich wieder.

„Doch will ich Euch verzeihen", sprach der Hohepriester des Amun weiter. „Es ist noch nicht zu spät. Heute sind wir wieder in einer Position überragender Stärke. Und aus dieser Stärke breiten wir vor Euch unsere Arme aus, indem wir Folgendes erklären: Wir ehren den Willen Atons."

Eje, Teje, Nachet und Maho machten große Augen. Nur Haremhab lächelte boshaft blickend.

„Ihr habt richtig gehört", fuhr Ptahmosis fort. „Wir ehren den Frieden. Deshalb sind wir hier. Oder glaubt Ihr, dass wir ein Blutbad wollen? Tausende stehen hinter uns, die nur darauf warten über Achet-Aton herzufallen. Daher wollen wir Euch, Ihr Getreuen des Echn-Aton ein Friedensangebot unterbreiten."

„Wieso unterbreitet Ihr es nicht dem Pharao selbst?", wollte Teje wissen. „Wieso müssen wir uns wie Diebe in meinem Palast treffen?"

Während der ältere Amun-Priester nur alles beobachtete, antwortete wieder Ptahmosis: „Ihr wisst selbst am besten, wie verbohrt er ist. Lieber geht er das Risiko ein, dass Ägypten zugrunde geht, als seinem Irrglauben abzuschwören. Ihr wisst besser als ich, was er sagen würde: „Mein Gott wird mich nicht verlassen!" Gerade jetzt, da Ägypten in so großer Gefahr schwebt, müsstet Ihr doch klar erkennen können, wie es um Euren eigenen Sohn steht. Er ist nicht nur ein Ketzer. Er ist durch und durch wahnsinnig."

„Was verlangt Ihr?", fragte Eje.

„Vor allem zwei Dinge", meldete sich nun der zweite Amun-Priester mit krächzender Stimme. „1. Die Religionsfreiheit, die von jeher das Recht aller Ägypter gewesen ist. 2. Dass die Grenzen des Reiches endlich gesichert werden."

Haremhab fühlte sich in seiner Ehre getroffen und sagte bedrohlich: „Sonst was?"

„Manche drängen darauf, mit den Hethitern zu paktieren", erklärte Ptahmosis. „Sie wären bereit, mit Amun gemeinsame Sache zu machen."

„Die Hethiter?", rief empört Nachet. „Ihr würdet das Land in die Hände der Hethiter geben, nur um Eure Reichtümer zurückzubekommen? Die Hethiter würden doch auch mit Euch nur kurzen Prozess machen!"

„Den Hethitern könnte nichts Besseres passieren", behauptete der Hohepriester, „als dass ein Großteil der Streitkräfte sich ruhig verhält. Sie müssten lediglich die noch wenigen Echn-Aton treu ergebenen Verbände vernichten und könnten mit Amun rechnen, um das Land zu verwalten."

„Jetzt zeigt Ihr Euer wahres Gesicht", sagte Haremhab verbittert und hätte ihm am liebsten die Kehle durchgeschnitten.

„Ihr irrt Euch", wandte Ptahmosis etwas nervös ein. „Dies ist keineswegs eine Lösung, die wir anstreben. Wir wissen lediglich, dass die Hethiter bereit sind, das Land zu überfallen. Und solange wir uns nicht einen, werden sie wohl den Sieg davon tragen."

„Die Hethiter warten erst mal ab, bis Echn-Aton tot ist", schaltete sich Eje wieder ein.

„Woher wollt Ihr das Wissen?", wandte sich der Polizeichef überrascht an den alten Berater des Pharaos.

„Ich habe meine Quellen wie Ihr die Euren", antwortete er, ohne Maho anzublicken.

„Bitte, meine Herren!", sprach Ptahmosis. „Wir wissen alle, dass die Hethiter unberechenbar sind. Wir sind Todfeinde. Niemand von uns will die Hethiter im Lande haben. Welch eine Katastrophe dies doch wäre!

Aber was können wir tun? Helft mir! Wir wissen, dass uns die Zahlungen an die Babylonier und Assyrer, durch die wir uns ihrer Treue versichern, langsam aber sicher in die Knie zwingen. Ägypten fällt zusehends auseinander. Immer mehr Provinzen verlassen das Reich, um sich in Rettung zu bringen. Immer größere Gebiete fallen in die Hände unserer Feinde. Und was tut der Ketzer? Nichts! Seht doch nur, was in Byblos geschah, als unsere Brüder dort verzweifelt um seine Hilfe baten. Er schickte ihnen Gedichte!“

„Entweder ihr arbeitet mit uns zusammen“, sagte der ältere Amun-Priester. „Oder es wird ein fürchterliches Blutvergießen geben. Ändert umgehend Eure Politik. Der Tod bedroht Euch von allen Himmelsrichtungen her.“

„Nicht nur von außen“, sagte Haremhab düster. „Es stimmt: Die Situation wird immer brenzliger!“

„Ja“, pflichtete Eje ihm bei. „Wir müssen etwas tun.“

Teje nickte ernst mit dem Kopf.

Ptahmosis atmete erleichtert auf und fragte: „Was wollt Ihr tun?“

Maho blickte erschrocken zu den anderen und sagte bestürzt: „Wollt Ihr etwa gegen den Willen Echn-Atons verstoßen? Das könnt Ihr nicht wirklich wollen!“

„Maho hat Recht“, sagte beschwichtigend Teje. „Wir müssen mir ihm sprechen. Wir müssen ihm klar machen, dass er unverzüglich mobil machen muss, um dem drohenden Angriff der Hethiter zuvorzukommen.“

„Und die Religionsfreiheit?“, hakte Ptahmosis nach.

„Für mich gab es nie einen Widerspruch zwischen Aton und den anderen Göttern“, behauptete Eje. „Auch diesbezüglich werden wir versuchen den Pharao zu überzeugen.“

„Ich wusste, dass ich am heutigen Tage bei allen Anwesenden auf Verständnis treffen würde“, sagte der Hohepriester. „Weise, die das Heil Ägyptens nicht aus dem Auge verlieren werden.“

„Und was ist, falls er nicht einlenkt?“, wollte Polizeichef Maho wissen.

„Dann kann ich für nichts mehr garantieren“, antwortete Ptahmosis. „Dann würden wir gezwungen sein, einen anderen Pharao auszurufen und…“

„Wen?“, unterbrach ihn Teje.

„Tut-ench-Aton.“

Haremhab sah Eje an, der ihm verstohlen zunickte.

„Dieses Kind?“, ereiferte sich weiter Maho, während Nachet sich den Schweiß von der Stirne wischte. „Das würde Euch so passen. Ein Kind als Pharao. Eine Marionette in Euren Händen. Und weiter?“

„Ich könnte es sonst nicht mehr verhindern, dass die Getreuen des Amun – ganze Armeeverbände, das kann ich Euch versichern – Achet-Aton in Schutt und Asche legen.“

Maho sprang von seinem Stuhl auf und griff nach seinem Dolch. Doch konnte ihn Haremhab gerade noch packen und zurück auf seinen Stuhl reißen.

Da wandte sich der alte Amun-Priester erneut an die Runde: „Ihr lasst uns keine Wahl. Nur zu deutlich sehen wir, dass wir Euch nicht trauen können. So brauchen wir ein eindeutiges Zeichen.“

„Welches Zeichen?“, fragte Eje mit zitternder Stimme.

„Ein Zeichen Eures wahren Willens. Hier sind nun also zwei weitere Forderungen: Sprecht mit Eurem Pharao und macht ihm klar, wie es um Ägypten steht. Rettet Euch und Eure Familien. Ihr werdet es nicht bereuen. Auch das alte Ägypten wird Eure Dienste zu schätzen wissen. Wenn Echn-Aton freiwillig den Thron an Tut-ench-Aton abgibt, versichern wir ihm freies Geleit. Er darf sich mit einigen seiner Getreuen zurückziehen und weiter Gedichte schreiben und von einer anderen Welt träumen.“

„Und die zweite Forderung?“, fragte Eje bestürzt.

„Theben wird wieder die Hauptstadt Ägyptens.“

„Und Achet-Aton?“, fragte Teje mit Tränen in den Augen.

„Ihr müsst allesamt die Stadt des Ketzers verlassen."

Haremhab stand auf und wandte sich an Teje: „Als Soldat bin ich eurem Sohne zu Treue verpflichtet, aber nun müssen wir im Sinne Ägyptens handeln."

Im Großen Palast in Achet-Aton, einige Tage nach der Unterredung mit den Amun-Priestern. Echn-Aton saß auf seinem Thron und gab wie üblich mit Nofretete gemeinsam Audienz. Neben ihm saß auch seine Mutter Teje, auf deren Schoß der kleine Tut-ench-Aton saß. Zwischen dem Pharao und Nofretete, leicht nach hinten versetzt, stand der Schreiber Glypho und neben Nofretete ein Palmenwedler, der für etwas Luft sorgte. Neben Echn-Aton lag seine kleine Hündin Mia und schlief.

Nun betraten Eje, Haremhab, Nachet und Maho, der Polizeichef, den Saal und verbeugten sich tief.

„Was führt euch alle vier zusammen her?", fragte Echn-Aton freundlich. „Dies muss ein besonderer Tag sein."

„In der Tat, oh mein Pharao", ergriff Eje das Wort. „Die Hethiter bereiten sich darauf vor, uns anzugreifen. Erlaubt uns, das Heer für den Krieg vorzubereiten, um Ägypten vor einer Invasion zu bewahren."

„Immerzu ist es das Gleiche. Ich versuche die Liebe in die Herzen der Menschen zu pflanzen und ihr redet vom Krieg. Niemals werde ich es erlauben, dass einem Menschen durch einen anderen etwas angetan wird. Versteht ihr denn nicht, dass wir alle eins sind? Aus einer Quelle stammen? Jeder einzelne Mensch ist von unendlichem Wert. Jeder Einzelne, ob Pharao, Krieger oder Palmenwedler ist ein Strahl der einen Sonne. Die Sonne kennt keinen Hass. Sie strahlt auf alle in derselben Weise. Wer bin ich, dass ich mich anders verhalte? Begegnet den Hethitern mit dieser Botschaft, erweicht ihre Herzen und es wird kein Krieg nötig sein!"

„Vielleicht kennt die Sonne keinen Hass", sagte Haremhab. „Aber viele andere tun es."

„Wir müssen unsere Stellung halten!", befahl Echn-Aton. „Es kann nicht mehr lange dauern, bis die Liebe auch in ihren Herzen Einzug erhält. Wenn alle Menschen Aton folgen, wird es niemals wieder Krieg geben."

„Ihr habt den Sinn für die Realität verloren", sagte Haremhab daraufhin.

„Wie könnt Ihr es wagen?", rief Nofretete. „Habt Ihr schon alles vergessen, was Ihr uns gelobt habt? Treue? Freundschaft? Liebe?"

Der kleine Tut-ench-Aton umarmte lachend seine Großmutter.

Da wandte sich Nachet an die Familie: „Im Namen von Liebe, Licht und Wahrheit habt Ihr Ägypten in die schlimmste Schlacht geführt, die es je erleben musste. Ihr habt Ägypten an den Rand des Abgrundes geführt, mein Pharao. In einen Krieg der Götter. Ich flehe Euch an! Befehlt der Armee einzuschreiten und lasst die Religionsfreiheit wieder zu."

„Die Religionsfreiheit?", flüsterte Echn-Aton. „Aber das würde doch bedeuten, dass wir Aton mit Füßen treten. Alle würden uns auslachen. Die verlogenen Priester würden allesamt zurückkehren und die Menschen ausrauben und betrügen. Wir müssen Geduld mit den Menschen haben, Nachet. Geduld! Auch Amun war einst nur ein lächerlicher Lokalgott, bis die Thebaner die Hethiter aus dem Land vertrieben und diesen Alptraum eines Widdergottes zum höchsten Gott erklärten. Und seht nur wie die Menschen ihm mit der Zeit in Scharen zuliefen."

„Aber dann ist es ja sowieso gleichgültig", schaltete sich Haremhab ein, „welchen Gott wir dem Volk präsentieren. Mal glauben sie an diesen, mal an einen anderen. Letztendlich geht es doch nur um Ordnung."

„Es ist keineswegs gleich-gültig", sagte Echn-Aton mit leichter Verzweiflung in der Stimme. Doch beruhigte er sich schnell wieder und fügte hinzu: „Ich weiß von Dingen, die ihr nicht wissen könnt. Mein Blick reicht weit in die Vergangenheit. Und er reicht weit in die Zukunft. Ich kenne den Ursprung des Menschen. Und es ist die namenlose Kraft hinter der Sonne. Aus ihm gingen alle Menschen hervor. Nur haben die Menschen dies vergessen. Und ER hat mich und auch Nofretete, meine Muter Teje und selbst Eje und auch dich, Haremhab und viele andere geschickt, um die Menschen wieder an sich selbst zu erinnern. Was glaubt ihr, was geschehen würde, wenn wir all dies nicht täten? Die Menschheit würde sich auf immer in der Materie verlieren. Die Menschheit hätte keine Möglichkeit zurückzufinden – zum Licht, zur Wärme, zur Liebe."

„Geliebter Pharao! Wie immer beflügeln uns Eure Worte", sagte Haremhab. „Wie sehr würden wir ihnen einfach nur folgen können. Doch wir können nicht! Wir sehen nicht, dass immer mehr Menschen zur Liebe finden. Im Gegenteil! Es herrschen immer mehr Hass, Gewalt und Chaos."

„Dies sind die Kräfte des Alten, mein Freund und Beschützer. Sie säen Hass und Zwietracht aus reinem Eigeninteresse. Sie wollen nicht zulassen, dass die Menschen frei werden von der Dunkelheit."

„Ihr verkennt die Lage, in der wir stehen", erwiderte Haremhab. „Unsere Feinde drängen von allen Seiten heran. Viele Provinzen verlassen uns aus Verzweiflung und schließen sich dem Feinde an. Immer wieder werden Aton-Priester in Ägypten ermordet . . ."

„Und sehr bald sind die Kassen leer", fügte Nachet hinzu.

„Wir bitten Euch!", sprach Eje weiter. „Geht zurück nach Theben oder verlasst den Thron."

Echn-Aton hätte weinen können. Er musste seine ganze Willenskraft zusammenbringen, um nicht in Tränen auszubrechen. Keiner bewegte sich mehr. Selbst der Palmenwedler stand wie erstarrt da.

Schließlich sagte Echn-Aton in die völlige Stille: „Ich kann nicht. Wenn ich weiche, war alles umsonst. Wenn ich zulasse, dass im Krieg Blut vergossen wird, ist es, als würde ich mein eigenes vergießen. Wenn ich die alten Religionen wieder zulasse, ist es, als würde ich nicht wissen, dass Aton der Einzige ist, das Zentrum. Meine Mission wäre gescheitert! Ich würde mich und den Einzigen verraten! Wollt Ihr das? Wollt Ihr, dass die Schatten über das Licht siegen? Dass die Schatten sich wieder ganz und gar der Herzen der Menschen bemächtigen?"

„Das ist doch schon längst geschehen", sagte Haremhab hart.

„Nicht die Schatten vertreiben das Licht!", rief Echn-Aton. „Es ist umgekehrt, Ihr Kleingläubigen. Das Licht vertreibt die Schatten. Wenn ich weiche, dann wäre es, als weiche das Licht vor dem Schatten."

Echn-Aton hat Recht, dachte Nofretete. *Das Licht weicht nicht vor dem Schatten. Doch leben wir in einer Welt der Schatten. In einer Welt, die das Licht hasst, weil das Licht dem Schatten keinen Raum gibt. Die Zeit war gegen uns, oh, mein Geliebter…*

Da blickte Haremhab Echn-Aton geradewegs in die Augen und sagte: „Ihr lasst uns keine Wahl. Die Amun-Priester werden Tutench-Aton als neuen Pharao ausrufen lassen und werden ihn Tutench-Amun nennen, sonst kann er die Thronfolge nicht fortsetzen. Eine Armee steht bald vor den Toren Achet-Atons.

Wir müssen die Stadt evakuieren, sonst werden alle abgeschlachtet. Es ist vorbei. Ich habe Euch einst die Treue geschworen. Doch muss ich nun tun, was mir mein Herz befiehlt. Ägypten darf nicht untergehen. Lebt wohl, Echn-Aton, lebt wohl schöne Nofretete."

Daraufhin drehte sich General Haremhab auf den Versen um und verließ den Audienzsaal. Alle anderen waren wie erstarrt. Nofretete griff nach der Hand Echn-Atons. Eje und Nachet verbeugten sich und gingen ihrerseits. Nur Maho, der Polizeichef warf sich zu den Füßen des Königspaars und weinte bitterlich. „Geliebter Pharao, ich könnte…, ich könnte sie alle verhaften lassen, wenn Ihr nur…"

Echn-Aton berührte ihn zärtlich am Kinn und blickte ihn mit unermesslich traurigen Augen an. „Keine Gewalt, mein treuer Freund. Lass dein Herz nicht von der Wut überschatten. Es wird nun auch Zeit für dich zu gehen. Bringe dich und deine Familie in Sicherheit.

Glaube mir, auch wenn es nun nicht so aussieht: Es wird eine Zeit kommen, in der das Licht alle Schatten vertreiben wird und die Menschen erkennen werden, wer sie wirklich sind."

Und als Maho mit gesenkten Schultern schluchzend davonging, standen Echn-Aton und Nofretete auf und umarmten sich. Die Liebe aber, die sie füreinander empfanden, war so stark wie am ersten Tag.

Paris, in der Zukunft. Hao steckte die Schusswaffe in das Schulterholster, zog seine Lederjacke an, nahm seine Tasche und ging zur Wohnungstür. Als er sie öffnete, sah er plötzlich Frank und zwei weitere Mitarbeiter des französischen Innenministeriums, die ihn angrinsten. Blitzartig griff Hao in seine Jackentasche, um seine Waffe zu ziehen, da wurde er auch schon von der Impulswaffe Franks getroffen und zurück in seine Wohnung geschleudert. Frank rannte ihm augenblicklich nach und streckte Hao, der mühsam wieder aufstehen wollte, mit einem Faustst0ß nieder.

Offenbach am Main. Die Horai saßen, etwas angeschlagen wirkend, um einen rechteckigen Tisch in einer Kneipe und berieten sich. „Wie soll es jetzt weitergehen?", fragte Julien sein Glas umklammernd.

„Unsere einzige Fährte ist gerade in die Luft geflogen", sagte Mila.

„Nicht ganz", widersprach Mahmood und legte den Disko-Flyer der Terroristen auf den Tisch.

„Glaubst du denn, dass die da immer noch hingehen?", fragte Mila.

Mahmood lehnte sich zurück und sagte: „Mein Gefühl sagt mir, dass wir dort weiter kommen. Und es ist heute Abend!"

Fleur starrte grimmig vor sich hin. „Ich habe auch keine bessere Idee. Wie heißt der Laden?"

„Paradies", sagte Mahmood.

„Und um wie viel Uhr machen die auf?"

„Um 22:00 Uhr“, antwortete er.

„Wir werden um 23:30 Uhr hingehen“, sagte Fleur. „Haltet die Augen auf. Es könnte uns gut passieren, dass nun wir die Gejagten sind!“

Julien blickte hinaus: Es hatte angefangen zu regnen. „Die Stadt ist wie ausgestorben“, sagte er. „Wo sind die nur alle? Als hätten sich alle verbarrikadiert.“

Verbarrikadiert, hallte das Wort in Fleur nach. Unwillkürlich sah sie hinüber zu Mila. Erinnerungen tauchten wieder in ihr auf, aus den Tiefen der Vergessenheit...

Achet-Aton, etwa 1.350 vor Christus. Mahu lief mit Tarée durch die Straßen der Sonnenstadt. „Bei Aton!“, sagte sie. „Wie heiß es doch ist. Sieh nur, kaum ein Mensch ist unterwegs. Es scheint, als hätten sie sich alle zurückgezogen und verbarrikadiert!“

„Verbarrikadiert…“, wiederholte Mahu nachdenklich. „Merire hat mir erschreckende Dinge berichtet…“

„Was meinst du?“, fragte sie ihn und blieb stehen.

„Er sagte, …dass Achet-Aton vielleicht bald untergehen werde.“

„Niemals!“, rief sie empört aus. „Wir haben doch gerade erst begonnen! Wie kann er nur so etwas behaupten?“

„Er sagte, dass uns die Amun-Priester stark infiltriert hätten, dass Verräter unter uns seien, das Reich von allen Seiten bedroht ist, und die Armee uns womöglich angreifen würde!“

„Unmöglich!“, rief sie plötzlich in Tränen ausbrechend aus. „Achet-Aton ist für die Ewigkeit gebaut! Von hier aus wird sich das Licht über alle Völker der Erde ausbreiten!!!“ Dann rannte sie davon und ließ Mahu mit bekümmertem Gesichtsausdruck zurück.

Was können wir nur tun? fragte er sich. *Sind wir wirklich verloren? Kann es sein, dass sogar… Zoha…? Ich werde zu ihm gehen…*

So begab sich Mahu zur Residenz des Dekorateurs Zoha. Die Straßen waren sehr leer, eine bedrohliche Stimmung lag in der Luft. Schließlich kam er an dem Gebäude an, das nicht weiß wie die meisten anderen, sondern dem Raum der inneren Weisheit nachempfunden war: in Blau, Grün, Gelb und Rot, entsprechend den Himmelsrichtungen Westen, Norden, Osten und Süden, entsprechend den Elementen Wasser, Erde, Luft und Feuer. Er klopfte an die schwere Holztüre.

Zoha saß im Wohnzimmer, den Kopf in die Hände vergraben. Als er das Klopfen hörte, zuckte er zusammen. *Bei den Göttern!* dachte er voller Schrecken. *Sind sie schon da?* Er stand zögerlich auf, richtete sein weißes Priestergewand zurecht und ging zur Türe, um sie zu öffnen. Als er Mahu dort lächeln sah, war er sehr erleichtert. Doch ließ er sich nichts anmerken, hielt wie üblich seinen einstudierten priesterlichen Gesichtsausdruck aufrecht und fragte: „Ah Mahu! Was kann ich für dich tun?"

„Darf ich eintreten?", fragte dieser.

Zoha ging zur Seite und machte eine einladende Handbewegung. Mahu trat ein und atmete den wohlriechenden Sandelholzduft ein. Auch im Innern war der Raum in die vier Farben unterteilt.

„Ich bewundere immer wieder dieses Haus", sagte Mahu zum etwa 10 Jahre Älteren. „Man kommt sich hier wirklich vor wie im Allerheiligsten."

„Nicht wahr?", erwiderte Zoha stolz und blickte auf seine edlen Stoffe aus Seide, Samt, Baumwolle und Chiffon in allen Tönen und Elementen-Farben, die im Raum verteilt umher lagen. „Komm, setz dich." Und als die beiden am Tisch inmitten des Raumes Platz genommen hatten, fragte der Dekorateur: „Nun? Was verschafft mir heute die Ehre?"

Mahu zögerte und wusste nicht recht, wie er beginnen sollte. Schließlich sagte er: „Du hast so viel für Achet-Aton getan…"

„Du schmeichelst mir", unterbrach ihn Zoha. „Das kenne ich so gar nicht von dir. Sonst reden wir immer über die Elemente, ihre

Assoziationen, ihre Verbindungen mit den Göttern. Kann es sein, dass du heute etwas von mir möchtest?", fragte er ihn nun offenherzig lächelnd.

„Ja, das stimmt", antwortete Mahu. „Ich habe ungemein viel über die Elemente durch dich erfahren. Mir ist nur heute… plötzlich bewusst geworden…"

„Ja?" Eine Sorgenfalte zeichnete sich auf der Stirn des Dekorateurs, der sich in ein überdimensional großes und komfortables Kissen fallen ließ. Das Sonnenlicht filterte in die Räume und erhellte seine luxuriöse Oase.

„Mir ist aufgefallen, dass ich mit dir noch nie über Aton gesprochen habe…"

Eine peinliche Stille breitete sich im Raum aus. Zoha stand auf und begann, langsam im Raum umherzuschreiten. „Aton…", flüsterte er, wobei ihm der Schweiß von der Stirn lief.

„Was hast du?", erkundigte sich Mahu. „Liebst du denn Aton nicht wie wir alle?"

Da packte Zoha die Wut. Er streckte die Arme theatralisch in die Höhe und rief: „Aton, Aton, Aton! Dass ich nicht lache!"

Mahu hielt die Luft an und versteinerte, während Zoha nun alles preisgab: „Ihr faselt alle nur von Aton! Aton, die Liebe, Aton, das Licht, Aton, der Einzige! Doch ich frage dich: Wo ist er denn euer Aton? Ich sehe ihn nicht! Siehst du ihn etwa?"

„Ich spüre ihn in meinem Herzen", antwortete Mahu traurig. „Ich sehe ihn im Glanz der Sonne, rieche ihn im Duft der Blumen. Ich trinke ihn im Wein und küsse ihn auf den Lippen der Geliebten. Aton ist überall! Er ist alles! Das Sein! In mir, in uns … und auch in dir!"

„Aber das sind doch alles nur Worte!", schrie Zoha. „Worte, verderblich. Worte, die das Reich zugrunde richten. Und mit ihm Jahrtausende einer glorreichen Tradition! Das heilige Dogma! Alle Riten, Mythen und Götter…"

Mahu stand nun seinerseits auf und erwiderte: „Aber das ist doch nur ein Missverständnis. Auch die Götter sind doch Aton! Manifestationen Aton. Wer Aton in sich und in der Welt erkannt hat, braucht…"

„Braucht sie alle nicht?", unterbrach ihn Zoha laut, fast hysterisch. „Ihr seid doch alle intolerante Ketzer, weiter nichts! Ihr berauscht euch am Wein und könnt immer nur faseln von etwas, das es nicht gibt!"

„Aber du selbst warst es doch, mit deinen Erfahrungen aus dem Osiris-Tempel, der maßgeblich daran mitgewirkt hat, den Raum der inneren Weisheit, das Allerheiligste zu errichten!", rief Mahu verzweifelt. „Wir tauchen doch in die Elemente immer nur aus der Mitte ein, um die verlorenen Seelenanteile zurückzuholen, aus dem Zentrum, der Krone, aus Aton…"

„Die Mitte, du Armer", gab Zoha zurück, „ist nichts als ein Orientierungspunkt, von dem aus wir alle Elemente aus gleicher Nähe und Distanz wahrnehmen können."

„Aber die Elemente existieren doch nur durch Aton!", ereiferte sich Mahu weiter.

„Du hast doch keine Ahnung", behauptete Zoha wütend. „Niemand anderes als Osiris, der männliche schöpferische Geist, hat die Elemente erschaffen, als er zerstückelt wurde. Osiris, der nun der Gott der Unterwelt ist. Osiris, der solare Geist. Der Zweck des Sonnenorakels ist kein anderer, als die Stücke wieder zusammenzusetzen, damit der Horus in uns wieder auferstehen kann!"

„Ja, da bin ich doch deiner Meinung", sagte Mahu. „Doch es geht doch auch darum, zurück in die Mitte zu kommen. Sowohl Isis als auch Osiris kommen doch aus dieser Mitte, aus Aton!"

„Ach ja?", fragte Zoha gereizt. „Warst du dabei? Oder hat dir das nur dein Pharao erzählt?"

„Mein Pharao? Ist es denn nicht auch dein Pharao?"

„Ich kann dich nur warnen, Mahu. Sehr bald wird sich in Ägypten vieles verändern. Und eins kann ich dir sagen: Ich werde nicht zu den Verlierern gehören. Was glaubst du, warum die Stadt so leer ist? Vor lauter Aton hast du gar nicht mitbekommen, dass immer mehr Menschen nachts die Stadt verlassen. Und jetzt…", Zoha ging zur Eingangstür und öffnete sie, „bitte ich dich mein Haus zu verlassen."

Offenbach, spätes 21. Jahrhundert. Rachid, Giacomo und vier weitere Terroristen wurden von den schwer bewaffneten türkisch-stämmigen Türstehern wie alte Freunde durchgewunken und betraten das Paradies. Die Disko bestand aus insgesamt drei Dancefloors, wobei sich der größte in der Mitte befand. Es war eine warme, sternenklare Nacht und die Disko schien kein Dach zu besitzen. In Wirklichkeit spannte sich darüber eine quasi unsichtbare Energieglocke, ebenso undurchlässig für Regen wie auch für Musik. Über der tanzenden Menge gab es kleine Wachtürme, aus denen Männer in feuersicheren Westen und Maschinenpistolen über das Geschehen wachten.

Als die Horai eine Stunde später dort ankamen, wurden sie von den Türstehern mit misstrauischen Blicken empfangen. Die Gefährten mussten durch einen kleinen Gang laufen, in dem sie von einem Nacktscanner erfasst wurden und anschließend ihre Waffen an der Garderobe abgeben mussten.

Als sie das Paradies betraten, dröhnte ihnen elektronisch-arabische Musik entgegen. Die Horai verteilten sich und begaben sich auf die Suche nach den Terroristen, wobei sie telepathisch miteinander verbunden blieben.

Rachel stand an der Tanzfläche und beobachtete das Geschehen. Männer und Frauen tanzten teilweise schon frenetisch miteinander, im Rausch der chemischen Drogen immer sinnlicher werdend. Da sah Rachel plötzlich vor ihrem inneren Auge, wie die Menschen zu Skeletten wurden! Sie verlor kurz die Balance, schloss die Augen, öffnete sie wieder: Nun war alles wieder ganz normal.

„Rachel?", hörte sie Fleurs Stimme, die telepathisch mit ihr kommunizierte. *„Ist alles in Ordnung?"*

„Ja!", antwortete sie. *„Nur diese Visionen…"*

„Konzentrier dich!", befahl Fleur ernst.

Rachel blieb vor einem gut aussehenden jungen Mann mit schwarzen Locken stehen. Er war muskulös und lächelte sie mit sinnlichen Lippen an. Vor ihrem inneren Auge aber verschwamm er plötzlich kurz mit dem Bild eines kraftvollen Stieres. Ein Schauer lief ihr über den Rücken.

Dann erblickte sie seine großen Pupillen und dachte: *Er ist durch und durch unter dem Einfluss von Drogen!* Und doch fühlte sie sich stark zu ihm hingezogen. Die ganze Atmosphäre schlug sie immer mehr in ihren Bann, bis sie schließlich mit ihm tanzte. Er zog sie zu sich, presste sie an seinen Körper, bis ihr vor Entzücken schwindlig wurde. Eng umschlungen tanzend, blickten sie sich an.

Plötzlich verdrehte er die Augen, zuckte zusammen und fiel zu Boden, wo er am ganzen Körper zitternd, liegen blieb. Für einen kurzen Moment sah Rachel, wie der Stier aus ihrer Vision auf einem Opferaltar getötet wurde: Erst wurde ihm von einer Frau im weißen Gewand die Kehle durchgeschnitten, sodass er auszubluten begann. Kurz darauf wurde er wie von unsichtbarer Hand in viele Stücke auseinander geschnitten. *Grauenhaft!* dachte sie bei sich und erstarrte. Gedanken schossen ihr in den Kopf: *Es ist der Schatten meiner Ideale! Meiner männlichen, so heroischen Ideale! Der sadistische, brutale Schatten meiner eigenen Ideale!*

Dann sah sie plötzlich wieder den jungen Mann vor sich auf dem Boden liegen: Seine zitternden Arme, seine Handgelenke, die er zur Körpermitte nach innen verdreht hatte, wie bei einem spastischen Anfall. Seine Augen waren weiß. *Es sind die Drogen…*, ging es Rachel intuitiv durch den Kopf. *Eine Überdosis*!

In diesem Moment kamen mehrere Männer heran, darunter ein bulliger Türsteher, der den Weggetretenen am Gürtel packte und an den äußeren Rand der Tanzfläche schleifte. Mehr und mehr Schaulustige kamen hinzu.

Rachel war mit der Gruppe von der Tanzfläche gegangen und kniete sich nun über ihn. Als sie seine Aura sah, völlig durchlöchert, wusste sie instinktiv, was zu tun war. Mit einer Bewegung, die von ihrem Vater, dem Heiler, hätte sein können, legte sie ihre linke Hand, auf die Herzgegend des jungen Mannes, dann ihre rechte Hand oben drauf. Sie konzentrierte sich und ließ eine große Energiewelle, die sie ebenso fühlte wie visualisierte, in sein Herzen strömen. Kurz darauf riss der Junge die Augen weit auf und holte tief Luft, als sei er die ganze Zeit über unter Wasser gewesen.

Rachel stand nun auf und wieder ergriffen die Visionen aus einer anderen urzeitlichen Innen-Welt Besitz von ihr. Sie hörte eine Flöte und alle Menschen um sie herum schienen augenblicklich zu verfaulen! Dann war wieder alles ganz normal. Sie sah gerade noch, wie die Türsteher den Jungen auf die Beine stellten und ihn hinausschafften.

Rachel drehte sich um. Plötzlich stand eine sehr schöne Afrikanerin vor ihr. Sofort spürte sie eine starke sexuelle Erregung in sich aufsteigen. Sich selbst aber sah sie für einen Moment wie für eine Hochzeit gekleidet. Die Afrikanerin kam ihr immer näher. Ihre Hände berührten sich. Und schließlich küssten sich die beiden Frauen leidenschaftlich. Rachel hatte dabei den Eindruck, sich aufzulösen, mit der Schönen zu verschmelzen, mit ihr eins zu werden…

Als sie die Augen wieder öffnete, erschrak sie bis in ihre Seele: Die Afrikanerin schien uralt zu sein! Immer wieder überlappten sich Realität und die inneren Traumbilder der Reise in die Tiefen der Großen Göttin. Rachel stieß die Frau von sich und bemerkte, dass sie nun scheinbar ganz nackt vor der Alten stand. Sie fühlte sich völlig entblößt, ausgeliefert, als würde sie sich bis ins Innerste offenbaren. Die Frau lachte sie mit ihren verfaulten Zähnen hämisch aus.

Als Fleur innerlich miterlebte, was mit Rachel geschah, lief sie augenblicklich zu ihr und kam gerade noch an, um zu sehen, wie ihre Freundin zu Boden fiel. Als Fleur sich über sie beugte und ihre Hand nahm, erschrak sie.

„Was ist mit ihr?", fragte Julien, der ebenfalls gerade ankam.

„Sie ist ganz kalt!“, antwortete Fleur gegen die laute Musik anschreiend.

Da stand plötzlich Giacomo Julien gegenüber! Der Italiener fixierte den Horai für einen kurzen Moment. Dann griff er blitzartig nach seiner Handfeuerwaffe, die hinten in seinem Gürtel steckte und feuerte, ohne zu zögern. Julien konnte gerade noch zur Seite ausweichen, sodass die Geschosse zwei der tanzenden Jugendlichen erwischten. Einer wurde am Kopf erwischt und fiel bewusstlos zu Boden, der andere am Arm, worauf er blutend umhertorkelnd zu schreien begann.

Ein Kreischen ging durch die berauscht tanzende Menge. Kurz darauf brach Panik aus. Die Männer in den Wachtürmen verstanden zunächst gar nicht, was vor sich ging; sie hörten zunächst nur die Schüsse. Dann aber erkannten sie Giacomo, der vor Julien floh. Als sie das sahen, eröffneten sie das Feuer in Richtung Julien. Mila war zur Stelle, konnte sich im letzten Moment schützend vor ihn stellen und ein Kraftfeld aufbauen, das die Energie der Impulswaffen ablenkte. Wieder wurden Unschuldige getroffen und zwei, drei Meter weit durch den Raum geschleudert.

Inzwischen hatte Fleur Rachel zur Seite an einen Pfeiler gezerrt. Als die junge Frau langsam wieder aus der Trance erwachte, schrie Fleur sie an, während die Musik immer weiter spielte: „Was zur Hölle tust du? Komm zu dir!!! Gleichzeitig war Mahmood auf einen der Wachtürme geklettert und streckte einen der Männer mit einem gezielten Tritt zum Kopf zu Boden. Dann nahm er dessen Impuls-Gewehr und feuerte auf die Männer im Wachturm gegenüber. Den einen traf er sofort, der nun in die Menge hinab geschleudert wurde; der Zweite feuerte zurück, sodass Mahmood in Deckung gehen musste.

Als Giacomo durch die Menge aufgehalten wurde, drehte er sich um und schoss erneut auf Julien, der jedoch dessen Arm abfangen konnte und den Italiener mit einem gezielten Schlag auf den Solarplexus ausschalten konnte. Plötzlich spürte er einen brennenden Schmerz in der linken Schulter. Es war Rachid, der Afroamerikaner, der ihm gerade sein Messer mit voller Wucht hinein gerammt hatte.

Im nächsten Moment holte jedoch Mila Rachid von den Beinen und trat ihm, als er auf den Boden prallte, gleich mit dem Fuß ins Gesicht, worauf er bewusstlos liegen blieb. Inzwischen mischten sich immer mehr Türsteher in die Kämpfe ein – teils mit Impulswaffen, teils mit elektrisch geladenen Schlagstöcken: Die Horai wurden von allen Seiten angegriffen!

Rachel war nun auch endlich wieder bei vollem Bewusstsein. Innerhalb von Sekundenbruchteilen konzentrierte sie die Energie in ihre Arme, sodass diese zu brennen schienen. Sie sprang einem der türkischen Türstehern entgegen und erwischte ihn mit einem Faustschlag voll ins Gesicht! Der Mann krachte, laut schreiend, auf einen Tisch und dann zu Boden. Ein zweiter wollte gerade seine Impulswaffe auf sie abfeuern, als er selbst von Mahmood erwischt wurde.

Langsam leerte sich die Diskothek, weil die Gäste in Panik nach draußen strömten. Fleur, Rachel und Mahmood kämpften sich zu Julien und Mila durch, die sich über die beiden bewusstlosen Terroristen stehend, verteidigten. Fleur kniete sich zu Rachid und nahm seinen Kopf in ihre Hände, während die anderen sie beschützten. Sie schloss die Augen und versuchte herauszufinden, wo sich der Kristallbringer aufhalten könnte, bis sich schließlich das alte Anwesen der Horai und des Normannischen Kreises vor ihrem inneren Auge manifestierte.

„Er ist in der Normandie! In unserem alten Hauptquartier!“, schrie sie den anderen zu. „Nichts wie raus hier!“

Paris, 5. Arrondissement. Paul fuhr mit einem alten Fahrstuhl in den 6. Stock. Dann lief er den Gang entlang und klopfte an Haos Wohnungstür. Frank öffnete ihm und führte ihn zu Hao, der gefesselt auf einem Stuhl saß. Er war immer noch bewusstlos.

Paul nahm sich einen Stuhl und setzte sich dem Chinesen gegenüber. Anschließend begab er sich geistig in dessen Traumwelt…

Hao träumte, er sei nachts an einer Küste und blickte auf das Meer hinaus, über das der Mond seinen silbern funkelnden Teppich ergoss. Da spürte er ein Kribbeln am rechten Fuß, er bückte und kratzte sich, woraufhin eine kleine Spinne seine Hand hinauf lief. Voller Ekel versuchte Hao sie abzuschütteln, doch zwecklos! Stattdessen sah er nun, dass der gesamte Strand voller Spinnen war, die zielstrebig alle auf ihn zuliefen und an ihm hinauf kletterten.

Laut schreiend wachte er auf und blickte in die böse lächelnden Augen Pauls. Dann sah er an seinem Körper hinab. „Was habt ihr mit mir gemacht?“, schrie er in den Raum. Er sah die kleinen Spinnen überall, auch in seinen Mund schienen sie zu krabbeln.

„Was ist los mit ihm?“, fragte einer der Männer Frank, weil er nichts Ungewöhnliches sehen konnte. „Ist der verrückt geworden?“

„Wusstest du nicht, dass der Chef seine Ängste anzapfen kann? Er manifestiert sie dann so stark, dass die Leute daran glauben!“

Hao wand sich hin und her, voller Entsetzen. Verzweifelt versuchte er, sich aus seinen Fesseln zu befreien. Da stand Paul auf und schlug ihm mit voller Wucht mit dem Handballen so sehr auf die Nase, dass er fast wieder ohnmächtig wurde.

„Was hat Elektra vor?“, fragte er den Chinesen ruhig. „Wo ist sie?“

Hao zitterte am ganzen Körper, die Augen weit aufgerissen. „Sie…“, sagte er noch zögernd. „Sie ist in der Normandie… Im ehemaligen Hauptquartier des Normannischen Kreises… An der Küste“

„Wozu?“, fragte Paul.

„Dort hält sie den Kristallbringer gefangen.“

„Wer soll das sein?“, fragte Paul.

„Ein… Außerirdischer“, sagte Hao schnell unter Todesangst. „Er soll früher auf der Erde gelebt und mittels Kristallen Energie erzeugt haben! Bitte! Nehmt die Spinnen von mir!!!!“

„Ja, Hao. Das machen wir gleich. Sag mir nur vorher, was sie mit diesem Kristallbringer vorhat."

„Sie wollen, glaube ich, dass er die Kristalle manifestiert."

„Und dann?"

„Dann sollen sie an die HAARP-Anlage im Norden der USA angeschlossen werden..."

„Die Ionosphären-Anlage?", wollte Paul wissen.

„Ja, zum Teufel! Sie wollen die Kristalle an die Anlage koppeln und die Strahlkraft so sehr verstärken, dass wir diesen verdammten Planeten einfach in die Luft sprengen!!!" Der Chinese musste laut lachen.

Paul nahm aus seiner Innentasche das in sich gefaltete Schwert, betätigte den Knopf, sodass es sich blitzartig entfaltete und schlug dem Chinesen damit den Kopf ab, als sei es nichts.

„Wir müssen sofort in die Normandie!", sagte er daraufhin zu Frank. „Kontaktiere unsere Leute in den USA. Sie sollen umgehend einen Trupp zur HAARP-Anlage schicken!"

Im Jet der Horai, hoch über den Wolken. Die Gefährten saßen auf ihren Sitzen in Richtung Normandie, Julien vorne an der Seite Ronis, der die Maschine flog. „Und wie geht es Sam?", fragte Julien.

„Unsere Heiler kümmern sich um ihn. Ohne ihre Hilfe würde es schlecht für ihn aussehen. Hoffen wir das Beste. Was mir auch Sorgen bereitet ist etwas ganz anderes. Inzwischen habe ich erfahren, dass das saudische Königshaus auf eine totale Repression der Aufständischen mit Hilfe des amerikanischen Militärs setzt."

„Dann wird die Situation immer weiter eskalieren", sagte Julien. „Wie kann das sein, dass wir in die 5. Dimension aufsteigen und solche Dinge geschehen?"

„Aus allen Ecken und Winkeln steigen die Schatten auf", sagte Roni.

„Wir können nicht mit so viel Unbewusstheit in eine höhere Sphäre dringen. Es wird der Tag kommen, da die einen mit aufsteigen und die anderen eine weitere Runde drehen, bis auch sie dazu bereit sind.“

„Aber wo?“, fragte Julien überrascht.

„Auf einem parallelen Planeten.“

„Was ist mit dir geschehen?“, fragte Fleur Rachel, die weiter hinten im Flugzeug neben ihr saß.

„Ich werde immer wieder in diesen Traum reingezogen“, antwortete sie verstört. „Seit Dendera! Seitdem mich die Schlange gebissen hat. Was ist das Fleur? Was ist das nur? Das ist nicht gut, oder?“

„Doch“, sagte Fleur nachdenklich. „Ich glaube, das ist es. Die Pforten zu deinem Unterbewusstsein wurden geöffnet. Wie bei uns allen. Ist es wieder das Mutterwesen?“

Rachel nickte. „Ja…, sie macht mir Angst.“

„Sie ist ein Teil von dir, Rachel. Öffne dich für sie. Sie ist ein Teil deiner verschütteten Weiblichkeit.“

Da rief Roni zu ihnen nach hinten: „Rachel! Komm mal bitte vor, es ist dein Vater!“

„Oh…! Was kann er nur wollen?“, sagte Rachel verunsichert, während sie aufstand. „Ausgerechnet jetzt!?“ Sie ging vor und setzte sich, leicht zitternd, den Kopfhörer mit Mikrophon über. „Ja, Romain? Was ist los?“

„Mein Schatz“, hörte sie ihn sagen. „Sie ist gestorben…“

Rachel verschlug es den Atem. „Wer?“, fragte sie und wusste es doch schon.

„Deine Mutter“, sagte er tief traurig.

Doch Rache hörte ihn nur noch aus weiter Ferne. Sie zog den Kopfhörer ab, nahm den Phoenix-Anhänger, der an der Kette um ihren Hals hing, in die Hand und ging zurück zu den anderen.

Fleur stand auf und fragte besorgt: „Ist etwas passiert?“

„Mein Gott“, sagte Rachel leise. „Sie ist tot… Meine Mutter…“

Die beiden setzten sich wieder und Fleur flüsterte tief berührt: „Es tut mir unendlich leid, Rachel. Ich habe sie damals gut gekannt. Sie war so voller Lebensfreude gewesen.“

„Wirklich…? Mir war sie immer so fremd. Ich glaube, sie war auch so verbittert, weil ich immer so sein wollte wie mein Vater. Sie hat mich nie wirklich behütet, war nicht für mich da, weil sie ihre eigenen Probleme hatte. Und nun… fühle ich mich ihr heute näher als je zuvor. Und kann es ihr doch nicht mehr zeigen. Es ist so traurig…“

„Ja, Rachel“, sagte Fleur und nahm ihre Hand, „Das ist es. Und doch kannst du ihr zeigen, dass sich etwas geändert hat. Dass du dich geändert hast.“

„Aber wie?“, fragte Rachel verzweifelt.

„Indem du das Weibliche in dir selbst wieder zu neuem Leben erweckst.“

Da fiel Rachels Kopf nach vorne: Sie fiel in tiefe Ohnmacht, als sich die Vision ihres Gangs zur großen verschollenen Muttergöttin ihrer bemächtigte: Sie sah sich in einer großen Höhle. Die Alte war zu einer riesigen Spinne geworden, die Rachel in die Höhe riss, sie zerriss und zerstückelte. Rachel schrie! Dann erlebte sie wie von außen, wie das weibliche Wesen ihren Kopf und die einzelnen Fleischstücke auf einen Pfahl nagelte. Und eine Ewigkeit verging…

Achet-Aton, Altägypten. Mahu torkelte mehr aus Zolas Haus, als dass er ging. Eine große Angst hatte sein Gemüt erfasst. Umso mehr, als er den alten Bierbrauer mitsamt seiner ganzen Familie sah, die sich gerade anschickte, die Stadt zu verlassen.

„Wo willst du hin?“, rief ihm Mahu entgegen.

„Hast du es denn nicht gehört?“, antwortete der auf dem Ochsenkarren hockend, ohne Mahu anzusehen und verschnürte weiter hastig seine Habseligkeiten auf dem Wagen. „Achet-Aton ist nicht mehr sicher. Wir ziehen zurück nach Theben. Es heißt, wer die Stadt freiwillig verlässt, geht straffrei aus."

„Straffrei?", schrie Mahu ihn verzweifelt an. „Wer sollte es wagen? Wir gehören zum Gefolge des Pharao!"

„Ja, eben", antwortete der dicke Bierbrauer düster. „Du solltest selbst auch sehen, dass du von hier wegkommst."

Mahu ging schweigend weiter, bog um eine Straße, wo ihm Sat-Aton, die Hüterin des Feuers, wie eine Wahnsinnige entgegenlief. „Mahu!", rief sie weinend und riss sich die Haare aus.

„Was ist geschehen!?", fragte Mahu sie und hielt sie an den Armen fest.

„Ich habe…", stammelte sie.

„Was?", rief Mahu.

„Ich habe das Feuer ausgehen lassen! Das Feuer von Achet-Aton ist erloschen! Und es ist meine Schuld! Ich bin schuld! Es ist alles aus! Und ich bin Schuld!" Dann riss sie sich los und rannte davon.

Mahu musste sich an eine Hauswand lehnen, wo ihn die Tränen übermannten. Er setzte sich und ergab sich seiner Wut und Verzweiflung…

Nach einer Weile beruhigte er sich etwas, wischte sich die Tränen aus dem Gesicht und dachte: *Was soll ich nur tun? Es geht alles so unfassbar schnell! Was soll ich nur tun? Fliehen wie all diese Feiglinge, wie all diese... diese Verräter? Glaubt denn niemand mehr an Aton? An das Licht? Die Liebe? Haben sie denn jemals an ihn geglaubt? Oder haben sie es alle nur geheuchelt wie Zoha? Was soll ich nur tun…?*

„Ergib dich in den Willen Atons", hörte Mahu plötzlich eine Stimme in seinem Innern. „Werde eins mit dem Willen Atons!"

Mahu beruhigte sich wieder. Das Vertrauen kehrte in ihm zurück. *Aber wie?* fragte er sich. *Ich muss das Sonnenorakel befragen.* So begab er sich an den kleinen Tempel des Atons.

Die Wachen ließen ihn passieren. Er ging geradewegs zu einem

Tempeldiener und fragte: „Könnte ich heute noch zum Pharao und das Orakel befragen? Ich weiß, ich bin nicht angemeldet, aber…"

„Du kannst direkt hineingehen. Es scheint, als interessiere sich hier kaum einer mehr für Aton."

Kurze Zeit später stand er vor der Sonnenscheibe im Allerheiligsten. Echn-Aton, umrahmt von Maamitti, dem Verkünder des Orakels, vom Schreiber und der Sängerin, fragte: „Was ist heute dein Begehr, mein dichterischer Freund?"

Ohne Zögern antwortete er: „Auf welche Bühne muss ich gehen, um eins zu werden mit dem Willen Atons?"

„So drehe das Sonnenrad", sagte der Pharao.

Die Sonnenscheibe beschrieb ihre Kreise, bis sie schließlich über den Granitboden hinweg nach Süden zeigte.

„Um eins zu werden mit dem Willen Atons", sagte Echn-Aton, „musst du dich auf die rote Feuer-Bühne begeben."

Mahu ging nun also in die südliche Raumecke. Wie üblich öffnete sich auch hier eine kleine Türe und Mahu zog ein rotes Gewand an. Lotus, die Sängerin, begann ein entsprechendes Lied einzustimmen und Mahu fing an, sich heftig im Raum zu bewegen. Er schlug und trat vor sich, bis er schließlich ruhiger wurde und schwitzend still stand."

„Was nimmst du wahr?", fragte Echn-Aton.

Die Angst ist der kleine Tod, dachte Mahu bei sich. Vor seinem inneren Auge öffnete sich eine weite Wüstenlandschaft. „Ich bin in der Wüste", sprach er in den Raum, „es ist sehr heiß… Ich laufe und laufe, meine Füße schmerzen, immer weiter, unbeirrt, angetrieben von einer brennenden Sehnsucht, angetrieben von meiner letzten Hoffnung, endlich an mein Ziel zu gelangen…

Bin schon viele Tage unterwegs, das Wasser wird knapp… Werde ich wirklich das Ziel meiner Sehnsucht erreichen, endlich diesen brennenden Schmerz in meiner Brust löschen können und nach Hause kommen? Ist all dies nicht völliger Wahnsinn? Was erwartet mich wirklich in der Wüste? Ist all dies nicht einfach nur ein tödlicher Fehler…?“

„Was geschieht nun?“, fragte der Pharao nach einer Weile der Ruhe.

„Ich… sehe wie ein Sandsturm aufzieht…“, erzählte Mahu und hielt sich die Hände vors Gesicht. Er rast heran! Der Sand rast schon auf mich zu… Ein Wirbelsturm! Erbarmungslos kommt er auf mich zugerast. Versuche ihm verzweifelt zu entkommen. Doch vergeblich…

Da erfasst mich auch schon der tobende Sturm mit ungeheuerlicher Kraft, ich werde in die Luft gerissen und wieder zu Boden geschleudert! Ich falle in tiefe Ohnmacht…“

Mahu ließ sich zu Boden fallen… Stille… Nach einer Weile sprach er weiter: „Ich komme wieder zu Bewusstsein. Es ist stockfinster um mich. Habe keinen Schimmer, wo oben oder unten ist. Der ganze Körper tut mir weh. Bin lebendig begraben…

Muss mich orientieren, grabe mit den Fingerspitzen und sehe, dass ich auf dem Rücken liege. Beginne mir etwas Platz zu verschaffen und grabe langsam mit den Händen… Grabe eine kleine Ewigkeit der Oberfläche entgegen. Dann schließlich schaffe ich es! Ahh, endlich wieder frei! Doch ist inzwischen die Nacht hereingebrochen, mein Wasser ist weg und mit einem Todeskuss empfängt mich die eisige Kälte. Erschöpft begebe ich mich zurück in mein Loch, rolle mich zusammen und schlafe ein…

Am nächsten Morgen wache ich mit großen Schmerzen auf. Hunger und Durst toben ganz fürchterlich in mir. Was soll ich nur tun? Aufgeben? Oder ist all dies nur eine Prüfung auf meinem Wege, eine dornenreiche Schwelle, die ich nur noch überqueren muss, um mein Glück und die Antwort auf alle Fragen zu bekommen? Ich werde es herausfinden oder sterben… Und so stapfe ich schwitzend weiter. Doch ist es nun so, als würde ich dabei einen riesigen Stein auf meinem Rücken mit mir schleppen…

Nun sehe ich plötzlich einen Berg! Bin sogar schon fast da! Und… eine kleine Wasserquelle! Springe hinein und trinke und trinke… Und nun? Ich muss den Berg hinauf, hinauf… Nur noch mal schlafen, nur noch einmal schlafen und dann mit neuer Kraft hinauf. Nur noch einmal schlafen…

Als ich am nächsten Morgen aufwache, habe ich starkes Fieber. Die Sonne blendet mich ganz fürchterlich. Kein Weg mehr zurück. Nur noch hinauf bis zur Spitze… Ich beginne also den letzten Aufstieg, jeden Vorsprung, jede Kante nutzend… Der Berg reißt mir tiefe Wunden in die Hände. Doch mein Wille war noch nie so stark… Nur noch wenige Meter… Über meinem Kopf kreist ein Adler… Komm, mein Freund, gleich hast du es geschafft, höre ich ihn im Fieberwahn. Gleich bist du am Ziel… Nur noch wenige Meter, zieh dich hinauf…

Und tatsächlich schaffe ich es, falle auf den Boden. Stille… dann spüre ich ein ungeheures Lachen in mir aufsteigen. Und ich muss lachen und weinen wie nie zu vor. Ich stehe auf und lache und weine immerzu. Denn nach all diesen Anstrengungen ist hier oben außer der herrlichen Aussicht: nichts! Es war alles umsonst… Meine letzte Hoffnung stirbt nun doch! Keine Hoffnung mehr…“

Mahu lachte wie wahnsinnig in den Raum. „Da plötzlich…“, fuhr er dann fort und stand wieder auf, „züngeln Flammen verzweifelter Wut in mir auf und ich schreie in den Himmel: Was willst du noch von mir? Habe ich dir nicht schon alles geopfert?

Was habe ich nicht alles getan? Was habe ich nicht alles erlitten, um hierher zu kommen? Einst hatte ich eine Frau geliebt, doch hat sie mich verlassen. Ich wollte Kinder mit ihr haben. Sie werden nie das Licht dieser grausamen Welt erblicken. Ich wollte etwas erreichen, für etwas gelten in dieser Welt…

Ich habe mich immer weiter entwickelt, habe irdische Freuden genossen, bin in das wässrige Land der Seele eingetaucht, habe den Tod gesehen und bin wieder zurückgekehrt. Nun ist mir nichts mehr geblieben. Nur noch gähnende Leere wie dieser verfluchte Abgrund hier!!!

Meine innere Stimme sagte mir, in die Wüste zu gehen und auch auf diesen öden Berg zu steigen. Und wieder habe ich keine Mühe gescheut. Denn die Stimme hat mir versprochen, dass hier irgendwo der Schatz liegen würde, nach dem sich mein Herz so sehr sehnt. Nun stehe ich hier vor diesem Abgrund. Und es gibt sonst auch nichts, als diesen lächerlichen verdorrten Busch hier…

Tiefe Verzweiflung überkommt mich. Ich fühle mich so allein, so von Aton und der Welt verlassen. Ich sinke auf die Knie und weine aus tiefster Seele…“

Mahu ließ sich auch im Raum der inneren Weisheit auf die Knie sinken…

„Was geschieht nun?“, fragte Echn-Aton behutsam.

Mahu hob den Kopf und sagte: „Ich höre plötzlich hinter mir ein Knistern. Drehe mich um und sehe, dass der kleine Busch Feuer gefangen hat! Doch scheint er gar nicht zu verbrennen. Er steht nur in Flammen! Er brennt und verbrennt doch nicht… Und nun höre ich eine Stimme, die daraus spricht.“

Da begann Echn-Aton in einem tranceartigen Zustand zu sprechen und die Worte sprudelten aus ihm wie aus einer heißen Quelle: „Komm nicht näher heran! Dies ist heiliger Boden. Ich bin, der ich bin. Ich bin für diese ganze Welt der Urquell und der Untergang. Ich bin der Vater dieser Welt, bin Mutter, Schöpfer, Ahnherr auch. Weg, Erhalter, Herrscher, Zeuge, Wohnort, Zuflucht und guter Freund. Ich bin des Wassers Feuchtigkeit, ich bin das Licht in Sonne und Mond. Bin der Ton im Äther, Kraft im Mann. Der eine Duft im Erdenkloß, der Glanz im Feuer, das bin ich! Ich bin die Seele dieser Welt, in aller Wesen Herz bin ich. Es gibt kein Ding, das ohne mich besteht, sei's ruhend, sei's bewegt. Ich bin der Anfang, Mitte ich und Ende auch der Wesen all. Die Liebe in allen Wesen – die bin ich!

Du kamst in diese Welt wie in eine brennende Schlacht. Nun sei der Krieger, der du bist und erfülle dich. Handle mit Liebe für die Liebe hin zur Liebe. Erfülle dich in dem einen Willen, der alles verbrennt, was dich auf deinem Wege aufhält. Erwache zu deinem göttlichen Geist und verändere deine Lebensweise so, dass sie die göttlichen Seinsschichten spiegelt. Ich will, dass du zur Frucht wirst und eine köstliche Speise für Tausende von Welten.

Sei stark und folge stets der Stimme deines Herzens. Sei stark und gehe aufrecht. Und wenn du stehst, so stehe in deiner Wahrheit. Beklage weder die Lebenden noch die Toten. Niemals gab es eine Zeit, als ich oder du oder all die Wesen dieser Welt nicht existierten und ebenso wird niemals in der Zukunft einer von uns aufhören zu sein. Es ist ein unaufhörliches Kommen und Gehen wie der Wechsel der Jahreszeiten. Transformation, Metamorphose. Das, was den Körper durchdringt, ist unzerstörbar, die unvergängliche Seele ist unzerstörbar. Sie ist ungeboren, ewig, immer während. Ich bin es selbst: Aton!"

„Oh, Aton!", flüsterte Mahu, "Was bedeutet das? Was will Aton von mir?"

Da machte Echn-Aton Maamitti ein Zeichen, der nun zu sprechen begann: „Entweder wirst du auf dem Schlachtfeld untergehen und die himmlischen Planeten erreichen oder du wirst siegen und so das Königreich der Erde genießen. Kämpfe um des Kampfes willen, ohne Glück und Leid, Sieg oder Niederlage zu beachten. Gib alle Anhaftungen an Erfolg oder Misserfolg auf. Diejenigen, die diesen Pfad beschreiten, sind entschlossen in ihrem Vorhaben und ihr Ziel ist eins.

Wie so viele meiner Erdenkinder wirst du so die Frucht seiner Herrlichkeit und aus dieser Frucht sollen prächtige Bäume wachsen. Und es wird deine Liebe sein, mit denen du sie begießt. Und sie werden wachsen, um Himmel und Erde zu verbinden. Göttlicher Wille ist das Licht und Feuer, ist Einssein, Fülle für jeden, Frieden, Schönheit und Bewusstsein. Gottes Wille für dich ist Liebe, Frieden, Verständnis, Gemeinsamkeit.

Überwinde in dir die Gegensätze. Es gibt kein Entweder/Oder, immer nur ein Sowohl/Als auch. Du sehnst dich danach, den Platz in der Welt zu finden, an dem du genau mit deinen ureigenen Anlagen, deinen Gaben dem Ganzen dienen kannst. Diene mit dem, was du bist. Aber diene keinem fremden Herrn, diene dem Meister in dir. Geben ist seliger als Nehmen. Und am „seligsten" wirst du sein, wenn du tatsächlich mit den eigenen Gaben dienen kannst und so in deiner Mitte bist. Der Weg zur Mitte besteht für dich darin, mit deinem eigenen seelischen „So-Sein“ eine Aufgabe in der Gemeinschaft der Menschen zu erfüllen. So gebe dich den schöpferischen Kräften in dir hin. Werde zum Mit-Schöpfer in dieser Welt, damit aus dem Feuer deiner Taten Samen der Liebe, des Friedens und der Glückseligkeit geboren werden.“

Mahu schossen Tränen in die Augen und er rief: Oh Aton, der Du bist die Quelle allen Seins, Dein Wille geschehe in allen Reichen!“

Am nächsten Morgen, als Moses bereits mit den Juden und vielen Aton-Anhängern in Richtung Osten auf ihrem Weg in die Freiheit waren, wurde Mahu bei Sonnenaufgang jäh geweckt. Es war Tarée, die ihn wach rüttelte und voller Angst und Schrecken schrie: „Komm Mahu! Wach auf! Die Amun-Priester! Die Soldaten! Sie sind in der ganzen Stadt. Sie bringen uns alle um!“

Er sprang sofort auf und fragte: „Wo sind die anderen?“

„Ich weiß es nicht!“, antwortete sie weinend, während ihr Äffchen sich kreischend an sie klammerte.

„Komm!“, sagte Mahu entschlossen, nahm Tarée bei der Hand und lief mit ihr zurück auf die Straße. Da waren auch schon zwei Soldaten, die mit gezückten Schwertern auf sie zukamen. Tarée schrie sie an: „Ihr Mörder! Was wollt ihr von uns?“

Die Soldaten glaubten, leichtes Spiel mit den jungen Leuten zu haben. „Du kamst in diese Welt wie in eine brennende Schlacht“, hörte Mahu die innere Stimme. „Nun sei der Krieger, der du bist.“

Da ging auch schon das Kurzschwert des linken Angreifers auf ihn nieder. Shuba, das Äffchen Tarées bleckte bedrohlich die Zähne und kreischte. Ohne nachzudenken wich Mahu aus, ergriff den Soldaten mit der Linken an dessen Handgelenk, wo er das Schwert hielt und schlug ihm mit der Rechten genau auf die Nase. Dabei schaffte er es, dem Soldaten, der zur Seite taumelte, das Schwert abzunehmen. Mahu drehte sich um die eigene Achse und schlug es dem verdutzten zweiten Soldaten quer durchs Gesicht. Der schrie laut auf, sackte auf die Knie und hielt sich das blutüberströmte Gesicht.

In diesem Moment kam Banthu mit Glypho um die Ecke gerannt und rief ihnen zu: „Da seid ihr ja endlich! Kommt schnell! Am Ufer stehen die Boote schon für uns bereit. Die anderen sind hoffentlich schon da!"

Die vier rannten wie der Wind entlang des Nils. Einige der Häuser standen bereits in Flammen. Die Gefährten sahen, wie die Soldaten die Menschen verhöhnten, sie zusammenschlugen und erstachen, wie sie Frauen vergewaltigten und Kinder erdrosselten, während die Amun-Priester, von Soldaten abgeschirmt, in ihren alten Roben durch die Straßen stolzierten und dem Ganzen mit Genugtuung zusahen.

Wie von göttlicher Hand beschützt, schafften es die vier und das Äffchen zu einem der Boote, auf denen schon viele Menschen waren. Sie suchten und fanden das, auf dem sie bereits einige ihrer Gefährten sahen: Sina, Manu, Nitamo, der viele Schriftrollen in den Armen trug und viele andere der Neophyten, die auf sie warteten. Andere Boote waren bereits unterwegs in Richtung Mittelmeer.

„Aber was ist mit Echn-Aton?", rief Tarée plötzlich.

„Bereits in der Nacht hat er die Stadt mit Hania in die Wüste verlassen", antworte Banthu, während er mit Glypho ins Boot stieg. „Wir müssen los! Jetzt!"

„Halt!", rief Manu. „Da kommt Lotus!"

Die Sängerin eilte völlig aufgelöst ans Ufer und wollte einsteigen, hatte bereits einen Fuß im Boot. Da blickte sie die anderen an und fragte bestürzt: „Aber wo sind die Kinder? Echn-Atons Töchter? Sie sind doch… in meiner Obhut…"

„Ich weiß es auch nicht!", rief Banthu. „Komm rein! Du kannst nichts mehr für sie tun!"

Doch Lotus nahm den Fuß wieder an Land, sah ihren Freunden noch einmal in die Augen. Das Boot legte vom Ufer ab und Lotus sagte: Nun verneige ich mich vor dem großen warmen Licht der

Sonne, die fern und nah zugleich, erhaben voller Reichtum, jeden beschenkt, mag er es erkennen oder nicht." Dann begann sie ein letztes Mal für ihre Freunde zu singen…

Die im Boot Sitzenden sahen sie schweigend an, Sina weinte…

Dann erblickten sie, wie Soldaten ans Ufer kamen und Lotus von hinten ein Schwert durch den Körper rammten. Als die Soldaten nun auch noch mit Pfeilen nach dem kleinen Boot schossen, begannen Banthu und Mahu aus ganzer Kraft nilabwärts zu rudern.

Echn-Aton war inzwischen mit Hania unbehelligt geflohen. Sie kamen durch die Schlucht, in dem sich Echn-Atons Grab befand. Sie marschierten Tag und Nacht, während denen Echn-Aton seinen Lichtkörper vorbereitete. Schließlich kamen sie an einen Berg, wo sie sich in eine Höhle zurückzogen, dort wo sich alles erfüllen sollte…

Zoha aber hatte die beiden bemerkt, als sie Achet-Aton verlassen hatten. Er selbst wollte sich gerade mit Proviant aus der Stadt stehlen. Stattdessen war er ihnen nun durch die ganze Wüste gefolgt. Der Zweifel und Gewissensbisse nagten an ihm und die stete Aussicht auf reiche Belohnung, wenn er den Amun-Priestern mitteilen würde, wo Echn-Aton verblieben sei. Denn er glaubte nicht an ihn und seine Mission. Er hielt ihn für einen Verblendeten.

Echn-Aton und Hania meditierten und beteten noch lange Nächte lang und schließlich hörte er den Ruf seiner Seele. Die Sonne ging unter, Echn-Aton und Hania wechselten ihre letzten Worte, machten ihre letzten Versprechungen. Echn-Aton legte sich hin und verließ seinen physischen Körper, ging ein in seinen Lichtkörper, ging ein in das Licht Atons.

Als Zoha nun aus seinem Versteck heraus beobachten konnte, was mit Echn-Atons Körper geschah, überkam ihn ein großer Schauer. Weinend und lachend, halb wahnsinnig geworden, rannte er zurück in die Wüste und schrie zur Sonne: „Echn-Aton! Aton! Vergib mir! Ich habe dich nicht erkannt!"

Hania blieb nahe bei Echn-Atons Körper. Sie tat, was sie beide beschlossen hatten zu tun. Hania wachte in der Grotte, sie betete und meditierte, wie er sie darum gebeten hatte.

Schließlich zog er sich am 24. Juli nach unserer heutigen Zeitrechnung vollkommen von seinem physischen Körper zurück. Hania wachte, betete und meditierte bis zum Morgen des 26. Juli. Dann schlief sie ein und verlor das Bewusstsein. Als sie wieder aufwachte, schien die Sonne bereits seit einigen Stunden und Echn-Atons Lichtkörper hatte die Energie seiner Persönlichkeit integriert und transmutiert. Jede Zelle seines physischen Körpers wurde transmutiert in spirituelle Materie – auf immer aufgestiegen!

Die Gefährten ruderten unterdessen die ganze Nacht weiter – unter starker Anspannung und seelischer Erschöpfung. Aus ihren Kleidern hatten sie Stofffetzen herausgerissen, da ihnen allen vom Rudern Schwielen an den Händen entstanden waren, die sie unsäglich peinigten.

Als Mahus Schicht vorüber war, übernahm Glypho wieder seinen Platz und Mahu ging vor zu Tarée. Die ersten Sonnenstrahlen glitten sanft über die Landschaft. Wie immer, wie an jedem Morgen, als sei in Achet-Aton, dem Horizont von Aton, nie etwas geschehen.

Bald zeigte sich die Sonne rotglühend am östlichen Horizont. Mahu nahm Tarées Hand in die seine, sah in die Sonne und sagte: „Jeden Tag geht die Sonne auf. Wenn Aton es will, wird aus der Asche der Horus geboren werden, wird seine feurigen Flügel ausbreiten und das Lied der Auferstehung singen! Wir werden wiederkehren, wenn die Zeit reif ist und das Licht, die Liebe und das Leben Atons in den Herzen der Menschen entzünden – auf dass sich nach der Finsternis das eine Licht über die ganze Welt ausbreitet. Das Wesen der Menschen wird sich wieder in seine ursprünglich leuchtende Schönheit verwandeln und sie werden sich wieder mit Aton vereinigen. Und es wird einen neuen Himmel und eine neue Erde geben!“

Nofretete mit ihrem Hofstaat und ihren Getreuen bereitete sich darauf vor, mit ihren Töchtern Achet-Aton zu verlassen. Echn-Atons Mutter Teje aber stand in ihrem Palast und blickte in die aufgehende Sonne. In der Ferne hörte sie die Schreie der Verfolgten.

Immer mehr wurde ihr bewusst, dass sie diese Stadt körperlich nie wieder verlassen würde. Geistig sah sie sich selbst in ferner Zukunft, wo sie erneut eine der Sonne, Aton und Echn-Aton geweihten Stadt in

Indien für die Menschheit gebären sollte: die Stadt der Zukunft. Eine Stadt, die niemandem gehört, nur der Gesamtheit der Menschheit, eine Stadt als Brücke zwischen der Vergangenheit und der Zukunft… und in Teje begann eine Name zu vibrieren… Auroville…

Von Anbeginn dieser Erde, wo immer und wann auch immer die Möglichkeit bestand, den Strahl des Bewusstseins zu manifestieren, war sie da. Die große Mutter „Mahashakti“, die als „la douce mère“ in unserer Zeitepoche wieder erschien und gemeinsam mit Sri Aurobindo die Stadt der Zukunft, eine neue Sonnenstadt in Südindien, ins Leben rief.

Die Sonne ging immer weiter auf und Teje sagte mit Freude im Herzen: „Und selbst wenn eines Tages nur einige Menschen eine einzige Pyramide der Wahrheit errichten, wo jeder Stein mit dem richtigen Ton und Klang, der Schwingung und mit reiner Liebe erbaut wird, mit einem wahrhaftigen Blick auf die Zukunft, dann würde die ganze Stadt im Irdischen errichtet werden, so wie wir es hier in Achet-Aton versucht haben. Denn sie würden in dieser Stadt die Zukunft in sich selbst, die Zukunft ihrer selbst errichten. Vielleicht würde die Erde sich dann selbst verwandelt fühlen und sich als EINS empfinden.“

Tausende Jahre später, Normandie. Der Jet der Horai näherte sich vom Meer aus der Anlage, die in der Nähe der Klippen oberhalb des Atlantiks lag. „Wach auf…“, sagte Fleur sanft zu Rachel. „Wir kommen an.“

Doch als sie Rachel zusich kommen sah, erschrak Fleur. In ihren Augen blitzte etwas Grausames auf, das sie bisher noch nie an ihr erblickt hatte: Der Todesblick der Großen Mutter.

„Ich habe die elektronische Tarnvorrichtung eingeschaltet“, sagte Roni zu Julien, der sich, düster blickend, in seinem Sitz aufrichtete: „Bei den Fähigkeiten der Asuras würde es mich stark wundern, wenn es tatsächlich etwas bringt.“

Roni nickte kurz und sagte, sich nach hinten in die Kabine wendend: „Es wird Zeit, dass ihr drei eure Taucherausrüstung anlegt!“

Fleur, Rachel und Mahmood schlüpften in Badeklamotten und zogen sich um die Taille Gürtel mit großen Schnallen an.

„Nun drückt dort auf die Mitte!“, sagte Fleur. Augenblicklich baute sich, die Silhouette ihres Körpers nachzeichnend, ein Energiefeld auf.

„Was ist das?“, fragte Mahmood erstaunt.

„Mila hat es kürzlich für uns entwickelt“, erklärte Fleur. „Ein effektiver Schutz vor der Kälte des Wassers. So brauchen wir keine Taucheranzüge mehr.“ Dann nahm sie kleine Patronen mit Mundstück aus einem Schrank und gab den beiden jeweils eine davon. „Sobald wir im Wasser sind, steckt ihr sie euch in den Mund. Sie dürften genügend komprimierten Sauerstoff enthalten, bis wir den Eingang des unterirdischen Hafens erreicht haben.“

„Und wenn nicht?“, wollte Rachel wissen, doch bekam sie keine Antwort.

Dann wandte sich Fleur an Julien und Mila: „Roni wird euch beide, wie besprochen, am Haupteingang absetzen. Wir bleiben telepathisch in Kontakt.“

„Ihr müsst jetzt runter!“, rief Roni und betätigte eine Taste, um die Tür nach außen zu öffnen. „Nur noch einen Kilometer bis zur Küste!“

„Viel Glück euch“, sagte Fleur ernst. „Wir sehen uns im Inneren des Gebäudes.“ Dann sprangen die drei aus einer Höhe von 20 Metern ins Meer hinab und begannen, bei recht hohem Seegang, auf die Küste zuzuschwimmen.

„Ich lande direkt vor dem Gebäude“, rief Roni wieder in die Kabine. „Macht euch bereit!“ Kurz darauf senkte sich der Jet senkrecht wie ein Hubschrauber auf eine Wiese herab. Julien und Mila traten ins Freie, während Roni den Flieger bewachte.

Das Bauhaus-Gebäude bestand oberirdisch lediglich aus einem einzigen Stockwerk, dessen große Glasfassaden mit Holzplatten abgedeckt waren. Auf einem schon lange verrosteten, ehemalige Firmenschild stand: *X-Factor – Genetical Research and Ionic Industries.* Es handelte sich um das ehemalige Hauptquartier der Horai von vor 30 Jahren und ihrer Organisation, dem Normannischen Kreis, der inzwischen quasi aufgelöst worden war.

„Seltsam", sagte Julien. „Niemand da? Keine Wachen? Nichts?"

„Oh doch!", erwiderte Mila. „Höchste Konzentration! Lasst uns jetzt rein gehen."

Julien trat mit großer Präzision und Wucht gegen die Tür, die bis an die hintere Wand des Eingangsbereiches geschleudert wurde. Als sie das Innere betraten, sagte Mila: „Fleur meinte, wir sollen über die Treppe dort hinab. Ungefähr acht Stockwerke in die Tiefe." Die beiden bauten ihre Auren auf und ließen blitzschnell ihre asiatischen Schwerter auseinander klappen.

Unterdessen kamen Fleur, Rachel und Mahmood beim unterirdischen Hafen an. Fleur schwamm zu einer versteckten Vorrichtung hinter einem Felsen und betätigte einen Hebel. Kurz darauf öffnete sich knarrend eine Schleuse. Die Horai schwammen hindurch und betraten schließlich den 30 Meter hohen Hangar, wo sie ihre Sauerstoffkapseln ablegten.

„Ist es nicht erstaunlich, dass die Schleuse nach all den Jahren noch funktioniert?", fragte Mahmood, während er sich umsah.

„Davon bin ich ausgegangen!", sagte Fleur. „Ein klares Zeichen, dass die Asuras wohl hier sind... Wahrscheinlich erwarten sie uns sogar!"

Da hörten sie plötzlich jemanden von oben klatschen. Eine weibliche Silhouette betrat aus einer offenen Tür ein Metallgerüst, das an der gesamten Innenwand des Hangars verlief. Elektra! „Wie recht du hast", sagte sie und lehnte sich, überlegen blickend, auf dem Geländer auf. „Ihr müsst verrückt sein, mit den paar Leuten hier her zu kommen."

Fleur biss sich auf die Lippen, während immer mehr Asura-Krieger den Hangar betraten – sowohl hinter dem Geländer als auch von verschiedenen Seiten um sie herum. Bald schon waren sie von 25 Männern und Frauen umstellt. Die Horai verstärkten instinktiv immer mehr ihre Auras. Kurz darauf griffen drei Asuras an!

Den ersten schlug Mahmood, der die Energie seiner Aura dazu nutzen konnte seine Schläge mit übernatürlicher Kraft zu verstärken, mit der Faust, sodass der Asura zurück zu seinen Leuten geschleudert wurde, wo er drei Mann mit zu Boden riss. Fleur schleuderte die anderen beiden telekinetisch zur Seite ins Wasser. Doch dann zuckte sie kurz zusammen, als sie telepathisch von Mila kontaktiert wurde und sie die Konzentration auf das unmittelbare Geschehen vor sich verlor. Sie griff sich an die schmerzenden Schläfen und dachte: *Mein Gott! Sie haben die beiden überwältigt!* Dann wurde Fleur von einem Streifschuss an der Schläfe getroffen und sank bewusstlos zu Boden.

Rachel schrie, außer sich, und schoss – das erste Mal in ihrem Leben – einen konzentrierten Feuerstrahl aus ihren Augen auf die Asuras ab. Deren Auren waren nicht stark genug, um ihn abzuwehren, sodass sie blitzartig Feuer fingen und eine Bresche hinterließen. Plötzlich öffnete sich unter ihr und Mahmood der Boden. „Eine Falltür!“, schrie er während sie vier Meter in die Tiefe stürzten und auf den Boden fielen, wo sie bewusstlos liegen blieben.

Elektra, oben wie auf einer Tribüne das kurze Schauspiel genießend, sagte zu Hödur und Zaina, die inzwischen neben ihr standen: „Wir ändern unseren Plan. Der Weg geht nun nicht mehr zu HAARP in die USA. Das ist mir zu riskant.“

„Sondern?“, fragte der blinde Hödur.

„Wir fliegen nach Russland. Auch dort gibt es eine Ionosphären-Anlage. In der Nähe der kleinen Stadt Wasilsursk, etwa 100 km östlich von Nischi Nowgorod. Macht den Flieger startklar!“

Unterdessen lagen Rachel und Mahmood, zehn Meter tiefer, regungslos auf dem Boden – bei einem Wasserstand von etwa zwei Zentimetern. Schwaches Neonlicht erhellte geisterhaft den Raum, nachdem sich die Falltür automatisch wieder geschlossen hatte. Einen solchen Absturz hätte kein normaler Mensch überlebt; die beiden aber waren nur bewusstlos.

Rachel wurde wieder in die Tiefe ihres Unterbewusstseins gezogen, um ihre Trancereise fortzuführen. Immer noch von außen sah sie, wie ihre Körperteile an dem Marterpfahl der großen Göttin hingen, die als Walfisch in großen Kreisen um sie, in tiefdunklem Wasser schwamm. Ihre Schreie, die Schreie der Großen Mutter, Schreie des Leidens, der einsamen Vergessenheit, der Verzweiflung, drangen aus den Tiefen der Gewässer.

Da drang plötzlich ein Lichtschimmer durch einen Spalt in den Wänden. Kurz darauf erblickte Mahmood sie. Voller Mitgefühl sah er zum Marterpfahl. Doch galt es auch dem großen Walwesen, das nun tief hinab tauchte in die Dunkelheit. Er näherte sich dem glitschigen Rand und hockte sich hin. Sein Mitgefühl wurde nach und nach so stark, dass er Tränen aufsteigen fühlte, bis eine davon ins Wasser fiel und kleine konzentrische Kreise auslöste. Da tauchte das Walwesen majestätisch aus der Tiefe… und blickte ihn an. Auch dessen Augen füllten sich mit Tränen als es sah, dass er mit ihm fühlte, dass er es wertschätzte, es, das vor so vielen tausenden von Jahren in diese Höhle verbannt worden war.

Als es sah und fühlte wie er um es weinte, war es so sehr bewegt, dass aus seinem Körper hell schimmerndes Wasser drang. Immer mehr floss es aus ihm hervor, sodass es den Boden der Höhle überschwemmte. Mahmood stand auf, erstaunt, und sah, wie es sich zielstrebig auf den Marterpfahl zubewegte und ihn in Nebel hüllte. Er watete nun durchs Wasser zu dem Pfahl, wobei sich die Nebel, nach und nach, wieder lichteten. Kurz darauf erblickte er dort Rachel, an einem Stück, lebendig! Sie blickte ihn an. Sie lächelte. Doch etwas war mit ihr geschehen! Ihre Augen… Sie hatte plötzlich den Todesblick der Großen Mutter in ihren Augen! Dann ging sie auf ihn zu und küsste ihn leidenschaftlich.

Gleichzeitig küssten sie sich auch in der Realität. Die beiden lagen auf dem Boden unter dem Hangar. Eng umschlungen, ineinander verschlungen lagen die beiden Liebenden da und küssten sich. Sie hatte ein unaussprechliches Ur-Vertrauen zu ihm und nun auch zu ihrem gesamten Leben. Rachel merkte gar nicht, dass ihre Vision wieder in den Hintergrund ihres Bewusstseins gesunken war, dieser in ihr auflebende Mythos eines Abstiegs der Himmelsgöttin in die Tiefe der Nacht. Sie hatten die Augen geschlossen, die farbigen Flächen ihrer Auren flossen ineinander über. Und auch die beiden Liebenden flossen dahin, während ihre Energiekörper sich immer weiter ausbreiteten, schlangenähnlich auch nach oben glitten.

Da erlebten Rachel und Mahmood die Einheit aller Gegensätze, das liebende eine Wesen, das uns aus der Tiefe her durchdringt. Das Ur-Meer, das alles in sich birgt. *Participation Mystique*... Sie reisten durch das Tor hinter dem Tor der Geburt. Was innen war, kam nun hervor. Und sie reisten durch das Tor des Todes, worauf hin die verlorenen Seelenanteile zurückkehrten. Sie flossen in ein scheinbar archaisches Bewusstsein ein, welches dem Leben zu blühen erlaubt und dem Bewusstsein des Einzelnen gestattet sich auszuweiten, sich zu erweitern oder sich auch aufzulösen, ohne dass der Bewusstseinsfunke erlöscht.

Für einen Moment lang wurde Rachel wieder von der Erinnerung an die Große Göttin durchdrungen, wie in ihrer Trance-Reise Fluten lebendigen Wassers vor ihr hervor gequollen waren. Heiliges Wasser, das Rachel zu neuem Leben erweckt hatte. Da öffnete sich über ihnen an einer der Wände eine etwa ein Meter große Klappe, durch die rauschend Wassermassen herein drangen!

Die beiden öffneten sofort die Augen, standen auf und blickten fassungslos hinauf.

„Wo sind wir?“, hörte Mahmood den Schrei Rachels im Raum widerhallen.

„Wir sind hier runter gefallen!“, sagte er leicht geschockt. „Schnell, schalte deinen Gürtel wieder an! Er wird uns vor der Kälte und dem Wasser schützen.“ Die beiden schlugen mit der flachen Hand auf die große ovale Gürtelschnalle und innerhalb weniger Sekunden baute sich das Energiefeld, wie zuvor, mit einem elektronischen Ton, nahe an ihren Körpern um sie auf. Der etwa 30 m^2 große Raum füllte sich zusehends mit dem aus dem Meer eindringenden kalten Wasser. Und das Loch in der Wand öffnete sich noch weiter: Die Wassermengen verdreifachten sich! „Mein Gott!“, wie kommen wir hier raus?“, schrie Rachel panikartig.

„Sieh da!“, rief Mahmood und deutete auf die gegenüber liegende Seite der Luke. Dort war eine etwa zwei Meter lange dunkle Fensterfront, hinter der im Hintergrund die Silhouetten einiger Personen zu sehen waren.

„Wer ist das?“, fragte er sie. „Kannst du jemanden erkennen?“

Da sahen sie plötzlich Elektra, die sich zur Scheibe vorlehnte, böse lächelte und ihnen zuwinkte. Unterdessen reichte ihnen das Wasser bis zur Brust. „Komm her“! rief Mahmood Rachel zu und nahm sie in die Arme. Kurz darauf schwammen sie auch schon im Wasser.

„Ich werde mir diese Frau noch vornehmen!“, sagte Rachel wütend.

„Das werden wir!“, sagte Mahmood leise und suchte weiterhin konzentriert nach einem Ausweg aus der Situation. „Der Raum sieht hermetisch verschlossen aus“, stellte er fest. „Nirgends eine Tür zu sehen. Die Wände erinnern mich irgendwie an die Königskammer in der großen Pyramide von Gizeh.“

„Das freut mich für dich!“, sagte Rachel laut. „Dann müssen wir eben zu den Fenstern und sie aufschlagen. Komm!“ Sie kraulte rüber zur Wand.

„Wie sollen wir es machen?“, fragte Mahmood, als er bei ihr war. Sie näherten sich vom Wasser hinauf getragen, dem Fenster auf zwei Metern.

Dahinter befand sich eine kleine Kommandostation mit Geräten, die in der Dunkelheit blinkten. Die Asuras hatten das Licht erst gar nicht angemacht. „Bekommen sie die Scheibe zerstört?“, fragte Elektra, die Arme verschränkend. Neben ihr stand einer der Wissenschaftler der Anlage in einem weißen Kittel, ferner Hödur, Zina, Tyr, der Feuerbändiger und zwei Klone. In einer dunklen Ecke stand noch Dschafar ibn Muhammad und beobachtete das Ganze.

Der Wissenschaftler näherte sich der Armatur und sagte: „Nicht wenn ich es verhindern kann.“ Dann öffnete er eine kleine Klappe, hinter der sich ein roter Knopf befand. Das Wasser stand nun fast schon auf der Höhe des Fensters. Rachel, die ganz nah an der Wand war, hing mit einem Fuß in den zusammengefalteten Händen Mahmoods, der sie im nächsten Moment in die Höhe schleuderte. Dabei baute Rachel augenblicklich ihre Aura hell aufleuchtend auf, streckte die Arme zum Fenster hin und wollte gerade einen konzentrierten Feuerstrahl abschießen, als der Wissenschaftler ihr zuvorkam und seinerseits einen elektrischen Impuls auf Rachel losließ, der sie einige Meter weit weg schleuderte.

„Rachel!", rief Mahmood und sah, wie sie klatschend wieder ins Wasser fiel. Er blickte für einen kurzen Moment Elektra in die Augen, sah wie sie ihm zuzwinkerte und tauchte so schnell er konnte zu Rachel, die benommen weiter hinab sank. Als er sie erreicht hatte, blies er ihr seine Luft in den Mund und tauchte mit ihr wieder hinauf. An Oberfläche angelangt, spürte er eine Bewegung von ihr ausgehend und fragte außer Atem. „Bist du in Ordnung?"

„Ich glaube, wir kommen hier nicht wieder raus", sagte Rachel erschöpft, fast schon resignierend. Mahmood nahm sie einfach noch fester in seinen Arm. „Nur Mut, mein Herz. Hab Vertrauen…"

Das Wasser trieb die beiden erbarmungslos auf die Decke zu, während Elektra still frohlockte. Die beiden Liebenden hielten sich in den Armen und blickten nach oben. Dann küssten sie sich wieder.

„Wie charmant", sagte Elektra süffisant.

Da öffnete sich plötzlich über den beiden eine Luke. „Kommt hier her!", schrie ein Mann den beiden im Lärm des tosenden Wassers zu. Es war Paul! Ihr alter Feind aus dem Innenministerium! Die beiden konnten sich kaum voneinander trennen und hörten ihn erst gar nicht. Mahmood öffnete weit die Augen und zeigte auf den Asura. „Da!" rief er. „Schnell!"

Paul gab Rachel die Hand und zog sie wieder in den Hangar hinauf. Inzwischen war das Wasser soweit gestiegen, dass Elektra und die anderen nur schemenhaft und am Licht erkennen konnten, dass die beiden entkommen waren. „Was ist da los!?", schrie Elektra wutentbrannt zu Tyr. „Wer wagt es?“

Der blinde Hödur drehte sich zu Elektra und sagte ruhig: „Keiner von unseren Leuten. Eindringlinge. Sie haben zwei mächtige Abschirmer dabei. Selbst ich habe es nicht mitbekommen. Unsere telepathischen Verbindungen wurden blockiert. Jetzt sind wir es, die in der Falle sitzen.“

„Nettes Outfit“, sagte Paul lächelnd und blickte an Rachel herab, während seine Leute Mahmood aus dem Wasser zogen.

„Was soll das?“, sagte sie und ging in Kampfposition. „Wollt ihr uns verarschen?“

Paul blieb ganz ruhig stehen und sagte: „Wenn du glaubst, dass wir zu Elektra gehören, oder sie zu uns, so hast du dich getäuscht. Heute sind wir auf eurer Seite.“

Mahmood ging auf ihn zu, reichte ihm die Hand: „Dann will ich dir auch für heute danken, dass du uns gerettet hast.“

Rachel entspannte sich ein wenig: „Was habt ihr vor? Was ist mit Elektra und ihren Leuten?“

Paul trat einen Schritt zur Seite und machte eine Handbewegung, als wolle er ein Kunstwerk präsentieren: Überall lagen Asura-Krieger und Wissenschaftler regungslos auf dem Boden. „Wir gehören nicht zu Elektra, wie du siehst. Mit unseren Zugangscodes konnten wir ihre Leute überraschen. Leider keine Spur von ihr.

„Aber sie ist doch hier unter uns!“, rief Rachel, ging zwei Schritte und zeigte auf den Boden. „Sie hat uns von da drinnen aus beobachtet, aus einem Raum, der sich ungefähr hier befindet!“

Paul blickte einen seiner Offiziere an und sagte: „Los!“ 15 Männer und Frauen in schwarzer Kampfuniform machten sich sofort in verschiedenen Richtungen auf den Weg.

„Und unsere Freunde?“, fragte Mahmood.

„Alles in Ordnung.“

„Das werden wir ja sehen", sagte Rachel und ballte die Faust, woraufhin Paul sich eine Nuss im hohen Bogen in den Mund warf. Dann drehte er sich auf der Ferse um, winkte ihnen, den Rücken zugewandt, zu und sagte: „Kommt, lasst uns zu ihnen gehen."

Paul führte die beiden, von einigen Asuras mit Waffen im Anschlag eskortiert, durch verschiedene Gänge, bis sie den großen Raum betraten, in dem Dschafar ibn Muhammed Ziodenes dazu gebracht hatte, die zwölf Kristalle zu materialisieren. Er öffnete dir Tür und Rachel sah all ihre Freunde: Fleur, Julien, Mila, Roni, sogar Sam war da!

„Wie kommt denn Sam hierher?", fragte Rachel, überglücklich, dass niemanden etwas geschehen war.

„Du siehst", antwortete Paul, „wir scheuen keine Mühen und Kosten, um unserer Partnerschaft Gewicht zu verleihen." Rachel rannte zu Fleur, die mit einem kleinen Pflaster auf dem Kopf, erschöpft auf einem Stuhl saß. Als sie jedoch Rachel bemerkte, stand sie freudestrahlend auf und ging langsam auf sie zu, um sie zu umarmen. In diesem Moment spürten sie so sehr ihre Verbundenheit, die über so viele Leben zurück reichte, die sie wie ein roter Faden immer wieder zusammenbrachte, von Labyrinth zu Labyrinth, um gemeinsam einen Ausweg zu finden. Auch die anderen kamen nun hinzu und begrüßten sie.

„Es ging alles so unglaublich schnell", sagte Julien zu Rachel und nahm ihre Hände. „Die haben einfach nur auf uns gewartet!"

Rachel umarmte ihn und sah plötzlich Ziodenes auf einem Operations-Tisch liegen. „Ist er tot?", fragte Rachel erschrocken. Neben ihm stand eine Ärztin der Asuras.

„Nein", sagte Julien ernst und löste sich von ihr. „Er scheint in einer Art Koma zu sein."

„Ich hab die Infos!", schrie ein junger Soldat mit tiefschwarzen Augen, der an einer senkrechten, rein elektronischen Projektionsfläche des Zentralcomputers stand. Hinter ihm stand Frank mit seinen muskulösen, tätowierten Armen.

„Sehr gut!“, sagte Paul. „Deren Wissenschaftler haben sich, wie die Soldaten und Kämpfer Elektras, in den Tod reißen lassen. Kamikaze! Das habe ich so noch nie bei Asuras erlebt! Kommt, lasst uns sehen, was er gefunden hat.“

„Aktivieren!“, sagte der junge Soldat in den Raum. Sogleich bildete sich eine von allen Seiten einsehbare, holografische Projektion. Die Szene faltete sich regelrecht auf. Sie sahen den Moment, als Dschafar ibn Muhammed Ziodenes dazu gebracht hatte, die Kristalle zu materialisieren.

„Das ist doch dieser Kristallbringer, nicht wahr?“, fragte Paul ungeduldig auf ihn zeigend.

„Ja“, sagte Fleur und blickte zu Ziodenes, der immer noch regungslos auf seiner Liege lag. „Seit dem Untergang von Atlantis hat er die Erde nicht mehr betreten!“

„Und was will er jetzt?“, fragte Paul und steckte sich eine Nuss in den Mund.

„Seine Kristalle verheißen der Menschheit erneut die alte lemurisch-atlantische Kristalltechnologie“, erklärte Fleur. „Die Kristalle werden nun im Zuge der Schwingungserhöhung der Menschheit zurückgegeben.“

„Und ihr habt ihn entführt!“, rief Rachel erbost von hinten.

„Wer hat euch gerettet?“, fragte Paul schneidend.

„Er hat Recht“, sagte Fleur zu Rachel. „Lasst uns keine Zeit verlieren.“

„Mir wurde gesagt, dass sie die Kristalle an die Ionosphärenanlage HAARP in den USA koppeln wollen“, sagte Paul.

„Ich weiß es nicht“, sagte Fleur.

„Vielleicht kann ich helfen“, sagte Mahmood und kam einen Schritt vor. „Lasst uns zu Ziodenes gehen.“

Im selben Moment sprengten die Schergen Pauls die Tür zum

unterirdischen Raum, in dem sich Elektra und die anderen aufgehalten hatten. Die fünf Männer betraten, mit ihren Waffen im Anschlag, vorsichtig den Raum. „Hier ist eine zweite Tür“, sagte ihr Offizier und öffnete sie. Sie sahen einen langen Gang vor sich und rannten los. Kurz darauf kamen sie in einen Nebenhangar, wo ein kleines U-Boot lag. Die Männer sahen gerade noch, wie Dschafar ibn Muhammed die Luke schloss. Dann gewann das Boot schnell an Fahrt. Einer der Männer Pauls konnte im letzten Moment einen kleinen magnetischen Peilsender darauf werfen, bevor es im Wasser verschwand.

Im Inneren stand Elektra und hielt, leise triumphierend, die Kristalle vor sich, die jeder für sich und alle zusammen in roter Seide eingewickelt waren.

„Sie sind in einem kleinen U-Boot entkommen“, sagte der Offizier über den implantierten Chip, durch Gedankenübertragung, zu Paul.

„Dann lasst sie nicht aus den Augen“, antwortete, ebenfalls in Gedanken, ihr Chef, während er mit den anderen zum Kristallbringer ging. Sie stellten sich um ihn herum. Mahmood direkt am Kopfende, er nahm den Kopf des Kristallbringers in die Hände und schloss die Augen Nach einer Weile schossen die ersten Bilder in seinen Geist. Mahmood sah vor seinem inneren Auge wie Ziodenes die Asuras beobachtete, während er gefangen war. Dann kam es wie eine Flutwelle über den Ägypter: Er sah die Erde, die Ionosphärenanlage, wie die Kristalle an die Anlage gekoppelt werden. Dann den Ionenstrahl, der von der Anlage abgeschossen wird, in die Ionosphäre dringt und gebündelt auf Jerusalem, genau auf den Tempelberg, hinab schießt, um die Stadt und mit ihr den gesamten Planeten auszulöschen!

Da öffnete Mahmood die Augen wieder, legte den Kopf von Ziodenes wieder behutsam auf den Tisch und sagte, in die Runde blickend: „Sie wollen die Erde durch einen gezielten Ionen-Beschuss auf den Erdmittelpunkt zerstören! Und zwar dringt der Strahl dabei genau durch den Tempelberg in Jerusalem!“

„Das ist ja mal wieder sehr symbolträchtig“, sagte Roni traurig.

Da zeigte Julien in den Raum und sagte: „Seht! Was geschieht da?“

Hinter ihnen bildete sich aus einer kleinen goldenen Energiekugel eine Erscheinung. Eine weibliche Gestalt zeichnete sich immer mehr ab, bis sie in einer Lichtsäule Misja erblickten. „Ich grüße euch, Brüder und Schwestern.“ Eine Welle reiner Liebesenergie ging von ihr aus. „Ihr müsst euch aufteilen. Wir können euch leider nicht helfen. Eine Gruppe muss zur Ionosphärenanlage und versuchen, den tödlichen Abschuss zu verhindern. Die anderen sollten mit Ziodenes nach Jerusalem, um den Strahl, wenn nötig, aufzuhalten. Doch nur Ziodenes hat die Fähigkeit dazu! Beten wir, dass er rechtzeitig wieder zu sich kommt!“ Misja löste sich so schnell auf, wie sie erschienen war.

Der Offizier, der den Peilsender an Elektras U-Boot hatte anbringen können, kam nun zu Paul, salutierte und sagte: „Wir haben gerade erfahren, dass Elektra an der Küste ihr U-Boot verlassen hat und in einen größeren Jet umgestiegen ist.“

„Fliegt sie in Richtung USA?“, wollte Paul wissen.

„Nein“, sagte der Offizier und blickte zu Ziodenes. „Sie fliegt Richtung Osten.“

„Wir könnten uns an ihre Fersen heften“, sagte Roni.

„Und wie kommen wir dann nach Jerusalem?“, fragte Fleur.

„Mit mir“, sagte Paul und schmiss sich erneut eine Nuss in den Mund. „Falls sie bis nach Russland fliegt, können wir allerdings nicht mit euch kommen, da wir zurzeit große Probleme mit gewissen Kreisen der russischen Regierung haben. Aber vielleicht kann ich euch helfen, den russischen Luftraum unbehelligt zu durchqueren.

„Mit dem da werde ich ganz sicher nicht fliegen“, sagte Rachel auf Paul zeigend. Dieser lächelte nur spöttisch.

„Das musst du auch nicht“, sagte Fleur gereizt. „Du fliegst mit Roni, Sam, Julien und Mahmood Elektra hinterher. Mila und ich fliegen mit Kohn nach Jerusalem. Wir werden dann vom Flieger aus den Meditationskreis in Jerusalem organisieren. Los geht's!“

Kapitel III

Der Tempelberg

Über den Wolken. In dem für zwölf Passagiere konzipierten, silbermetallischen Asura-Jet saß Fleur auf einem der hinteren Sitze neben Mila und sagte leise: „Wer hätte jemals gedacht, dass wir uns eines Tages mit Kohn und seinen Leuten verbünden würden?“

Mila grinste. „Meine alten Kampfgefährten. Wenn ich ihre Blicke sehe, weiß ich, dass sie mir auch jetzt noch den Tod wünschen.“

„Ja“, sagte Fleur ernst. „Für sie bist du eine Verräterin. Dem Himmel sei Dank! Warte…, ich muss jetzt Peguy kontaktieren.“ Dann lehnte sie sich zurück und schloss die Augen.

Paris. Peguy, ein etwas gealterter Mann, hager, mit einer Stirn wie ein Gebirgsmassiv, saß in einer kleinen Dachwohnung und blickte in den strömenden Regen hinaus.

„Peguy, hörst du mich?“, hörte er plötzlich Fleurs Stimme in seinem inneren, geistigen Ohr, lächelte und antwortete telepathisch: „Lange ist es her… Was kann ich für dich tun, stolze Kriegerin?“

„Eine Splittergruppe der Asuras hat etwas ganz fürchterliches vor!“, sagte sie. „Sie wollen durch einen Strahl hochkonzentrierter Ionen-Energie bis zum Erdkern durchdringen und den ganzen Planeten zerstören!“

„Charmant“, sagte er und stand auf. „Wo soll der Strahl denn einschlagen?“

„Genau auf dem Tempelberg in Jerusalem. Wir brauchen deine Hilfe, um den Meditationskreis dort so schnell wie möglich aufzubauen. Du bist doch noch für das Mittelmeer verantwortlich, nicht wahr?“

„Natürlich", sagte er und faltete die Hände.

„Bitte sorge dafür, dass sich ein Meditationskreis in Jerusalem einfinden. Ich selbst habe praktisch keinen Kontakt zu ihnen."

„Aber die Israelis werden das doch nie zulassen!", entfuhr es ihm. „Der Kreis dort versammelt sich doch nur in den besetzten Gebieten."

„Glaub mir, diesmal werden sie es zulassen", sagte sie beschwichtigend. „Auch wenn es eigentlich unfassbar ist: Paul Kohn sorgt gerade dafür, dass wir dort freie Bahn haben."

Peguy musste laut lachen. „Nun, möge der große Geist uns beistehen. Ich mache mich auf den Weg und kümmere mich darum."

„Wir sehen uns dann in Jerusalem, alter Freund", hörte er noch Fleur wie aus weiter Ferne sagen. Dann ging Peguy an einen kleinen Holztisch, steckte seine Brieftasche ein und stellte sich ans Fenster, wo er die Augen schloss, um sich zu konzentrieren.

Jerusalem. Kurz darauf materialisierte er sich bei strahlendem Sonnenschein mitten auf dem Tempelberg.

Im Jet der Horai. „Sie dringen in den russischen Flugraum ein!", sagte Roni, der vorne im Cockpit sitzend auf einen Bildschirm zeigte, auf dem der Flieger Elektras zu sehen war.

„Wie ist das möglich, dass sie sich so frei bewegen können?", fragte Rachel und begann, telepathisch Kontakt zu Fleur aufzunehmen.

Im Jet der Terroristen. Ibn Dschafar stand neben Elektra im Cockpit und fragte: „Und du bist sicher, dass wir bei denen genauso reinspazieren können wie in HAARP?"

Sie saß neben dem Piloten, während der Rest ihrer Leute hinter ihnen saßen: Hödur, Tyr, die islamistischen Terroristen und einige der Kriegerklone.

„Unsere Freunde in der russischen Regierung werden bereits dafür gesorgt haben", antwortete sie trocken.

Plötzlich brach hinter ihnen tumultartiges Geschrei aus. Rachid, der US-Amerikanische Islamist, sprang ruckartig aus seinem Sessel und schrie: „Efendi! Diese Leute hier! Wer sind die?" Dabei zeigte er bedrohlich auf den blinden Hödur: „Ihr wollt mir nicht erzählen, dass die für den heiligen Krieg kämpfen, oder!? Hier stimmt doch was nicht!"

Ibn Dschafar ging ruhig auf Rachid zu, legte seine rechte Hand auf dessen Schulter und sagte: „Mach dir keine Sorgen. Es läuft alles nach Plan." Dabei drang er in den Geist seiner Leute ein und übernahm ihren Willen. Dann sagte er, schon fast teilnahmslos und gelangweilt: „Nun setz dich wieder an deinen Platz und bereite dich innerlich vor."

„Natürlich, Efendi", sagte Rachid leise und tat, wie ihm befohlen wurde.

Im Jet der Horai. Rachel öffnete wieder die Augen und sagte zu Roni: „Fleur meint, dass Kohn auch nicht wüsste, welche Beziehungen Elektra zu den Russen hat. Wahrscheinlich habe sie aber auch wieder das Ganze hinter seinem Rücken organisiert. Allerdings hat er es geschafft, dass auch wir unbehelligt in den russischen Luftraum fliegen können."

„Und zwar in einer viertel Stunde"; sagte Roni nickend.

Jerusalem. Um den Tempelberg war ein hektisches Treiben entstanden. Hunderte von israelischen Soldaten und Polizisten waren zusammengezogen worden und hatten den Platz weiträumig abgesperrt. Journalisten versuchten vergeblich den Grund für dieses ungewöhnliche Schauspiel zu ergründen. Diverse Führer der verschiedenen palästinensischen Fraktionen liefen umher und beruhigten ihre Leute. Oberhalb der Treppe ließen die israelischen Militärs nur die Mitglieder des Meditationskreises passieren, die auf ihrer Liste verzeichnet waren.

Auf dem Tempelberg stand Peguy und sprach mit etwa 30 Juden und Palästinensern, Männern und Frauen, alle in Weiß gekleidet. „Hört mir zu!“, rief er. „Wir müssen davon ausgehen, dass die Asuras einen extrem durchschlagsfähigen Strahl genau hierher abfeuern werden!“

„Was sollen wir denn dagegen ausrichten?“, fragte eine etwa 50-jähirge Palästinenserin mit zum Zopf gebundenen Haaren.

„Wir werden wie üblich unseren Kreis bilden“, erklärte der Franzose. „Dieses Mal jedoch geht es nicht um das Portal. Wir bauen eine Lichtsäule auf, in die sich, so Gott will, Ziodenes begeben wird, um den Strahl, falls er denn wirklich abgefeuert wird, abzulenken oder irgendwie zu absorbieren.“

„Wer ist den Ziodenes?“, wollte ein etwa 25jähriger Israeli mit hellblauen Augen wissen.

„Er ist derjenige, den sie den Kristallbringer nennen. Sicherlich habt ihr von seinem Kommen gehört. Sehr bald wird er hier sein. Nun geht an eure Plätze.“

Über dem Mittelmeer. Mila stand besorgt am Lager von Ziodenes.

„Und? Wie geht es ihm?“, fragte Paul und stellte sich neben sie.

„Koma“, antwortete sie, „unverändert.“

„Dieser Kristallbringer ist wohl eine große Nummer.“

„Er widmet sein Leben der Menschheit“, sagte sie und blickte ihrem ehemaligen Chef gerade in die Augen.

„Die Menschheit…“, wiederholte Paul nachdenklich, als würde er plötzlich von einem Gefühl ergriffen, das er so noch nie erlebt hatte. „Du hast dich so sehr verändert“, sagte er, auf Ziodenes blickend.

„Das könntest auch du“, sagte sie stolz. „Zu deinem wahren Selbst erwachen, Krieger.“ Dann drehte sie sich um und ließ ihn mit seinen Gedanken allein.

Russland. In der Nähe der Kleinstadt Wasilsursk. Der Flieger Elektras näherte sich langsam der SURA-Anlage. Die 12x12 Kreuzdipolantennen waren bereits zu sehen, sie ragten majestätisch in den Himmel.

„Da hinten ist der Landeplatz", sagte Elektra zum Piloten und zeigte vor sich nach unten. Der Platz befand sich nördlich der Antennen und war umgeben von mehreren Gebäuden, darunter die Kommandozentrale und Wohneinheiten für die Belegschaft.

„Landung freigegeben", hörten sie eine Stimme mit russischem Akzent über Funk sagen. „Willkommen auf der SURA-Anlage."

Während sich die Maschine nun senkrecht hinab bewegte, stellten sich zehn russische Soldaten in Reih und Glied auf dem Landeplatz auf. Vor ihnen stand ein kräftiger, etwa 50jähriger Mann mit Dreitagebart, kräftigen Lippen, nach hinten gekämmten Haaren, der seine Arme in die Hüften stemmte.

„Das ist sicherlich Igor Ivanovitch", sagte Elektra zu Dschafar, „der leitende Ingenieur hier."

„Ein Asura?"

„Nein", antwortete sie. „Er geht davon aus, dass wir eine europäische Wissenschaftsdelegation sind und uns über die Technologie austauschen wollen. Sobald wir aussteigen, um uns vorzustellen, übernimmst du ihn und seine Leute."

Dschafar nickte salbungsvoll und zog seinen Turban aus, den kahlen Kopf enthüllend, während der Flieger nun, sanft wie eine Feder, auf der Anlage landete. Igor Ivanovitch sah, wie sich die Luke öffnete; kurz darauf stieg der groß-gewachsene Dschafar als erster aus und übernahm innerhalb weniger Sekunden die Kontrolle über die auf dem Landeplatz anwesenden Russen. Dann betraten Elektra, Hödur mit einem massiven Metallkoffer in der Hand, Tyr und die Zwillingskrieger die Anlage. Die islamistischen Terroristen blieben zunächst noch im Jet sitzen.

Elektra begrüßte den Ingenieur per Handschlag, damit der Rest der Belegschaft im Kontrollzentrum, den Dschafar noch nicht kontrollieren konnte, weil er ihnen dabei in die Augen sehen musste, keinen Verdacht schöpfte. Anschließend wandte sie sich an Hödur und Tyr: „Macht euch auf den Weg in das Zentrum der Anlage und positioniert die Kristalle.“ Dann zu Igor Ivanovitch gewandt: „Lassen Sie uns ins Kontrollzentrum gehen. Ihre Männer können hier bleiben.“

Kurz darauf kamen Hödur und Tyr im Zentrum inmitten der Antennen an. Hödur stellte den Koffer ab und sagte zielstrebig: „Hier ist es. Pack die Kristalle aus.“

Tyr öffnete mit seinen großen Fingern den Koffer und holte die in Seidentücher eingewickelten Kristalle heraus. Vorsichtig faltete er die Tücher auf und legte jeden Einzelnen der zwölf Steine auf eines der Tücher, nebeneinander auf den Boden. Hödur, der sich dabei schon die ganze Zeit intensiv konzentriert hatte, ließ daraufhin die Kristalle mit einer fließenden Handbewegung hinauf gleiten, bis sie in einer Vierecksformation frei in der Luft schwebten. Dann streckte er seine Arme in den Himmel, sodass sich die Kristalle immer weiter hinauf begaben, um schließlich, etwa 30 Meter über den Antennen, schwebend zur Ruhe zu kommen und somit eine Struktur über der 12x12 Antennen-Struktur bildeten.

Elektra, die inzwischen im kleinen Kontrollraum angekommen war, in dem vier Wissenschaftler die Computer bedienten, blickte, neben Igor Ivanovitch stehend, aus der Fensterfront hinaus und sagte telepathisch zu Hödur: „Gut! Kommt nun beide hierher. Verlieren wir keine Zeit!“

Jerusalem, Tempelberg. Die 144 Männer und Frauen, Juden, Moslems und Christen, hatten den Meditationskreis in der Zwischenzeit vervollständigt. Da betraten Fleur, Mila und Paul den heiligen Ort. Zwischen ihnen schwebte immer noch schlafend Ziodenes, den Fleur in seiner wie ein Grab aussenden „Medikapsel“ mit Glasdeckel telekinetisch bewegte.

Peguy lief ihnen entgegen und fragte, misstrauisch auf Paul zeigend: „Was zum Teufel macht der denn hier?"

„Lass gut sein", sagte Fleur. „Heute sind wir Verbündete. Seid ihr bereit?"

„Ja, Fleur. Aber was ist nur mit dem Kristallbringer los?"

„Wir können nur beten", antwortete sie, „dass er rechtzeitig zu sich kommt."

Der Franzose strich sich übers Gesicht und fragte: „Und deine Leute bei der Anlage?"

Fleur schloss ihre Augen: „Rachel? Wie sieht's aus?"

Im Flieger der Horai bei Wasilsursk. Rachel saß noch immer im Cockpit neben Roni und hörte innerlich ihre Freundin nach ihr rufen. Sie schloss ihre Augen und antwortete: „Wir kommen gerade bei der SURA-Anlage an. Was ist mit Ziodenes und den 144?"

„Der Meditationskreis ist bereit. Ziodenes aber schläft noch immer!"

„Dann ist es jetzt an uns!", rief Rachel entschlossen. „Wir stürmen!"

In der Kommandozentrale. „Machen Sie die Anlage bereit zum Abfeuern", befahl Elektra angespannt.

„Das Ziel?", fragte Igor Ivanovitch.

„Jerusalem, Tempelberg."

„Sie haben die Frau gehört", sagte der leitende Ingenieur zu einem jungen Mann, der vor ihm saß und ebenfalls von ibn Dschafar mental kontrolliert wurde. Der Mann nickte, tippte die Koordinaten in den Computer und betätigte einen großen Knopf vor sich. Wie aus weiter Ferne erfüllte ein dunkles Brummen vibrierend die gesamte Anlage.

„Wie lange wird es dauern?", fragte Elektra, „Bis wir feuern können?"

„Etwa 15 Minuten“, antwortete mechanisch Igor Ivanovitch.

Da meldete sich einer seiner Mitarbeiter zu Wort: „Da kommt noch ein Flugzeug!“

„Was?“, entfuhr es Elektra. „Wer ist das?“

„Keine Ahnung“, sagte Ivanovitch. „Gehören die nicht zu Ihnen?“

Im Jet. Roni manövrierte sein Flugzeug in den Süden der Anlage. Kurz darauf ließen sich Rachel und Mahmood an Seilen herab. Als sie den Boden erreicht hatten, flog der Pilot weiter und landete neben dem Flieger Elektras.

In der Kommandozentrale. Als Elektra den Jet der Horai landen sah, war sie außer sich und schrie: „Dschafar! Kümmere dich um die Eindringlinge!“

„Mittels der Gotteskrieger?“, fragte er.

„Natürlich! Und auch mit den russischen Soldaten!“

Rachel und Mahmood rannten über die Anlage mit ihren Antennen, die wie Säulen einer Kathedrale weit in den Himmel ragten.

Da sprang plötzlich einer der russischen Soldaten hinter einer Antenne hervor und eröffnete mit seiner Maschinenpistole das Feuer. Mahmood konnte gerade noch sein Aura schützend aufbauen: Die Geschosse prallten krachend von ihr ab. Rachel trat einen Schritt nach rechts und feuerte ihre Impulswaffe auf den Soldaten ab, der einige Meter weit nach hinten geschleudert wurde und bewusstlos liegen blieb.

Abwechselnd kamen die anderen neun Soldaten aus der Deckung und feuerten auf die beiden, die nun auseinander liefen, um die Soldaten von zwei Seiten aus anzugreifen. Dabei prallten unentwegt deren Geschosse gegen ihre Auren.

Jerusalem. Sie hatten den Kristallbringer ins Zentrum des großen Meditationskreises gebracht. Immer noch bewusstlos lag er in seinem schwebenden Kokon, während sich hunderte von Menschen lärmend um den von den Soldaten abgesperrten Tempelberg versammelt hatten.

„Ziodenes", sagte Fleur über ihn gebeugt, „wach auf! Um Himmels Willen, wach doch endlich auf!"

Auf der SURA-Anlage. Sam und Julien verließen den Flieger und betraten das Gelände. Sie wurden direkt von den Islamisten von mehreren Seiten unter Beschuss genommen. Als die Gotteskrieger merkten, dass ihre Maschinenpistolen gegen die Auren der beiden nichts ausrichten konnten, legten sie diese auf den Boden und zogen ihre Impulswaffen hervor.

Der Italiener Giacomo trat hinter einer Häuserwand hervor und feuerte auf Julien. Während Sam auf zwei weitere der Terroristen zurannte, wurde Julien voll getroffen und flog im hohen Bogen geradewegs in einen großen Stapel Holzkisten hinein, die krachend über ihm zusammenstürzten.

Sam schlug dem US-Amerikaner Rachid die Waffe aus der Hand und schlug mit der Faust zu. Rachid, der fast so groß war wie Sam, wich jedoch aus und traf seinen Gegner mit voller Wucht auf die Nase. Als ihm ein weiterer Terrorist gerade ein Messer von hinten in den Rücken rammen wollte, feuerte Roni vom Cockpit eine Impulswaffe ab, die aus einer Dachluke hochgefahren war. Der Araber wurde von den Beinen gerissen und blieb auf dem staubigen Boden liegen.

Erneut schlug Rachid auf Sam ein, der jedoch dessen Faust im Flug abfangen konnte und dem Amerikaner so auf den Schädel schlug, dass der augenblicklich bewusstlos zu Boden stürzte.

Unterdessen waren Giacomo und zwei weitere Terroristen zu den Kisten gelaufen, um Julien den Rest zu geben. Da flog eine der beiden massiven Kisten auf die beiden zu und begrub sie unter sich.

Giacomo erschrak, als Julien plötzlich vor ihm stand. Der Italiener schrie wütend auf und wollte erneut seine Waffe auf ihn abfeuern. Julien aber kam ihm gerade noch zuvor und streckte ihn mit einem seitlichen Tritt zum Kopf nieder.

Im Kontrollzentrum. Elektra, die von hier aus alles beobachten konnte, tobte und schrie den russischen Ingenieur an: „Wie lange dauert das noch!?“

„Noch fünf Minuten“, antwortete Igor Ivanovitch ebenso unbeteiligt-mechanisch wie zuvor. Im Hintergrund saß Dschafar ibn Muhammed auf einem Stuhl mit Armlehnen und manövrierte die russischen Soldaten wie ein Marionettenspieler.

Die Antennen luden sich zusehends mit Energie auf, während sich Rachel und Mahmood in den Nahkampf mit den Soldaten begaben: Plötzlich tauchte Rachel vor zwei von ihnen auf und trat dem einen die Maschinenpistole aus den Händen. Der andere feuerte sogleich eine Salve auf sie ab. Rachel machte eine Rolle vorwärts, sodass die Schüsse nur den gerade zuvor entwaffneten Kameraden trafen, der zu Boden fiel. Rachel drückte die Waffe des Angreifers zur Seite, schlug dem Mann mit Kettenfauststößen vier Mal kurz hintereinander ins Gesicht und schickte ihn ins Land der Träume.

Auf der anderen Seite war Mahmood von drei weiteren russischen Soldaten umzingelt, die ihn nun mit langen Messern angriffen. Er wehrte den ersten Hieb ab und warf einen Soldaten mit einem Hüftwurf zu Boden. Kurz darauf raste das Messer des zweiten Mannes auf ihn zu. Mahmood tauchte darunter hindurch, versetzte dem Soldaten einen Stoß gegen die Brust; dann drehte sich der Ägypter sich um die eigene Achse und trat seinem Gegner seitlich so fest in die Magengrube, dass er gegen eine der Antennen flog, wo er einen starken elektrischen Schlag bekam und rauchend liegen blieb.

Der Dritte zog entschlossen seine Handfeuerwaffe und richtete sie blitzschnell auf Mahmood. Aber der Soldat schrie überrascht auf und ließ die Waffe fallen. Rachel hatte sie aus der Entfernung unerträglich erhitzt. Nun zog Mahmood blitzschnell seine Impulswaffe und schoss auf den Russen, der drei Meter weit nach hinten durch die Luft flog und ebenfalls liegen blieb.

„Die Anlage muss jeden Moment den Strahl abfeuern!“, schrie Mahmood. „Was sollen wir nur tun?“

Rachel blickte auf die Kristalle, die weit oben über den Antennen schwebten. „Ich nehme an, dass sich die Ionen-Energie in den Kristallen sammelt und von dort aus gebündelt in die Ionosphäre hoch geschossen wird!“

Dann schloss sie ihre Augen und sandte in Gedanken: „Fleur?“ nach Israel.

Auf dem Tempelberg. Fleur stand noch immer neben Ziodenes, während die 144 eine große, inzwischen für alle Anwesenden wahrnehmbare Lichtsäule hatten entstehen lassen, die weit in den Himmel reichte. „Mein Gott“, sagte Fleur verzweifelt durch reine Gedankenübertragung: „Er wacht einfach nicht auf!“

Auf der SURA-Anlage. Rachel blickte traurig zu Mahmood und sagte entschlossen: „Geliebter! Nun haben wir keine Wahl mehr!“

„Was meinst du?“, fragte er sorgenvoll.

„Du hast in Offenbach gesehen“, erklärte sie, „wie ich die Energie der Detonation absorbiert habe.“

„Aber das kannst du unmöglich miteinander vergleichen!“, rief er verzweifelt.

„Wir haben keine andere Wahl“, schrie sie aggressiv zurück, ging zu ihm und küsste ihn mit feuchten Augen. Und auch die seinen füllten sich mit Tränen. „Geliebter,“ flüsterte sie, „schick mich hinauf. Schick mich zu den Sternen, von denen ich gekommen bin.“

Sie blickten sich an. Die Energie in den Antennen wurde immer intensiver. „Mein Sufi-Prinz, jetzt oder nie.“

Er umarmte sie, drückte sie an sich, als wolle er sie nie wieder loslassen. Doch dann lösten sich die beiden voneinander und Mahmood ließ sie telekinetisch hinauf schweben, entlang der Antennen immer weiter hinauf. An den Kristallen vorbei, die bereits hell leuchteten, bis Rachel über allem schwebte und alles unter sich überblicken konnte.

Im Kontrollzentrum. „Jetzt schieß endlich, du Sohn eines Teufels“, sagte Elektra unter äußerster Anspannung.

„Es ist soweit“, sagte Igor Ivanovitch nickend und betätigte einen roten Knopf. Augenblicklich rasten unvorstellbare Energien durch die Antennen in die Kristalle hinein und blendeten alle in der gesamten Umgebung. Kurz darauf jagte die Energie in den Körper Rachels, die mit ihrem eigenen Feld für einen kurzen Moment die Energie tatsächlich absorbieren konnte. Mahmood zerriss es das Herz, als er sie unter unerträglichen Schmerzen aufschreien hörte. Es war, als sei sie im Zentrum einer Supernova!

Auf dem Tempelberg. Ein ohrenbetäubender Schrei entfuhr der Kehle des Kristallbringers, der sich plötzlich in der Kapsel aufgerichtet hatte.

„Ziodenes!“, schrie Fleur, während sie sich noch die Ohren zuhielt. „Schnell!“

Er blickte sie gefasst an und sagte: „Ich weiß, was vor sich geht und ich weiß auch, was zu tun ist. Misja hat es mich wissen lassen. Nun tritt zur Seite! Der Strahl wird jeden Moment hier einschlagen.“ Dann stellte er sich in die Kapsel, als würde er aus einem Grab kommen, blickte die Arme in den Himmel streckend hinauf und ließ einen Anti-Materie-Wirbel über sich entstehen…

Auf der SURA-Anlage. Rachel fiel bewusstlos hinab, sodass die durch die Kristalle gebündelte Energie ungehindert in die Ionosphäre schoss, wo sie reflektiert wurde und wieder in Richtung Jerusalem hinunter schoss.

Israel. Der Strahl, der die Erde vernichten sollte, traf voll auf Ziodenes inmitten der 144! Für einen kurzen Moment breitete sich völlige Stille in der ganzen Stadt aus. Uhren blieben stehen, alle Geräte fielen aus, dann kam die energetische Schockwelle und brachte die Scheiben der Häuser, Geschäfte und Autos zum Bersten.

Die 144 aber meditierten weiter, hielten weiterhin die Konzentration aufrecht. Fleur, Paul und Mila standen an der Klagemauer und verdeckten ihre Augen. Gleichzeitig schrie Ziodenes und öffnete den Anti-Materie-Raum weiter und weiter, der Wirbel wurde immer größer bis er schließlich den tödlichen Strahl endlich absorbieren konnte, ihn verschluckte, in sich aufnahm.

Auf der SURA-Anlage. Sam trat mit großer Wucht die Tür zum Kontrollzentrum auf. Elektra wirbelte herum und blickte ihm wütend in die Augen. Da hielt Hödur sie und Tyr am Arm fest und teleportierte die beiden mit sich hinfort.

Gleichzeitig im Freien: Nun da Hödur sie nicht mehr frei in der Luft schweben ließ, fielen die Kristalle neben Mahmood ringsumher auf den Boden, während er selbst nur Augen für Rachel hatte: Regungslos lag sie in seinen Armen.

Im Kontrollraum: Julien trat mit einem Maschinengewehr im Anschlag hinter Sam hervor und schrie: „Alle hinlegen!“ Dabei vermied er es ganz bewusst, Dschafar ibn Muhammed in die Augen zu sehen, der nun, nach kurzem Zögern, seine Handfeuerwaffe unter der Kutte hervorholte, sie sich an die Schläfe hielt und… abdrückte. Es war vorbei.

Die Klone und die technischen Angestellten taten es ihm sofort nach. Nur Igor Ivanovitch blieb stehen und sagte mit zitternder Stimme: „Lassen Sie mich nur bitte die Anlage ausschalten!"

Julien nickte ernst, sodass der Ingenieur den Strahl abschalten konnte.

Auf dem Tempelberg. Die 144 waren überschwänglich aufgestanden und versammelten sich um Ziodenes, der währenddessen aus der Kapsel stieg und sie lächelnd begrüßte. Die Begeisterung griff auf alle Anwesenden über, die nun begriffen hatten, dass etwas Großartiges geschehen war, dass sie diesem Tag, dass die gesamte Menschheit, ja die Erde selbst diesen Tag überstanden hatten. Das Leben hatte gesiegt und sie fielen sich in die Arme – alle so wie sie da waren: Männer und Frauen, Greise und Kinder, Christen, Moslems und Juden, ununterschieden umarmten sie sich als Menschen an diesem Tag.

Ägypten, Oase Baharya, wenige Tage später. Romain saß bei geschlossenen Fensterläden auf seinem Bett und blickte auf ein Foto, das er in den Händen hielt, eine Szene von vor vielen Jahren, als er mit Grace und der 4-jährigen Rachel an einem Strand auf Mykonos, in Griechenland war: Ein Himmel so blau wie der Mantel Marias, leichte Wellen, die sanft ans Ufer schwappten, im Hintergrund ein alter Dreimaster, der über das Meer glitt. Sie waren so glücklich gewesen in diesen Tagen… Nun war Grace gestorben und Rachel…

Es öffnete sich eine Tür, ließ die Strahlen der untergehenden Sonne herein, vor der sich die Silhouette einer Frau abzeichnete. Romain sprang auf und rief: „Rachel? Bist du es?"

„Ja, Vater", antwortete sie leise mit etwas gesenktem Kopf.

Er lief zu ihr, hielt sie in den Armen und sagte zögernd: „Du hast dich verändert… Deine Augen…"

Sie sah wütend ihn an, böse lächelnd…

Da sah er vor seinem inneren Auge die Sonne langsam untergehen und fragte leise: „Was habe ich dir getan…?"

Als die Dunkelheit hereingebrochen war, saßen sie auf der Veranda und lauschten dem Zirpen der Grillen. Rachel blickte auf die Milchstraße hinauf. „Bei alle dem“, sagte sie, immer noch mit Wut in der Stimme, „bei allem was wir erlebt haben, war es die Große Mutter, die mich die ganze Zeit über begleitet hat. Als ob sie schon seit so langer Zeit auf mich gewartet hätte in ihrer Einsamkeit. Sie war so unendlich traurig, so einsam, so vergessen in ihrer dunklen, tiefen Höhle...“

Romain hörte ernst zu und nickte.

„Und nun“, fuhr sie fort, bin ich eins mit ihr. So vieles habe ich verstanden. Dass ich immer so stark hatte sein wollen, um in dieser immer noch von Männern dominierten Welt bestehen zu können. Vor mir selbst... und auch vor dir. Und ich dachte immer, dass ich nur dann stark sein würde, wenn ich so wäre wie du.“

Romain hörte einfach nur zu und nickte.

„Und stark bin ich gewesen“, sprach sie weiter. „Doch war es eine männliche Stärke! Das habe ich jetzt endlich verstanden. Ich hatte meine Gefühle unterdrückt, hatte meine eigene Weiblichkeit verdrängt, sie in mir begraben, ohne zu begreifen, welch unglaubliche Stärke, Kraft und Macht in ihr verborgen lag. Nun aber bin ich mit ihr verschmolzen und spüre eine Kraft in mir wie nie zuvor. Ich bin in der Höhle der Großen Mutter gestorben, um wiedergeboren zu werden.“

Romain nahm ihre Hand und sagte mit Tränen in den Augen: „Ich spüre und sehe, wie du dich verändert hast. Wie sehr du gereift bist. Und ich liebe dich von ganzem Herzen. Du hast den Weg in die Tiefen deines Selbst beschritten. Dein Blick, deine ganze Erscheinung, ja sogar deine Stimme ist nun anders. Und ich werde dich immer dabei unterstützen. Du bist einfach wunderbar!“

Sie stand auf, tief gerührt ob seines Verständnisses, nahm seine Hände und zog ihn zu sich, umarmte ihn, wie sie es schon so lange nicht mehr gemacht hatte. Doch dann... brach sie einfach zusammen.

Weiße Wüste. Fleur raste, in einer schwarzen Motorradjacke auf einem Hoverjet, an surrealistisch wirkenden Kalksteinformationen vorbei, in Richtung der Oase Baharya. Ihre schwarzen Haare flogen dabei wie der Schweif eines Kometen, während hinter ihr die Sonne ihre langen Arme gleitend über das Gebirge streckte. Da bemerkte Fleur den Falken Rachels, der über ihr flog. Sie hielt an und blickte hinauf. Kurz darauf glitt er hinab und landete majestätisch auf ihrem Arm.

„Horus!", sagte sie überrascht. „Was möchtest du mir sagen? Komm! Bring mich zu meiner alten Freundin." Der Falke sah sie an. Dann flog er wieder hinauf in den Himmel, als hätte er sie verstanden und geleitete Fleur nach Baharya.

Als Fleur dort ankam, wurde sie bereits erwartet. Rachels Vater blickte übermüdet und traurig zum Falken hinauf. Sie stieg ab und fragte leise: „Wie geht's ihr?"

„Sie wird es nicht überleben. Die Energie war viel zu stark für sie. Das alte und immer wiederkehrende Stirb und Werde."

„Ja...", sagte sie leise.

„Das muss ich nun endlich akzeptieren. Erst Grace und nun..." Fleur nahm ihn in ihre Arme, woraufhin er seinen Tränen freien Lauf ließ.

Da bemerkte sie, über seine Schulter blickend Mila, Sam, Julien und Roni, die nach Ägypten gekommen waren, um sich von Rachel zu verabschieden und nun aus dem Haus traten.

Unterdessen saß Mahmood bei Rachel an ihrem Sterbebett und hielt ihre Hand. Das Zimmer war abgedunkelt und vor einem kleinen Altar, den Rachel der großen Göttin Kali geweiht hatte, brannten viele Kerzen.

„Mahmood, mein Geliebter", flüsterte sie. „Durch dich habe ich mich von meinem inneren Tyrannen befreien können. In dir sehe ich, wie ein Mann heute sein kann: Kraftvoll, selbstbewusst, zielorientiert, und doch auch so liebevoll und warmherzig. Und ich habe dich auch in mir gefunden, in mir zugelassen, diesen Mann mit Herz. Durch dich, durch dein Mitgefühl und deine Liebe konnte ich mein Ego heilen und meine tiefe weibliche Weisheit für mich in Anspruch nehmen. Männlich und weiblich haben sich in mir vereint und ich spüre, wie etwas Neues in mir heranwächst, um geboren zu werden, die scheinbaren Gegensätze in sich vereinend. Und in mir vereinigen sich die Göttinnen des Himmels, der Erde und der Unterwelt. In Wirklichkeit sind sie immer nur eins gewesen im großen Zyklus meiner selbst."

„Ja", mein Herz", sagte er schwer atmend. „Indem wir alle unsere männliche und unsere weibliche Natur heilen, verändern wir das Bewusstsein der Menschheit. Von Leiden, Ausbeutung, Hass und Krieg, zu einem Bewusstsein der gegenseitigen Liebe und Verbundenheit mit allem, was ist. Wir lernen alles Leben zu ehren und in Würde zu bewahren. Dies ist unser wahrlich heroisches Vermögen. Rachel, du bist einfach wundervoll." Dann schluchzte er, legte seinen Kopf sanft auf ihre Brust und musste lange weinen.

Als Mahmood das Zimmer verließ, begrüßte ihn Fleur mit einem traurigen Lächeln, umarmte ihn und betrat nun selbst das Zimmer. Ihr Blick fiel zunächst auf den kleinen Altar in der Zimmerecke, gegenüber des Bettes.

„Du hast es ja noch rechtzeitig geschafft", sagte Rachel vom Bett aus mit schwacher Stimme. Sie lag unter einem weißen Laken, lächelte und streckte ihrer Freundin die Hand entgegen. Fleur setzte sich neben sie, nahm Rachels Hand in die ihre. Da musste Rachel plötzlich heftig husten…

Als es wieder vorbei war, sagte sie: „Nicht wahr? In meinem letzten Leben war ich ein Mann."

Fleur lächelte sanft nickend.

„Und wir waren Geliebte, ja?"

„So ist es", flüsterte Fleur.

„Ich habe mich an so vieles erinnern können in den letzten Tagen.

Nicht mehr nur an all diese wundervollen Szenen in Achet-Aton, sondern auch an mein vorheriges Leben. Nun liebe ich Mahmood. Ich hätte nie gedacht, dass du und ich…“ Sie musste lachen. Dann wurde sie wieder von einem heftigen Husten erschüttert.

Als er sich wieder beruhigte, sagte Fleur: „Das Leben ist in ständigem Wandel. Wir wechseln unsere Formen und Körper und doch bleibt der göttliche Funke strahlend erhalten in all diesen Wandlungen, Metamorphosen. Rachel, wir kennen uns seit Äonen! Wir haben uns gehasst und wir haben uns geliebt… Du warst meine Schwester, meine Freundin, meine Tochter, mein Vater – immer wieder haben sich die Fäden unserer Schicksale gekreuzt.“

Da hörte Rachel wie aus weiter Ferne eine Flöte spielen und fragte: „Hörst du das?“

„Was meinst du?“

„Es ist eine so schöne Melodie… Ich frage mich… Sie rufen mich zu sich…“

Fleur hielt ihre Hand: „Fürchte dich nicht. Du bist nicht allein. Du bist niemals allein.“

Dabei strahlte Rachel eine große Ruhe aus: „Nicht wahr? Ich werde wieder kommen. Auf diesen so wundervollen Planeten. Mutter Erde.“

„Unsere Aufgabe ist noch nicht beendet“, flüsterte Fleur. Ihre Augen wurden feucht. „Rachel, Schatz, du hast uns alle gerettet. Du hast uns gerettet!“

Rachel nickte und sagte ernst: „Alles hat seinen Preis. Nichts wächst, ohne dass irgendetwas anderes dafür geopfert wird. Es ist der große Kreislauf und ich bin ein Teil davon. Nichts ist statisch, alles in Bewegung. Die große Runde des Lebens. Ich war in der Unterwelt, nun habe ich keine Angst mehr vor dem Tod. Es ist nur ein innerer Prozess. Ich ehre das Leben und den Tod, die Würde allen Seins.“

„Mein Gott, Rachel…“

„Ich dachte immer, dass ich kämpfen müsse“, sagte die Sterbende,

„Und ich wollte allzu oft mit dem Kopf durch die Wand. Nun habe ich gelernt, dass ich immer nur gegen mich selbst gekämpft habe." Dann ließ Rachel es endlich zu, ließ auch sie ihre Tränen zu und weinte: Tränen der Freude und des Abschieds, während Fleur, unendlich berührt, ihre Hand hielt. Schließlich wurde Rachel immer schwächer… und schlief ein, ganz sanft.

Fleur trat vor das Zimmer, wo sich die anderen versammelt hatten und sagte mit einem Kloß im Hals: „Ich glaube, es ist soweit."

Als erster betrat Romain zögernd das Zimmer, gefolgt von Mahmood und den anderen. Schweigend stellten sie sich um Rachels Bett auf, nahmen sich bei den Händen und blickten sie an. Da hörte Rachel, noch immer schlafend, erneut die Flöte, die Melodie, die nach ihr rief, sie zu sich ins Licht rief. Und sie lächelte noch einmal… Dann ließ sie einfach los.

Achet-Aton, etwa 1.350 vor Christus. Am nächsten Tag versammelten Echn-Aton und Nofretete ihre Getreuen erneut in einem der duftenden Gärten. Wieder saßen sie in Weiß gekleidet in einem großen Kreis: Lotus saß mit den vier Töchtern in der Nähe des Pharaonenpaars und der Bildhauer Thutmosis ganz nah bei Nofretete, während Hania zu Füßen von Echn-Aton lag. Sogar Moses war heute unter ihnen. So begann Echn-Aton als Kanal für den EINEN zu sprechen: „ICH BIN ATON. Ich liebe euch. ICH BIN LIEBE. Meine Liebe umfasst die ganze Erde, jeden Menschen, jedes Tier und jede Pflanze. Meine Liebe ist ohne Grenzen. Meine Geliebten, was auch immer in naher Zukunft geschehen mag, ich möchte, dass ihr Folgendes nie vergesst: Aton ist immer und überall in euch und mit euch. Ich möchte, dass ihr dies wisst und glaubt – mehr als irgendetwas anderes in eurem Leben. Aton hat die gesamte Schöpfung, in der ihr lebt, gesegnet.

Aus diesem Grunde ist auch euer Leben gesegnet. Aton liebt euch und wird es genauso tun, nachdem die vielen Erdveränderungen in ferner Zukunft sich ereignet haben, nach vielen, vielen weiteren

Erdenleben, unabhängig davon, welchen Weg ihr wählt. Jedes aufrichtige Zeichen von Liebe ist ein Zeichen für Aton. Unterschätzt nicht die einzigartige Bedeutung, die ihr für ihn habt. Seid einfach bereit, eure Gefühle zu entfalten, und sei es nur ein Atemzug, der, aus dem Herzen kommend, von Liebe zeugt. Er ist mit und in jedem von euch. Ihr braucht nur an Aton zu denken und er wird euch antworten. Ihr braucht nicht zu meinen, dass ihr unwürdig seid. Ihr seid würdig. Ihr alle seid Teile von ihm. Wir alle sind als Einheit verbunden. Jeder von euch kann direkt mit ihm sprechen. Tut es in einer Art, als würdet ihr mit einem Freund sprechen. Ihr braucht keinen Vermittler, Priester, Pharao oder irgendeinen anderen spirituellen Führer, der die Liebe, die er euch gibt, für euch interpretiert.

Was er euch sagen will, braucht nicht durch andere Personen gefiltert zu werden. Ihr hört es in euren Herzen und nicht in geschriebenen Wörtern. Liebe ist der Grund seines Seins. Wenn ihr lernt, euch selbst bedingungslos zu lieben, werdet ihr wie von selbst allen anderen auf diese Weise begegnen.

Nehmt nun all eure Weisheit, nehmt alle Aufzeichnungen, nehmt all eure Magie und geht hinaus als Lehrer der Menschen. Auch du Moses. Nun ist der Moment gekommen, für dich und dein Volk aus Ägypten auszuziehen! Geht hinaus und bewahrt die Aufzeichnungen, bis nach einer gewissen Zeit das Licht wieder zwischen den Menschen zunimmt. Licht sollt ihr sein durch alle Zeiten, verborgen, jedoch für erleuchtete Menschen auffindbar. Versammelt euch und flüchtet über das große Meer, flüchtet nach Hellas, um diese aufstrebenden Völker zu ihrer Hochblüte zu verhelfen. Verhelft ihnen dazu, ein ihnen gemäßes Orakel zu entwickeln und weiht es ihrem Gott der Sonne. Flüchtet nach Kanaan gemeinsam mit den Nomaden, und errichtet eine neue Kultur für den Einen.

ICH BIN ATON. Ich liebe euch. ICH BIN LIEBE. Meine Liebe umfasst die ganze Erde, jeden Menschen, jedes Tier und jede Pflanze. Meine Liebe ist ohne Grenzen. Ich möchte, dass ihr dies in euren Herzen und in eurer Seele spürt, erkennt und erfahrt. Ich liebe die gesamte Schöpfung. ICH BIN ALLUMFASSENDE LIEBE."

Echn-Aton öffnete seine Augen wieder und sprach nun aus sich selbst: „Meine lieben Weggefährten und Kinder des Lichts. Dies ist ein bewegender Moment für mich und für uns alle. Achet-Aton steht kurz vor dem Untergang und dies ist unsere letzte Zusammenkunft."

Die Anwesenden waren wie paralysiert. Einige umarmten sich, ließen sich trösten und begannen zu weinen. Nofretete saß wie versteinert mit ihrem türkis-weißen Kopfschmuck und ihr Gesicht wirkte wie eine Maske. Thutmosis gab ihr Kraft, indem er seine Hand auf ihre zarten Schultern legte.

„Geliebter Pharao", rief Tarée, „was wird aus euch?"

„Wohin geht ihr?", fügte Sina hinzu.

„Nehmt uns alle mit Euch!", rief Lotus. „Wir wollen alle mit Euch gehen!"

Lächelnd antwortete Echn-Aton: „Diesen Weg muss ich ganz alleine mit Aton beschreiten. Alles ist vorgezeichnet und erfüllt sich im schöpferischen Plan. Es ist vollbracht. Ich bin bereit, um zurückzukehren in meine Heimat, in Aton…"

Alle erhoben sich feierlich und die Musiker spielten zum letzten Male die Sonnenhymne. Dann rief er jeden einzelnen alleine zu sich unter einen kleinen weiß-violett blühenden Baum und gab jedem und jeder diverse Aufträge. Manche sollten die Boote für die Flucht vorbereiten und wieder andere Papyrusrollen mit wertvollen Aufzeichnungen zusammentragen, um sie über das Mittelmeer in das ferngelegene Hellas zu retten, um die Geheimnisse dort langsam wieder aufleben zu lassen. Kopien dieser Papyrusrollen sollten sie an geheimen Plätzen in der Tempelanlage verstecken und die verschiedensten Wertgegenstände und Kunstwerke in die nahe gelegenen Höhlen in die Berge bringen. Dann überreichte Echn-Aton Moses die Sonnenhymne.

Als er all dies getan hatte, erhob Echn-Aton noch einmal seine Stimme und sagte zu allen: „Die Schöpferkraft von Aton, die in uns allen lebt, wird euch tragen durch die kommenden chaotischen Zeiten und wird euch Kraft verleihen im wahrhaftigen Handeln gegenüber den Amun-Priestern, die ohne Zweifel ihr zerstörerisches Werk vollenden werden.

Doch sind die Samen gesetzt und wir haben den Boden für den bereitet, der sich der Sohn Gottes nennen wird. Viele eurer Seelen werden dann wiederum inkarnieren und ihn sofort erkennen und unterstützen. Ich werde bis in alle Ewigkeit bei euch sein und in euren Herzen leben."

Als sie den Garten verließen, tat ein jeder, wie der Pharao es angeraten hatte. Abends ging Mahu zur kleinen Aton-Kapelle am Nil. Ein inwendiges Feuer verzehrte jegliche Subjektivität in ihm, jeglichen Selbstzweifel. Stundenlang blickte er auf das Glitzern des Sonnenlichtes auf dem Nil. *Wie seltsam,* dachte er bei sich. *Bisher hatte ich immer gedacht, dass die Sonne golden glänzt. Nun weiß ich, dass das Licht gleißend weiß ist . . .*

Mit diesem Gedanken sah er weiter regungslos auf den Nil hinaus. Als die Sonne unterging, wurde er sehr müde, legte sich hin und schlief ein.

Auf der Raumstation. Rachel lauschte noch immer dem Flötenspiel. Dann öffnete sie die Augen und blickte an sich herab: Sie war ganz in weiß gekleidet, ein wallendes weißes Kleid. *Wo bin ich?* fragte sie sich und sah aus dem Fenster, sah klopfenden Herzens die Erde sich unter ihr drehen. Über ihr schien die Decke sich lebendig zu bewegen, in violetten Strömen, die wie ein Sog immer weiter hinauf führten, unendlich.

Da bemerkte sie, dass jemand hinter ihr stand und drehte sich um. Es war Misja, die sie mit grenzenloser Liebe empfing. Die Leiterin des universellen Transformationsprozesses reichte ihr lächelnd beide Hände und Rachel wurde, als sie sie nahm, von einem Gefühl unsagbarer Geborgenheit umfangen.

„Wie ist das möglich?", fragte sie Misja in die Augen blickend. „Ich kenne diesen Ort... Aber... bin ich nicht gestorben?" Im Hintergrund hörte sie noch immer leise die Flöte spielen.

„Doch, das bist du Sternenkind", antwortete Misja mit einer Stimme, die, wie eine klare Quelle, jede Zelle Rachels zum Vibrieren brachte.

„Wie so viele Male schon bist du gestorben. Und wie so viele Male wirst du wiedergeboren werden. Sieh nur…“

Sie blickten zur Erde hinab: „Du hast etwas ganz wundervolles vollbracht! Ohne dich wäre all dies nicht mehr da. Verstehst du?“

„Aber ich kann es nicht glauben!“, entfuhr es Rachel, fassungslos. „Ich bin gestorben!? Nun bin ich hier? Auf einer Raumstation? Wie ist all dies möglich?“

„Die Menschheit hat sich sehr weit von der Quelle, vom Zentrum entfernt“, sagte Misja. „Was eigentlich selbstverständlich ist, erschien zusehends als etwas Unmögliches. Und doch…“

„So viele Erinnerungen…“, sagte Rachel nachdenklich. „Ich bekomme es nicht zusammen. Ich verstehe es einfach nicht! Echn-Aton, die Sonne, die Große Göttin… Wo ist der Zusammenhang?“

Misja strömte eine golden-violette, Rachel wie einen schützenden Mantel umgebende Energie und sprach: „Vor etwa 14.000 Jahren geschah mit dem Untergang von Atlantis etwas so Dramatisches, dass es die gesamte Geschichte der Menschheit bis heute prägt. Vor dem Absturz lebten die Menschen auf der Erde in einer sehr viel höheren Dimensions- und Bewusstseinsebene. Sie nahmen die Wirklichkeit ganz anders wahr, als die Menschheit danach und sie vermochten Dinge, die für die Menschen nach ihnen nicht einmal denkbar waren.

Dann stürzte die Menschheit ab, durch viele Dimensionen und Frequenzbereiche von zunehmender Dichte bis an diesen Ort, den du vor dir siehst, den wir die ‚dritte Dimension der Erde’ nennen. Während des Absturzes befanden sich die meisten Menschen in einer unkontrollierten Bewutsseinsspirale abwärts. Es gab eine dramatische Polverschiebung, die dazu führte, dass sich ein Großteil der Menschheit für mehr als drei Tage in der Leere wiederfand, in der elektromagnetischen Nullzone. Es war nichts mehr da als Schwärze, ein Schwebezustand, bei dem man allerdings erkennt, dass man eins ist mit dem Göttlichen.“

„Aber wie soll man sich das vorstellen?“, fragte Rachel erstaunt.

„Die Schwärze“, sagte Misja, „hüllt dich ein und deine ganze Welt geht darin unter. Sie verschwindet einfach. Für immer. Dabei befindest du dich zwischen den Welten, zwischen den Dimensionen. Es gibt nichts zu sehen und es ist, als hättest du auch keinen Körper mehr. Es ist die Energie dazwischen, die aus der alles kommt und in die alles wieder zurückkehrt.“

Für einen ganz kurzen Moment wurde Rachel genau in diesen Zustand versetzt. Es kam ihr wie eine Ewigkeit vor… Dann war sie plötzlich wieder bei Misja auf dem Raumschiff, sah ihre lachenden Augen und sagte: „Ich glaube zu verstehen… Ich war eben dort, nicht wahr? Oh, Gott war mir so nah. Ich war einfach nur eins mit ihm… Wie du gesagt hast.“

„Und doch kannst du dich noch an alles erinnern, was du in deinem letzten Leben erfahren hast, nicht wahr? Nur weil ich dein Bewusstsein gleichzeitig gehalten habe. Die meisten Menschen aber mussten wieder bei Null beginnen! Die Menschen, welche die atlantische Katastrophe überlebt hatten, erlitten einen kompletten Gedächtnisverlust! Es musste alles neu erlernt werden: Wie man ein Feuer anzündet, wie man jagt, Häuser baut, wie man in dieser so dichten Welt überlebt.

Während viele Menschen in Atlantis bereits ein ‚Ich’, also ein reflexives Bewusstsein ausgebildet hatten, erlosch nun auch dieses bei den Menschen im nach-atlantischen Zeitalter und das Unterbewusstsein wurde wieder allbeherrschend. Die Menschen fühlten sich eins mit der Welt, sie waren wieder mit ihr verschmolzen – allerdings auf Kosten ihres individuellen Bewusstseins. Die psychologische und kulturelle Entwicklung des ‚Ich-Keimes’ musste völlig neu erlernt werden und würde Jahrtausende dauern, bei denen die einzelnen Kulturen, Völker und Epochen jeweils eine ganz eigene Mission zu erfüllen hatten, die aber, alle wie die Glieder einer verborgenen Kette, zusammenhingen.

Zu Beginn aber, also nach dem Absturz der Menschheit in die 3. Seinsebene, lebten sie in einem Kollektivbewusstsein und fühlten sich, wie gesagt, eins mit der Natur und ihren Kräften.

Es war das alle Gegensätze Enthaltende, das Ewig-Ruhende, der Schoß und das All, das alles in sich enthält, mit anderen Worten: die Große Mutter, die Große Göttin. Es war die Zeit vor der Entstehung des menschlichen Bewusstseins, die Zeit vor der Geburt der inneren Sonne, als das Unbewusste die Mutter aller Dinge war, aus dem das Kind, das Licht des Bewusstseins, erst noch geboren werden muss, wiedergeboren werden musste. Sie ist das Ur-Meer, die strömende Einheit von unterirdischem und himmlischem Ur-Gewässer, das Himmels-Meer, das ober- und unterirdische Kreismeer des Lebendig-Gebärenden, die Herrin des Zeit-Stroms.

Eines ihrer uralten Symbole ist die Schlange. Ihr heller Aspekt wollte die Menschen unsterblich wie die Schlange machen und ihnen die Möglichkeit geben, sich zu häuten. Aber ihr dunkler Aspekt bestand darauf, dass sie sterben und in der Erde begraben werden sollten. Von alters her war die Unsterblichkeit das ureigene Reich der sich häutenden Schlange und der blutspendenden Großen Göttin. Sie ist auch die Kundalini, die sich schlangenhaft im Becken zusammengerollt befindet und durch richtige Yoga-Praxis dazu gebracht wird, sich zu entrollen und durch die Rückrad-Chakren zum Kopf hin aufsteigt, um den Menschen Erleuchtung zu bringen.

In dieser alten Zeit der Großen Muttergöttin ist die Sonne nur der Sohn des weiblichen Tageshimmels als das Beständige, Dauernde, In-Sich-Ruhende, während die Sonne das immer wieder Auf- und Absteigende ist, dazu bestimmt zu sterben und wiedergeboren zu werden. Und es sind die Gegenden des späteren Griechenlands über Ägypten und Mesopotamien bis nach Indien, welche ihre zentralen Herrschaftsgebiete waren.

Unterdessen hatten viele der Eingeweihten von Atlantis nicht nur überlebt, sie hatten es auch vollbracht ihr Bewusstsein vor dem Vergessen zu bewahren, allen voran die Eingeweihten des atlantischen Sonnenorakels. Sie hatten vorher schon begonnen, ein neues Gitternetz für die Erde aufzubauen, das nun vom Meister des magnetischen Dienstes vollendet worden ist. Und sie wurden zu Lehrern der unterschiedlichen Kulturen: Sie gründeten Myterienschulen, unterwiesen die Menschen und wurden zu großen Inspiratoren. So entwickelten sich die Kulturen teilweise mit großer Geschwindigkeit und stiegen von Bewusstseinsebene zu Bewusstseinsebene.“ „Geschah es mit kriegerischen Mitteln?“, wollte Rachel wissen.

„Nicht zu Beginn“, antwortete Misja. „Sie trachteten stets danach einen Ausgleich zu schaffen und sie berücksichtigten dabei die Bedürfnisse der Ureinwohner. So bildeten sich Vorstellungen heraus, die eine Synthese alter atlantischer und nachatlantischer Anschauungen waren, wobei sich die kollektiven Archetypen, allen voran die der Großen Göttin, immer weiter ausdifferenzierten. Während sich der Ich-Keim im Hinweis auf die Sonne langsam aber sicher wieder entfaltete, wurden Aspekte der Großen Göttin in die Tiefen des Unterbewusstseins verbannt. Nach und nach ging die ursprüngliche Einheit des Weiblichen verloren, bis es schließlich in fast allen Kulturen zu einer großen Umwälzung kam, bei der sich die religiösen Vorstellungen grundsätzlich änderten und es zur Herrschaft der Sonne kam.

Es begann das patriarchale Zeitalter, begleitet von einer patriarchalen Überarbeitung ursprünglich matriarchaler Symbole, zunächst innerhalb des sogenannten Polytheismus, später als reiner Monotheismus, eine Zeit, die den Rahmen für die fortschreitende Entwicklung des ‚Ichs' war, denn wo es ein Ich gibt, muss es auch ein Nicht-Ich, ein Du und ein Außen geben. Nun wurde die Sonne als das schöpferische männliche Prinzip inthronisiert, mit der Licht- und Bewusstseinswelt des männlichen Himmelsprinzips. Und ja, es ging auf Kosten der Großen Göttin, die verteufelt wurde, und der Frauen insbesondere, die nun zusehends unterdrückt wurden. Zumindest für eine gewisse Zeit.

Nun aber ist die Zeit gekommen, da die Große Göttin wieder aus ihrer dunklen Höhle hervorkommt, wie du selbst erlebt hast, um die Menschheit wieder in die Einheit zu geleiten. Immer mehr Frauen erleben sie in ihren Tiefen, und auch viele Männer tun es. Der Weg in die Einheit zurück wird allerdings nicht auf Kosten des Ichs sein, da es doch gerade dieses Ich ist, unser geistiger Wesenskern, der in all diesen tausenden von Jahren entwickelt worden ist.

Würde man nun das Ich für die Einheit opfern, so würde man praktisch das Kind mit dem Bade ausschütten. Das neue Bewusstsein wird ein Bewusstsein des Sowohl-als-auch sein. Ein Ich-Bewusstsein, das sich als Teil des Ganzen erkennt und von hier aus immer mehr mit der göttlichen Quelle schwingen wird. Deshalb wurdest du in diesem Leben einerseits zurück zur Großen Mutter geführt, um deine verlorenen weiblichen Seelenanteile wiederzufinden, andererseits tauchten immer mehr Erinnerungen an dein Leben am Hofe Echn-Atons und Nofretetes auf, damit dein Ich so stark und strahlend wird wie die Sonne selbst. Denn das Ich ist wesentlich, geistig und sonnenhaft. So wie du, geliebte Rachel. Du bist der Großen Mutter begegnet, du warst am Ende eins mit allem und doch konntest du und kannst auch fortan noch sagen: ICH-BIN. Ich bin eins mit allem, was ist und doch bin ich auch ich selbst, unverwechselbar, einmalig.

Rachel blickte Misja wieder in die schönen Augen, war tief ergriffen und sagte: „Aber bist du es nicht selbst? Das Göttliche, die Liebe, das All-Umfassende?"

„Ja", sagte Misja sanft lächelnd, „Ich bin es. Ich bin die Hüterin der Schwelle zwischen den Formen und den Nicht-Formen, die Geburt des Lichts aus der göttlichen Leere, der ALL-EINHEIT Gottes. Ich bin die Eine, die zu Millionen wurde. Ich bin ihr und ihr seid ich.

Hinter mir liegt der Raum der Leere, in dem auch das sichtbare Licht verschwindet. Wie ein Prisma spalte ich das weiße Licht in die verschiedenen Farben und löse die Energie der Einheit in Teile auf. Meine Kraft ist die Kraft unbeschreiblicher Liebe, die Liebe, die alles erschafft und in allem wirkt. Meine Energie ist voller Sanftmut, klärend-rein. ICH BIN es, die Hüterin des weißen Lichts. Ich bin eure eigentliche Heimat. Ihr seid Strahlen dieser einen Sonne. Von hier aus seid ihr am Urbeginn aufgebrochen, um das Abenteuer des Menschseins erneut zu erleben und um künftig daran mitzuwirken, die Menschheit und GAIA wieder zurück ins Licht zu führen. Daran arbeitetet ihr gemeinsam seit Äonen. Ihr tatet es in Lemurien. Ihr tatet es auf Atlantis, in Achet-Aton und ihr tut es auch heute. Kannst du dich erinnern…?"

Rachel musste breit lächeln und Misja fuhr fort: „Ich helfe und unterstütze bei jedem Übergang, bei jeder Schwingungsveränderung. Ich führe und begleite den Planeten zurück ins Licht. ICH BIN das hellste, reinste, weiße LICHT, die gewaltigste, höchste LIEBE. Das ZENTRUM des Universums. Ich selbst bin aus Gottes Wesen entstanden.

Nach der Vollendung meines Schöpfungswerkes begann ich mit der Erlösung der Menschheit. Über mich, die verkörperte Gottheit, seid ihr mit ATON verbunden. ICH BIN ATON in seiner sichtbaren Sonnen-Strahlkraft. Mein Geist ist es, der sich euch im Sonnenlicht offenbart. Mein Atem ist es, der in der Luft die Erde umspült und der mit jedem Atemzug in euch eindringt. Die Erde ist mein Körper, den ihr bewohnt. Ihr atmet meinen Lebenshauch, den ich Euch durch die Pflanzendecke der Erde zuströme. Ihr schaut in meinem Lichte, denn das Licht der Sonne ist mein Geistes-Strahlen. Ihr lebt in meiner Liebe, denn was ihr an Wärme von der Sonne empfangt, ist meine geistige Liebeskraft.

Euer Geist wird von meinem Geiste angezogen, wie euer Körper Teil des meinen ist. Darum muss auch euer Körper in der höheren Dimension auferstehen, weil ihr auf meinem planetarischen Körper wandelt. Und die Sonne ist eine Offenbarung meines Geistes. In mir könnt ihr das wahre Sonnen-Leben erfahren – ein reiner Strom, der alles aus eurem Wesen hinwegspülen wird, was noch allzu grobstofflich ist. Dann vereinigen sich in euch Gott und Göttin, das Sonnen-Leben und die aufgestiegene Menschenseele.

Auf diese Weise entwickelt sich der Mensch zum neuen Menschen. Mit einem reinen Körper, der aus seinem eigenen inwendigen Licht erstrahlt. Ein Mensch, der zugleich Licht und Materie ist: LICHT-MATERIE.

Auf diese Weise werden die Körper der Menschen in tausenden von Jahren dem Geistigen so nahe sein, dass sie LICHTKÖRPER werden. In der Materie ist der Körper LICHT - und im LICHT MATERIE!

Das Ziel ist weder oben noch unten. Oben und unten sind nur Aspekte des EINEN. Und mein wahres Wesen ist das GANZE. Das Ziel ist die Vereinigung. So strebt nicht einseitig nach oben noch nach unten, sondern strebt nach Vereinigung.

Ich bin es, mein Kind, und auch du bist es! Wir alle sind es, und die Einheit wäre nicht vollkommen, wenn auch nur ein einziger und eine einzige von uns fehlen würden."

„Ich glaube…, ich habe verstanden", flüsterte Rachel. Ihr Herz schlug höher, voller Glückseligkeit.

Da öffnete sich ein Licht mitten im Raum, wie ein Portal zurück, in die ursprüngliche Heimat.

„Es ist Zeit", sagte Misja, „so gehe in Frieden und folge deinem Weg. Ich bin immer bei dir und wir werden uns auch hier wiedersehen."

Rachel lächelte ihr noch einmal zu und nickte. Dann ging sie hindurch…

Epilog

Die Stadt der Morgenröte

Indien, Auroville. Die „Stadt der Morgenröte" mit ihren etwa 10.000 Einwohnern lag 130 km südlich von Chennai, in der Nähe von Pondicherry im Südosten Indiens an der Koromandelküste. Die Idee dieser „universellen" Stadt basierte auf der Philosophie von Sri Aurobindo und wurde von Mira Alfassa, la Douce Mère, die seit den 1930er Jahren den Sri Aurobindo Ashram in Pondicherry organisiert hatte, verwirklicht. Eine Stadt, die niemanden gehören sollte, nur der Menschheit als Ganzes. Eine Brücke zwischen gestern und morgen, ein Platz materiellen und spirituellen Fortschritts für eine lebendige Verkörperung einer wirklich menschlichen Einheit.

Wie Musik glitten die ersten Strahlen der aufgehenden Sonne über den Horizont und erhellten die Stadt, die sich in Form einer Spiralgalaxie um den Zentralbereich erstreckte. Im Zentrum erhob sich das Matrimandir, der Tempel der Mutter inmitten eines bezaubernden Gartens mit prachtvollen Blumen.

Ziodenes lief, umgeben von einer Schar von Kindern, mit einer um die Schulter hängenden Tasche durch das große Sonnentor. Überall traten die Bewohner und Gäste aus den kleinen Häusern, um seiner Ankunft beizuwohnen. Sie lachten, winkten ihm zu, begannen zu tanzen.

Der Kristallbringer lief geradewegs auf eine kleine Gruppe zu, die ihm entgegen kam. Eine junge Frau mit offenen schwarzen Haaren, Sophie, strahlte übers ganze Gesicht, überreichte ihm einen großen Strauß Blumen, verbeugte sich und sagte: „Sei Willkommen in der Stadt der Zukunft, Ziodenes. Folge mir bitte, du wirst bereits erwartet.

Er verbeugte sich seinerseits und folgte ihr, wobei die Kinder sich ungeduldig dabei abwechselten seine Hände zu halten, um ein Stück seines Weges mit ihm zu gehen. So näherten sie sich dem Matrimandir, einem Gebäude in Form einer mächtigen, sphärisch abgeflachten Kugel.

Immer mehr Menschen liefen, wie bei einer Prozession, hinterher, sangen, tanzten und jubelten wie bei einem Fest. Sie betraten das Gebäude durch einen Doppelpfeiler hindurch und wurden über eine Treppe auf eine untere Ebene geführt. Von hier aus leiteten – an der Innenseite der Gebäudehülle – zwei gegenläufig und halbkreisförmig geschwungene Rampen auf die Hauptebene, auf der sich die sogenannte Innere Kammer als Raum im Raum befand.

„Dies hier ist die zentrale Meditations- und Kontemplationshalle", sagte Sophie und öffnete die große Eingangstür. Im Inneren saßen bereits Hunderte von Menschen auf dem Boden und klatschten begeistert, als Ziodenes die Halle betrat und sich verbeugte. Sophie nahm ihn bei der Hand, führte ihn zu einer Kristallglaskugel mit einem Durchmesser von etwa 70 cm. Dann setzte sie sich zu den anderen.

Der Kontemplationsraum selbst hatte keine Fenster. Das Sonnenlicht wurde über einen auf dem Dach befindlichen Lichteinlass mittels eines Heliostaten gebündelt und senkrecht nach unten auf die Kugel projiziert, die es ihrerseits gedämpft über den gesamten inneren Raum verteilte.

Ziodenes legte seine Tasche auf den Boden und sagte: „Geliebte Bürger von Auroville. Voller Freude überbringe ich euch die Grüße Misjas. Gemeinsam wollen wir nun ein weiteres Kapitel schreiben, einen weiteren Schritt tun, auf dem Wege in die 5. Dimension. Hier in Auroville soll eine Keimzelle des neue Zeitalters der Menschheit entstehen!"

Dann öffnete er seine Tasche und holte die zwölf Kristalle hervor, die er über dem runden Kristall in der Mitte des Raumes frei in der Luft schweben ließ. Sie begannen im Sonnenlicht aufzublitzen und zu vibrieren! Die Menschen waren zutiefst berührt und schickten ihre ganze Liebesenergie in die Kristalle... Da erstrahlten diese plötzlich unglaublich hell und ließen die gesamte Halle hell aufleuchten!

Personen im 21. Jahrhundert

Sternenflotte

Misja, *Leiterin des universellen Transformationsprozesses*

Ziodenes, *der Kristallbringer*

Horai

Fleur, Rachel, Mila, Mahmood, Romain, Grace, Sam, Julien, Jamal, Malak, Roni, Ogyen und Peguy

Asuras

Paul Kohn, Elektra, Bordon, Frank, Zaina, Tyr, Hao, Dschafar ibn Muhammed Hödur und Richard Chamberlain

Terroristen

Rachid und Giacomo

Warlord in Luxor

Rachid Benhaddou

Personen in Alt-Ägypten

Die Pharaonenfamilie

Echn-Aton

Nofretete: die große königliche Gemahlin

Kia: die Große geliebte Frau des Königs

Beket-Aton: Tochter Echn-Atons und Nofretetes

Die weiteren Töchter des Pharaonenpaars: Tut-ench-Aton: Sohn von Echn-Aton und Kia Teje: Mutter von Echn-Aton

Die Neophyten

Mahu, Sina, Tarée**,** Diella, Aeoliah, Ramaeah und Iona

Die Lehrer

Hania und Divia

Echn-Atons Berater

Eje

Die Schreiber

Glypho und Stylo

Die Sängerinnen

Lotus und Ainina

Die Aton-Priester
Merire, Mitti (der Verkünder), Moses und Nitamo
Der Dekorateur
Zoha
Der Händler
Tuum
Die Architekten
Bek und Banthu
Der königliche Zeichner der Hieroglyphen
Morian
Der Buchhalter
Nafis
Tarées Äffchen
Shuba
Der General
Haremhab
Der Polizeichef
Maho
Die Hüterin des Feuers
Sat-Aton
Die Wasserheilerin
Nephta
Der Alchemist
El Hakim
Der Maler
Ber-Ion
Der Harfenist
Ipi
Zwei Mädchen am Hofe
Nefret-Ieb und Neti
Der oberste Amun-Priester
Ptahmosis

meta_morphosis I

Die Erde steht kurz vor einem Dimensionssprung. Tausende von Menschen bilden Meditationskreise, um ein feinstoffliches Portal zu errichten, durch das die Erde in die göttliche Realitätsebene aufsteigen soll. Um der Menschheit beizustehen, inkarnieren sich Seelen aus anderen Sternensystemen mit höher schwingender Frequenz auf dem Planeten: die HORAI.

Ihre Gegner sind ASURAS, dämonische Wesenheiten, die seit Jahrtausenden in menschlichen Körpern auf der Erde leben, um die Menschheit in einem globalen Überwachungsstaat zu versklaven. Während ein Komet auf sie zurast, nimmt der Kampf um die Erde seinen Lauf. Der Schleier lüftet sich, oder sie werden alle vernichtet.

Der Film:
www.meta-morphosis.eu

Cyril Moog

Geb. 1970 in Bordeaux/Frankreich. Nach einer tiefgreifenden mystischen Erfahrung in seiner Jugend, machte er sich auf eine Reise zu sich selbst, studierte Philosophie, Anthroposophie, Sozialanthropologie, Kunst- und Literaturgeschichte,
Astrologie und Elementenlehre. Seit frühester Kindheit betreibt er asiatische Kampfkünste. Seiner Berufung folgend lebt und arbeitet er in Frankfurt/ Main als Autor und interkultureller Trainer.